1895

CHANZY

DANS LE PASSÉ

PAR

Le Commandant GRANDIN

Illustrations

DE

E. BOUARD

D'APRÈS

des documents authentiques

E. Bouard

Tolra-éditeur. PARIS

DANS LE PASSÉ

CHANZY

CHANZY

DANS LE PASSÉ

PAR

LE C^T GRANDIN

ILLUSTRATIONS

DE

E. BOUARD

E. Bouard

Tolra-éditeur PARIS

PRÉFACE

> « Les Lacédémoniens *sacrifioient* aux muses
> « *entrants* en bataille, afin que leurs gestes
> « *feussent* bien et dignement *escripts*, esti-
> « mant que ce *feust* une faveur divine et non
> « commune que les belles actions trouvassent
> « des *tesmoins* qui leur *sceussent* donner vie
> « et mémoire. »
>
> MICHEL DE MONTAIGNE.
> (*Livre II, chap. XVI* des Essais.)

OUR trouver, parmi les vaillants capitaines dont le pays s'honore, des modèles d'intrépidité, de pur patriotisme, point n'est besoin de rétrogader jusqu'au temps de la vieille monarchie; on n'a qu'à regarder autour de soi. Les grands exemples ne manquent pas, — même dans la période contemporaine, — à commencer par Mac-Mahon, Canrobert, de Ladmirault, du Barail, Chanzy et tant d'autres que nous pourrions citer. Sans doute, pour étudier le caractère d'un soldat, il ne faut pas prendre son modèle sur nos pères dont la naïve confiance consistait à n'attendre la victoire que de leur courage, négligeant en quelque sorte ce qui pouvait la préparer; je crois cependant qu'on ne saurait mieux faire que de s'inspirer de l'ardeur chevaleresque qui les animait; et sous ce rapport, le général Chanzy réalise un idéal qu'on ne saurait trop faire connaître.

J'ai servi cinq ans sous les ordres du futur commandant de la 2e armée de la Loire, lorsqu'il était à la tête du 48e de ligne en Algérie; j'ai fait avec lui plusieurs courses à cheval dans le sud de la province d'Oran. Je puis donc dire que, nul mieux que moi, n'a été à même de l'apprécier, dans son *tous les Jours,* — suivant une expression à la Plutarque : — aux manœuvres, comme en expédition, dans la vie privée, comme dans son cabinet de travail. A la suite de diverses circonstances qu'il est inutile de rappeler, je devins, sinon son confident, du moins un des officiers de son régiment auquel il témoignait le plus de sympathie. Plus je l'ai connu, plus j'ai été heureux d'avoir su mériter une confiance à laquelle j'étais loin de m'attendre. Je quittai l'Afrique, un peu avant lui, et je ne le revis plus qu'à Versailles, après la guerre, alors que député, il cherchait une solution, pour traiter de la paix, sans trop sacrifier les intérêts de son pays. Je retrouvai en lui, les mêmes sentiments de bienveillance à mon égard, et la franche cordialité de son accueil fut celle d'un camarade revoyant un ancien compagnon de ses courses folles, en pays arabe. C'est à ce titre que je me permets de retracer dans ce livre, les principaux épisodes de la vie militaire de l'homme excellent que la France a perdu, en 1883, dans la plénitude de ses facultés physiques et intellectuelles, à un âge où il pouvait rendre encore de grands services à son pays.

En entreprenant ce travail, j'acquitte une dette de reconnaissance, et je rends hommage à la mémoire d'un chef aimable, affectueux, qui savait se faire obéir, sans contrainte, et le sourire aux lèvres.

Si mes récits sont conformes aux souvenirs des amis du général ; s'ils peuvent servir à faire apprécier les rares qualités de cœur et d'esprit de l'homme éminent, sous les ordres duquel je m'honore d'avoir servi, le but que je me suis proposé sera complètement atteint. J'ose espérer qu'on trouvera dans les pages qu'on va lire, la physionomie d'une époque, où bon nombre de contemporains se sont illustrés.

Observateur profond, le général Chanzy aimait tout à voir par lui-même, cherchant à comprendre le pourquoi des choses afin de ne rien laisser au hasard de son imagination. On aimait à servir sous ses ordres. Tout était prévu; jamais rien de saccadé, de bruyant, de cassant dans le service, et ceux qui, — comme l'auteur de ce livre, — ont eu la bonne fortune, de faire campagne avec lui, ne le contrediront pas; on obéissait aux lois et règlements et jamais aux caprices. Par sa naissance, il n'appartenait à aucun parti politique; il était donc destiné à vivre en dehors et au-dessus d'eux, ayant pour but constant, le culte du drapeau, le bien du pays.

Nous étudierons donc cette vie militaire si bien remplie, cette vie politique, à l'abri de tout reproche, et cette vie chrétienne qui fut, comme le couronnement des deux autres. Tout Français qui croit en son pays, y puisera certainement des forces pour le présent, des lumières pour l'avenir.

COMMANDANT GRANDIN.

Rennes, 1 mars 1895.

Le feu de l'attaque redouble (page 25).

(page 25)

CHAPITRE PREMIER

Jeunesse de Chanzy

LES COMMENCEMENTS D'UNE CARRIÈRE DE SOLDAT

1823-1856

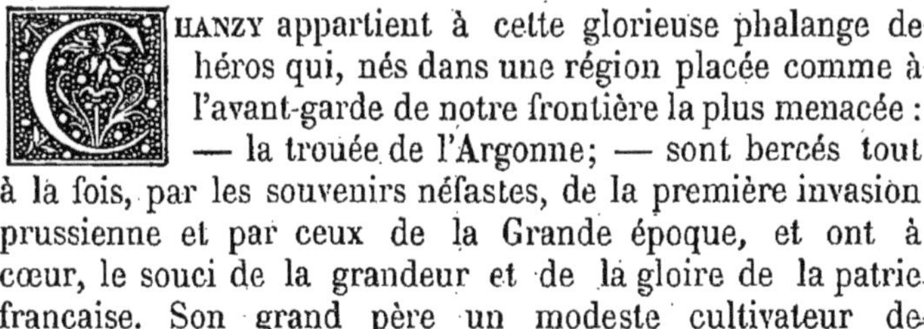

CHANZY appartient à cette glorieuse phalange de héros qui, nés dans une région placée comme à l'avant-garde de notre frontière la plus menacée : — la trouée de l'Argonne; — sont bercés tout à la fois, par les souvenirs néfastes, de la première invasion prussienne et par ceux de la Grande époque, et ont à cœur, le souci de la grandeur et de la gloire de la patrie française. Son grand père un modeste cultivateur de

Buzancy avait servi autrefois dans les armées républicaines, et contribué à la défense du défilé de la Croix-aux-Bois, où fut tué, le 13 septembre 1792, le prince Charles-Joseph-Emanuel de Ligne, Colonel d'artillerie au service de l'Autriche, fils d'un gentilhomme français émigré, à la suite de la révocation de l'édit de Nantes.

Bon sang ne saurait mentir — dit un proverbe. — Le grand oncle de Chanzy, (le frère de son grand-père), servait au 3e de cavalerie, ci-devant Commissaire général, devenu plus tard le 3e cuirassiers. Il est à l'armée du Nord, en 1793, pour défendre le camp de Famars. L'historique du corps porte que, le 23 mai, le prince de Cobourg, voulant investir complètement la place de Valenciennes, prononçait deux attaques contre le camp de Famars. Le 3e de cavalerie se porte vigoureusement à l'ennemi. Le quartier-maître trésorier, Nicolas Chanzy, prend part aux deux charges que fournissent les escadrons, et se luxe le poignet par suite de la chute de son cheval qui est culbuté dans la mêlée. Il fait partie de l'armée du Rhin, de celle de Sambre et Meuse, (1794), puis du Rhin et Moselle (septembre 1795), de l'Helvétie (décembre 1797 — avril 1798); de l'armée d'Italie (août 1798 — septembre 1801). Il figure sur l'état militaire de la République Française, pour l'année 1802, comme capitaine quartier-maître trésorier du 3e de cavalerie, cantonné à Pignerol, en Piémont, à la fin de 1801. C'est en cette qualité que nous le retrouvons au 3e cuirassiers, qui quitte le camp de Boulogne, pour entrer dans la division de réserve de grosse cavalerie sous les ordres du général Nansouty, et commencer la série des campagnes de l'empire (1805-1812).

Le père du futur général Chanzy, engagé volontaire au 3e cuirassiers, dans le régiment de son oncle, en 1807, devient sous-lieutenant le 13 mai 1813, est blessé deux fois, comme sous-officier, à Wagram (5 Juillet 1809) ; au passage de la Berezina (26 novembre 1812), et trois fois comme officier. L'historique du corps porte la mention suivante : « à la « bataille de Wachau (16 octobre 1813), le sous-lieutenant « Bertrand Chanzy reçoit un boulet dans les reins, qui le « contusionne très grièvement. Ce qui ne l'empêcha pas

« d'être à cheval, deux jours après, pour se battre à Leipsick « où il fut encore blessé d'un biscaïen à l'épaule. »

Au combat de la Fère-Champenoise, le 25 avril 1814, le sous-lieutenant Chanzy est encore blessé d'un coup de sabre sur le bras gauche.

Décoré de la légion d'honneur à la suite de ce dernier fait d'armes, le brave officier, rentre dans ses foyers avec un traitement de réforme, le 26 juin 1816, et devient, en 1821, receveur des contribution indirectes de Nouart (Ardennes), canton de Buzancy, arrondissement de Vouziers, où il épousa une demoiselle Marie-Aurore Nicaise, qui devint la mère de Antoine-Eugène-Alfred Chanzy, né à Nouart le 18 mars 1823.

Par son père, le général Chanzy tient donc à cette noblesse d'épée modeste et laborieuse qui, loin des splendeurs de la cour, s'est efforcée de faire constamment son devoir ; par sa mère, à une honnête famille de commerçants, depuis longtemps établis dans le pays, et ayant au cœur ces principes de morale et de religion qui seuls peuvent donner à l'homme une éducation vraiment virile, et lui faire surmonter les vicissitudes de l'existence, aux jours d'épreuves.

I

A BORD DU « NEPTUNE »

Bien que né dans une de ces provinces de l'intérieur où jamais *le flot de Mars* ne s'était fait sentir et qui n'avait rien à démêler avec les institutions de Colbert, le jeune Chanzy qui a fait ses premières études au collège de Ste-Ménéhould, entre, en 1838, au collège royal de Metz, dans la classe de quatrième, et y suit un cours de mathématiques, dont l'objectif visé est l'entrée à l'école navale de Brest. Mais il est à sa dernière limite d'âge, échoue à ses examens, et ne trouve rien de mieux que de s'engager, le 4 décembre 1839, en qualité de novice, sur le vaisseau le *Neptune* qui fait partie de l'escadre du contre-amiral Lalande destinée à partir en croisière sur les côtes de Syrie et d'Égypte.

A cette époque, une ère nouvelle s'ouvrait pour la marine, en même temps qu'éclatait une crise longtemps attendue, entre l'Angleterre d'une part, la Russie, l'Autriche et la Prusse d'autre part, pour régler le conflit turco-égyptien sans le concours et la participation de la France. Cet isolement pouvait devenir un danger sérieux pour la paix du monde, le contre-amiral Lalande fut chargé de partir pour le Levant et de préparer ses vaisseaux à la lutte. La force navale envoyée dans le Levant par le maréchal Soult était dans les meilleures conditions, pour surveiller les Russes, et les chasser du Bosphore, s'ils essayaient d'arriver devant Constantinople, objet de leur convoitise.

Est-il nécessaire de rappeler en quelques mots les événements qui motivaient l'envoi d'une escadre française dans les eaux de Smyrne et de Ténédos ? La guerre s'était allumée entre le sultan de la Turquie et Mehemet-Ali. Constantinople se trouvait directement menacée par les armes des Égyptiens d'abord, par les offres de protection des Russes, ensuite. La France et l'Angleterre se portaient médiatrices du conflit, d'un côté pour arrêter Ibrahim-pacha dans sa marche victorieuse; de l'autre, pour interdire au sultan de faire sortir sa flotte des Dardanelles.

Chanzy est employé à la timonerie du *Neptune*. La traversée des côtes de France, pour se rendre dans les eaux du Levant, a été particulièrement orageuse. Quand l'hiver est rigoureux, on en est averti dans la Méditerannée dès le mois d'octobre; c'est alors le mois des violents orages, plus encore que des tempêtes; de ces deux dangers l'un vaut l'autre, et ce n'est pas chose facile que de faire évoluer huit vaisseaux de ligne, en deux colonnes, dans ce bassin étroit où il fallait chaque nuit, virer de bord, pour ne pas trouver sur sa route le vaisseau de queue de l'autre colonne. « Il faut manœuvrer serré », disait sans cesse l'amiral Lalande, à l'aide de ses signaux. Plusieurs fois, l'escadre assaillie par des grains violents, se dispersait; mais elle finissait toujours par se rallier autour de l'*Iéna* qui portait le pavillon de l'amiral. On s'aguerrit vite à un pareil métier.

Rappelée en France, au mois d'août 1840, l'escadre du

Levant passe entre les mains du contre-amiral de La Susse et sort des eaux de Smyrne, attendant de nouvelles instructions à Athènes et à Navarin, pendant que les forces alliées faisaient tomber les murs de Saint-Jean-d'Acre. Peu après notre escadre était rappelée à Toulon, et le *Neptune* ramenait le jeune timonier déçu de ses espérances. Mais quand on s'est décidé à armer une escadre, il n'est guère possible de la désarmer immédiatement. Les difficultés politiques, ont beau s'aplanir, un grondement sourd persiste toujours dans les esprits, et tient les hommes en éveil. L'escadre, de retour à Toulon, fut placée sous les ordres du contre-amiral Hugon, un des hommes de guerre les plus éprouvés de la marine française. Ses vaisseaux au nombre de cinq : l'*Océan* portant le pavillon de l'amiral et commandé par le capitaine Hamelin; l'*Iéna,* le *Neptune*, le *Généreux*, le *Triton* et la frégate la *Médée*, appareillent de Toulon, le 21 janvier 1841, vers quatre heures du soir, avec l'intention de passer la nuit au large, pour gagner, s'il est possible, le mouillage des îles d'Hyères, le lendemain. Mais à peine est-elle en dehors du cap Sepet que le vent soufflant en tempête disperse l'escadre.

D'un bout à l'autre de la Méditerrannée, ce n'est qu'un désastre. *L'Océan* ploie sous la rafale, au point de plonger, le bout de sa grande vergue dans l'eau; trois sabords sont enfoncés et la mer s'engouffre avec furie dans les batteries. *Le Triton* (capitaine Bruat) faillit sombrer. *Le Neptune* eût plusieurs courbes rompues. *L'Iéna* craqua son beaupré. *L'Océan* et *la Médée* se refugièrent en Sardaigne, dans le golfe de Palmas; *le Triton, le Neptune* et *l'Iéna,* dans celui de Cagliari.

C'est dans ces circonstances qu'on voit la grandeur de l'homme, et son impuissance; il est bien petit, en présence des grands efforts de la nature; mais il est bien grand quand il se redresse pour tenir tête à ces formidables colères.

Injurié par les matelots, tourmenté par le mal de mer, Chanzy prend en aversion le métier de marin, débarque, sent la poésie maritime s'évanouir, dès qu'il a touché la terre ferme et s'engage, le 3 mai 1841, au 5e régiment d'artillerie, qui tient garnison à Metz, et dont l'instructeur d'équitation est le capitaine de Vassoigne, le futur général de division.

L'ancien novice-timonier du *Neptune,* vient d'atteindre sa dix-huitième année.

II

DANS LES ZOUAVES

Doué d'une tenacité remarquable, Chanzy se rappelle que son enfance a été bercée par les récits de bataille de son père et de son oncle qui, tous deux, ont servi sous Napoléon Ier. Le canonnier redevient écolier. Tout en faisant son métier de soldat, il suit les cours du collège de Metz, comme externe, répare les heures perdues, et arrive encore assez à temps, pour se faire recevoir à Saint-Cyr, le 4 octobre 1841, le 133e sur 138. Ses camarades d'école, pour ne citer que ceux dont les noms sont connus, se nomment Doineau, dont nous verrons plus loin, la triste fin; Bataille, Brincourt, Deroja, de Jouffroy d'Abans, devenus plus tard généraux de division et commandants de corps d'armée.

Nommé sous-lieutenant le 1er octobre 1843, Chanzy fait ses premières armes au régiment de zouaves, ce corps délite qu'avait organisé La Moricière, en 1830, que commandait alors Cavaignac, remplacé quelques mois après par le colonel de Ladmirault (1) le 26 septembre 1844.

Le régiment des zouaves était à cette époque constitué à trois bataillons répartis dans les trois provinces. Le sous-lieutenant Chanzy appartenait au 2e bataillon, celui d'Oran, qui tenait garnison à Tlemcen. (Commandant d'Autemarre d'Ervillé). La portion active de ce bataillon opérait dans le Haut-Rious. C'est là où il rejoint son corps, en novembre 1843. Des torrents de pluie, avaient transformé les terres de la vallée en une boue épaisse. Ces premiers jours passés au bivouac

(1) Aujourd'hui général de division maintenu sans limite d'âge, dans la section d'activité des officiers généraux.

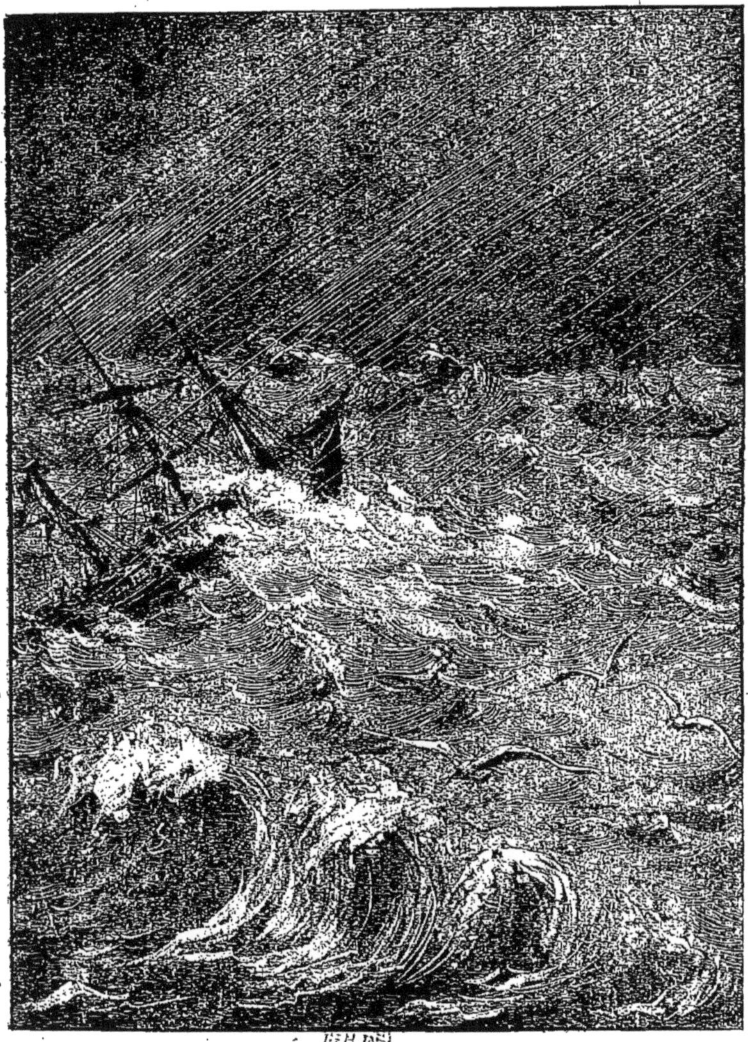

L'*Océan* ploie sous la rafale, au point de plonger... (page 15).

faisaient pressentir au jeune officier les fatigues qui l'attendaient et qui ne valaient guère mieux que les misères du pilotin, à bord du *Neptune*. De larges gouttes de pluie rendaient, en frappant la toile qui l'abritait, un son sec, assez semblable à celui d'une baguette; bruit monotone, plein de tristesse, qui durait des heures, quelquefois des journées entières. Le soir, les officiers de zouaves se réunissaient autour d'un trou creusé en terre, renfermant un maigre brasier, auprès duquel chacun prenait place, si la tourmente de neige ou de pluie leur en laissait le loisir. Chanzy se mêla à la bande joyeuse de ses compagnons d'armes. Des couvertures furent aussitôt jetées sur des cantines pour s'y asseoir; un bol d'eau-de-vie, à la flamme bleuâtre, flamba en l'honneur de la nouvelle recrue, et chacun tirant soit un cigare, soit une pipe noircie par le temps, la soirée commença.

Les arabes ont un proverbe : « Quand l'estomac est satisfait, la tête chante. » Autour de ce feu improvisé ce fut à qui raconterait une des mille aventures de l'odyssée militaire du corps des zouaves. Combats, fêtes, plaisirs, coups de main, razzias, tentèrent tour à tour les narrateurs qui rappelèrent successivement les hauts faits des *Zouaouas*, noyau du corps indigène, au début; puis ceux des *volontaires parisiens*, anciens combattants de juillet, premier noyau du corps français des zouaves; puis encore les combats sans nombre qui avaient fondé la réputation de soldats qui n'avaient pas leurs égaux en Europe; tels que l'assaut de Constantine, avec de Gardarens de Boisse; la brillante valeur du capitaine d'Harcourt, frappé d'une balle à la tête, comme il débouchait à l'entrée de la gorge de Caroubet-el-Ouzéri, près de la Mitidja.

Cette réception de bivouac, ne valait-elle pas mieux que celle qui attend, en France, le nouvel officier sortant de l'école, où tout se passe en visites officielles, en serrements de mains, et où tout est jalousie de métier, sous des dehors courtois?

Le lendemain, les courses du 2e bataillon de zouaves recommençaient. Du 15 novembre au 31 décembre 1843, c'est-à-dire, pendant une période de quarante-six jours, le bataillon, en passa quarante au Bivouac. Ces marches exécutées dans les plus mauvaises conditions, soit par suite de la nature du pays, soit par suite de l'élévation ou de la rigueur de la température, font briller d'un nouvel éclat les solides qualités des zouaves, — officiers et troupes — dont la réputation n'était plus à faire, et en qui, se personnifiaient de plus en plus, les traditions de l'armée d'Afrique.

* * *

Les premiers mois de l'année 1844 trouvent le 2e bataillon de zouaves occupé à parcourir la province d'Oran, et recommençant ses marches intrépides de l'année précédente.

Au mois de mai, les Marocains qui, depuis quelque temps, nous témoignaient des dispositions franchement hostiles, attaquent certaines tribus placées sous notre domination : une expédition s'organise. Le jeune Chanzy y prend part.

Le 25, la colonne avec laquelle, il se trouve est à Lala-Marghrnia, où elle séjourne jusqu'au 27 mai. Le lendemain, elle est en présence de cinq à six mille cavaliers indigènes qui se ruent sur sa gauche occupée par les zouaves. La ligne de tirailleurs de ces derniers est abordée plusieurs fois à moins de dix pas; l'adjudant-major Chapuis s'y fait blesser, en s'avançant trop imprudemment sur l'ennemi.

La fin du mois se passe en courses dans les environs de Lala-Marghrnia. Mais la guerre étant déclarée au Maroc, le 11 août, les troupes de la province d'Oran s'y préparent. Nous arrivons ainsi à la bataille d'Isly.

Dans la nuit du 13 au 14 août, nos colonnes se mettent en marche, arrivent à six heures du matin, en vue de l'armée marocaine campée sur les bords de l'Oued-Isly. L'infanterie dessine un grand losange dont les côtés se composent de bataillons en colonnes, prêts à former le carré. La cavalerie est dans l'intérieur du losange, qui marche par un de ses angles, pourvu d'artillerie. Le 2e bataillon de zouaves se trouve à l'angle de droite ayant la section du sous-lieutenant Chanzy déployée en tirailleurs, à quarante pas sur son flanc.

La cavalerie ennemie engage le combat, en tourbillonnant

autour de notre infanterie. Un moment, elle enveloppe le bataillon de zouaves. Mais ce dernier tient bon, ce qui permet à l'artillerie de diriger ses coups avec précision sur les masses de cavaliers arabes qui sont dans la plaine. Quelques charges du 2e chasseurs d'Afrique, (colonel Morris), achèvent de mettre la déroute dans les rangs de l'ennemi qui est poursuivi jusqu'au fond de la plaine. A cette vue, les Marocains, jugeant la partie définitivement perdue, se dispersent dans toutes les directions.

Le 2e bataillon de zouaves perd dans cette journée dix-sept hommes tués ou blessés.

Pendant le reste du mois d'août, et les mois de septembre et d'octobre, le 2e bataillon de zouaves expéditionne dans le sud de la province d'Oran, pousse des pointes jusqu'à Sebdou et au-delà. Il rentre à Tlemcen le 6 novembre, et en repart le 1er pour rayonner dans les environs jusqu'à la fin du mois. Le 23 novembre, il vient camper près du marabout de Mohamet-ben-Ali, à Aïn-el-Hout (*la fontaine au poisson*), où il reste jusqu'au 1er janvier 1845.

* * *

Les premiers mois de l'année 1845, sont employés par le 2e bataillon de zouaves, comme les derniers mois de l'année précédente, en courses dans la direction de Sebdou, où Abd-el-Kader, soutenu ouvertement par l'empereur du Maroc, entretient les hostilités parmi les tribus voisines.

Au mois de juin, Chanzy fait partie d'une colonne organisée par le général Cavaignac, dans le but de se rendre au milieu des Beni-Snouss qui avaient refusé de payer l'impôt. Le 2e bataillon de zouaves, y livre un brillant combat au village du Khamis, sur les bords de la rivière de ce nom.

Cette expédition terminée, le 2e bataillon de zouaves se rend à Sebdou, rayonne dans la direction des chotts, et prend part à quelques travaux de route autour de Tlemcen et de Sebdou.

Abd-el-Kader conservait toujours sa position sur la frontière marocaine, et sa Smala s'augmentait constamment par les émigrations partielles des tribus frémissantes sous notre joug. Bientôt, il traversait de nouveau la frontière à la tête d'une troupe nombreuse et se montrait dans la vallée de la Tafna.

Le général Cavaignac sort de Tlemcen avec le 2e bataillon de zouaves et marche à sa rencontre. Le 22 septembre, on est chez les Beni-Ouassous, sur les bords de l'Oued-Daman, affluent de gauche de la Tafna. Deux combats s'y engagent presque coup sur coup, et le 26 septembre, la colonne dont Chanzy fait partie se dirige sur la Tafna, lorsqu'elle apprend le désastre du lieutenant-colonel de Montagnac, à Sidi-Brahim. Elle se porte alors sur l'Oued-Zitoum, afin de couvrir Tlemcen.

La guerre a recommencé sur la frontière, tous les postes sont successivement attaqués; jusqu'au 15 octobre, on se bat, et on escarmouche un peu partout. Rentré à Tlemcen, le 21 octobre, le 2e bataillon de zouaves est employé, pendant les mois de novembre et de décembre, à diverses expéditions, dont le but est de dissiper les rassemblements arabes hostiles. Enfin, le 31 décembre, il rentre à Tlemcen afin d'y prendre un repos bien nécessaire, après les fatigues constantes de cette fin d'année.

*
* *

Le 8 janvier 1846, le 2e bataillon de zouaves, sous les ordres du lieutenant-colonel Bouat, (1) quitte Tlemcen et se dirige sur Sebdou. Il passe les trois premiers mois de l'année, en observation le long de la frontière du Maroc, afin de protéger la rentrée des populations émigrées et de surveiller les mouvements de la *Deïra* (suite) d'Abd-el-Kader.

Le 24 mars, il prend part à un combat qu'une colonne, sous les ordres du général Cavaignac, livre aux Marocains, dans la plaine de Terny, à quelques lieues au sud-ouest de Tlemcen. Le reste de l'année se passe en petites expéditions et razzias dans la province d'Oran. Il est à Lala-

(1) Décédé général de division, pendant la campagne d'Italie (3 mai 1859).

Marghrnia, le 1er janvier 1847, y reste tout le mois et rentre à Tlemcen, le 30 janvier.

Au mois d'avril, le général Cavaignac quitte Tlemcen, avec le 2e bataillon de zouaves, pour aller expéditionner dans le sud de la province, contre les Hamian-Gharabas. Il est, le 27, à Moghar-Tahtani, à quatre cents kilomètres d'Oran. La colonne rentre à Tlemcen, le 29 mai, sans avoir eu d'engagements sérieux avec les Arabes, qui fuient à notre approche, se bornant à des démonstrations sans importance.

A la fin de l'année, le bataillon se porte sur la frontière marocaine et campe, le 30 novembre, à Lala-Marghrnia, d'où il part le 21 décembre, pour se rendre au devant d'Abd-el-Kader qui, après avoir été chassé du Maroc, vient de pénétrer sur notre territoire, avec sa *deïra*, et le lendemain, il campe aux puits de Sidi-bou-Djenou. Chanzy est présent, lorsqu'Abd-el-Kader se rend à Lamoricière le 25; son bataillon retourne ensuite à Lala-Margrhnia, et rentre à Tlemcen, le 28 décembre.

Il ne faut pas s'étonner des courses incessantes de nos troupes aux environs de Tlemcen et surtout du côté des Flittas, toujours remuants, agités, indociles au joug quel qu'il soit, même du côté des Turcs, à l'époque de leur domination. Les tribus qui en dépendaient n'avaient pas encore reconnu l'autorité de la France. Constamment excités par les prédications fanatiques des cheurfas, ils trouvaient un puissant appui dans les difficultés dont le pays est hérissé : mamelons sans fin, de terres admirables et fertiles; défilés boisés du plus difficile accès; buissons de lentisques entremêlés de chênes verts offrant partout un abri et une embuscade; ravines et déchirements du sol propres à cacher des milliers d'ennemis embusqués dans les replis du terrain. A l'est, une partie de ce territoire est presqu'impraticable. C'est la *Guerboussa* (citadelle). C'est un pâté de montagnes affreusement déchirées, où les ravins succèdent aux ravins; les bois y sont épais, des cavernes étroites disparaissent au milieu des taillis et des terres grisâtres.

Tel est l'aspect du pays dans lequel le sous-lieutenant Chanzy fait ses premières armes. Après un séjour de six ans dans la subdivision de Tlemcen, où il a assisté à tous les combats dont le voisinage du Maroc et, plus tard, Abd-el-Kader furent la cause, le bataillon auquel il appartient, quitte enfin la province d'Oran, le 19 janvier 1848, emportant les témoignages de la sympathie et de l'affection des troupes qui ont coopéré avec lui à la pacification et à la soumission de la province d'Oran.

Le 2e bataillon du régiment des zouaves débarque à Alger le 30 janvier, et est employé toute l'année à différents travaux, tels que la construction des batteries de la côte d'Alger; celle des établissements militaires d'Aumale, les fortifications destinées à mettre ce poste à l'abri de toute insulte, et enfin les travaux de la route de la Chiffa, une des merveilles de l'Afrique; une des beautés du monde. Qu'on se figure dans une coupure à pic de cinq lieues de long, une magnifique route de vingt-cinq pieds de large, conquise tantôt sur le rocher que la mine a dompté; tantôt sur le torrent qui lui a cédé une partie de son lit séculaire. Les lichens, les herbes de toute espèce poussent dans les fentes du rocher; de véritables forêts se dressent dans les endroits où la terre végétale n'a pas été enlevée. La Chiffa s'est frayé un chemin tortueux à travers ces rochers; elle reçoit, en cascade, les eaux qui tombent des sommets escarpés. Une fois la gorge franchie, l'horizon s'élargit, et les yeux éblouis du voyageur s'arrêtent sur les longues collines limitant la plaine de la Mitidja qui conduit à Blidah, et sur la mer que l'on aperçoit au loin, par la coupure de Mazagran.

Voilà donc Chanzy à Alger; c'était pour lui, une véritable renaissance. La vie et le mouvement d'un peuple affairé, ces nouvelles de France qui arrivent régulièrement tous les deux jours; ce sont là des émotions que comprendront tous ceux qui ont été privés de toutes ces jouissances, après de rudes campagnes et le devoir dignement accompli.

Le 12 juin 1848, le colonel de Ladmirault promu général de brigade est remplacé dans le commandement du régiment de zouaves par le colonel Canrobert.

Un mois après, Chanzy nommé lieutenant, quittait lui aussi le régiment des zouaves et passait au 43e qui tient garnison à Constantine (28 juillet 1848).

III

DEVANT ZAATCHA

Le 43e de ligne, en Afrique depuis le 28 octobre 1843, est commandé par le colonel Loreton-Dumontet ; mais il a pour lieutenant-colonel, l'intrépide Abel Douai, tué depuis, comme général de division, à la bataille de Reischoffen, le 6 août 1870.

Le 7 octobre 1849, une colonne dont font partie les 1er et 2e bataillons du 43e (commandants Guyot et Plombin) arrive devant la place de Zaatcha, entourée, comme toutes les oasis de jardins, touffus, précédée d'une enceinte en terre en avant de laquelle est un fossé plein d'eau (profondeur 1m 30). Chanzy qui appartient comme officier à la compagnie Janin est sous les ordres du chef de bataillon Plombin.

Nous ne referons pas ici l'historique du siège de Zaatcha, que nous avons détaillé dans une précédente étude sur le maréchal Canrobert (1). Nous nous bornerons à n'indiquer ici que les faits d'armes attribués au 43e, dans l'ensemble des opérations du siège.

Le général Herbillon avait annoncé, le 19 octobre, que les travaux d'attaque étant arrivés à leur terme, l'assaut serait livré le lendemain. Des brèches avaient été considérées comme praticables; malheureusement, elles ne l'étaient pas; beaucoup de projectiles de l'artillerie, dataient du second siège de Constantine (1837) et n'éclataient ni dans les terres, ni dans les maçonneries. La brèche de droite n'en avait pas moins été réservée au 43e. Le 20 octobre, à la pointe du jour, les grenadiers du 1er bataillon essaient vainement de combler, avec une voiture, puis avec des tonneaux, le fossé plein d'eau de l'oasis; le capitaine qui les dirige reçoit une balle en pleine poitrine. Le feu de l'attaque redouble, et avec d'autant plus de vigueur que l'attaque de la brèche de gauche a

(1) Le dernier maréchal de France. CANROBERT, 1 vol. in-8o illustré, Tolra, éditeur.

été abandonnée. Nos grenadiers ne se rebutent pas; un capitaine et un sergent-major du génie ont trouvé un passage où le niveau n'est qu'a 1 m. 20 au-dessus du sol. Ils s'y portent, leurs cartouchières placées autour du cou, leurs armes élevées à hauteur de la tête, et traversent le fossé, ayant de l'eau jusqu'aux épaules. La terre détrempée au pied de l'escarpe en rend l'escalade difficile; cependant, en s'aidant mutuellement, les grenadiers parviennent jusqu'au pied de la muraille où ils sont reçus par une fusillade à bout-portant. Au lieu d'une brèche accessible, ils trouvent devant eux, un mur à peine crénelé. Les uns cherchent à le percer à sa base, les autres tentent de le franchir, en gravissant les pentes formées par les décombres, malgré les feux qui convergent sur eux, et devant lesquels ils n'ont aucun abri. Peu à peu, toutes les autres fractions du 1er bataillon avancent successivement; mais l'escarpe devient de plus en plus glissante; les débris de maçonnerie forment des points d'arrêts où les hommes sont livrés aux coups de tireurs embusqués, invisibles et tirant à coup sûr. Le chef de bataillon Guyot et quatre officiers tombent mortellement blessés; quatre-vingt-quatorze sous-officiers et soldats sont blessés; dix-sept sont tués. Malgré ces pertes, ce bataillon qui, durant deux heures, soutient une lutte inégale sur la brèche, ne se retire qu'après avoir enlevé ses blessés et dans le plus grand ordre.

Dans la soirée du même jour, les Arabes attaquent les tranchées que garde le 2e bataillon du 43e (commandant Plombin). Ce dernier laisse l'ennemi s'approcher, sans s'émouvoir ni de leurs cris, ni de leurs outrages; les attend au pied du talus, les reçoit à la pointe de la baïonnette et les contraint de fuir, sans leur permettre d'enlever leurs morts.

Le 26 novembre, on livre un second assaut à la place. Vers huit heures du matin, après un feu violent d'artillerie, le signal est donné : les colonnes se précipitent vers la brèche. La colonne de gauche (43e) franchit rapidement les premiers décombres et se porte sur les terrasses les plus élevées de manière à commander les ruelles étroites. Pour occuper ensuite ces ruelles, il faut sauter d'une hauteur de quatre mètres. Une demi-heure après, la plupart des terrasses et des rues sont à nous ; mais les défenseurs n'ont pas fui : embusqués derrière les décombres, ou dans les étages supérieurs, ils continuent le feu. Leur chef, Bou-Zian n'est pris et tué dans sa maison qu'après avoir mis, lui et les siens, quarante zouaves hors de combat.

Ce n'est qu'au bout de quatre heures d'une lutte acharnée qu'on peut atteindre les dernières habitations de l'oasis ; et vers midi, Zaatcha était conquis (1). »

A la suite du siège de Zaatcha, Chanzy, cité à l'ordre de l'armée, devient officier d'ordonnance du général Charon, gouverneur général de l'Algérie. C'est dans cette position que le surprend, le 12 mars 1851, sa nomination de capitaine au 1er régiment de la légion étrangère, à Sidi-bel-Abbès, dont le colonel est Bazaine.

IV

LA LÉGION ÉTRANGÈRE — LES BUREAUX ARABES

Singulière agglomération que cette légion étrangère composée, d'officiers, servant soit au titre français, comme Lacretelle, Cerez, Delebecq, Dufaur du Bessol, camarades de Chanzy, et devenus comme lui des généraux de division d'un passé glorieux; soit des officiers brevetés au titre étranger, comme le lieutenant Schmaker, fils d'un conseiller aulique de l'empire d'Autriche, Helprecht fils d'un banquier de Francfort ; le sous-lieutenant Lansdowe Moore, le filleul de Lord Byron, l'enfant de Thomas Moore, le poète irlandais bien connu; Cahen, *dit* Dahen (Moïse), venu en droite ligne de la Perse; tous d'une origine aussi disparate que les soldats sous leurs ordres. Sorte de corps franc, aux allures indociles, il faut aux chefs qui y commandent, non seulement de la vigueur et de l'énergie, mais aussi du tact, un esprit de conciliation et de justice qui seul peut inspirer aux soldats

(1) *Historique du 43e d'infanterie.*

une certaine confiance et de la crainte. Faisant partie de toutes les expéditions, la légion égale certainement le corps des zouaves, par la hardiesse et la sûreté de ses coups de main, mais elle présente une cohésion incertaine, et ses soldats ont, comme les *zéphirs*, une tendance, à la maraude, à l'indiscipline. Ils sont là, sortis, on ne sait comment, de tous les coins du monde, les uns après avoir mené une vie d'aventures, et erré un peu partout, comme le Juif errant; les autres bien nés, bien élevés, mais mauvaises têtes et enfants prodigues de l'Europe entière. Il faut une main de fer doublée d'un tact parfait pour soumettre à la règle, à la discipline, tous les soldats de cette Babel militaires où se rencontrent toutes les races, et où l'on parle tous les idiomes. Aussi les capitaines qui arrivent à tenir dans leur main une compagnie de la légion étrangère, sont-ils des hommes choisis, appelés tôt ou tard au commandement d'une brigade, d'une division, d'un corps d'armée. C'est de ce corps que sont sortis Saint-Arnaud, le vainqueur de l'Alma, Luzy- Pelissac, Vinoy, Certain-Canrobert, Carbuccia, mort du choléra, à Gallipoli, en 1854, comme général de brigade.

C'est ici le cas de rappeler les qualités de ces soldats que la société repousse, et rejette dans les rangs de la légion. Ce sont souvent des hommes d'un mérite considérable, et Carbuccia racontait un jour qu'il n'avait pas été embarrassé, en 1848, pour faire opérer les fouilles dans les ruines de l'antique Lambœsis, fouilles très admirées par l'académie des inscriptions et Belles-Lettres : « J'aurais pu construire une ville, — disait le colonel à un savant qui l'interrogeait, — j'ai sous mes ordres des architectes, des ingénieurs, des dessinateurs, des artistes de talent. Quand j'ai besoin d'un savant, d'un écrivain, d'un artiste peintre ou sculpteur, je les demande par la voie du rapport; le lendemain, les sergents-majors me remettaient une liste de dix noms, au lieu d'un. D'où venaient ces hommes? Qu'avaient-ils fait dans leur pays ? Je n'en ai jamais rien su. Là-dessus, ils étaient impénétrables. »

Chanzy, dans la légion, profite des heures de loisir que lui laisse la période de paix relative, dont l'Algérie bénéficie à la suite de la soumission d'Abd-el-Kader, pour apprendre l'arabe, et la façon dont il se livre à ce travail, m'a été racontée par lui, d'une façon si originale qu'on me permettra de signaler sa méthode. « Je n'avais appris aux zouaves, me disait-il, que quelques phrases sacramentelles que tout le monde connaît, lorsque, devant un de mes camarades de la légion, j'eus l'occasion de questionner un Arabe sur la vente d'un très beau tapis provenant de Ouled-el-Nahr, et dont il voulait se débarrasser. Ayant été assez heureux pour me faire comprendre, bien que l'épreuve n'ait pas été longue, mes camarades s'imaginèrent que j'étais très fort et m'en complimentèrent; je l'étais si peu que, depuis un an, je lisais dans une grammaire arabe pour y apprendre par cœur les dialogues les plus usuels ; et c'est un de ces dialogues que j'avais débité à mon Arabe comme l'enfant récite une leçon de catéchisme.

« Désireux, cependant, de ne pas m'en tenir là, j'allais causer sur le marché de Thessalah, avec les Arabes qui vendaient des figues de Barbarie. La prononciation me faisait défaut, et je ne me faisais comprendre qu'à grand renfort de gestes; j'en avais les bras fatigués. Ne voulant pas m'exposer à être ridicule en public, je goûtai les figues que je trouvai bonnes, et je priai mon Arabe, qui n'était autre que Mohamed-ben-Youcef, que j'ai fait nommer plus tard Kaïd dans une tribu des Traras, de venir m'en apporter, chaque jour, dans mon logis dont je lui donnai l'adresse : *Au panier fleuri*, charmante petite maison de campagne, à proximité de la Mekerrah. Là, en mangeant ses fruits, je causais. Après les figues de Barbarie, sont venues les figues d'Europe, les raisins. A moitié saison des raisins, je parlais assez bien la langue arabe, pour me laisser inviter dans les tribus voisines soumises à notre domination, et me voilà grand interprète en chef de la légion. Depuis, cela m'a été d'une grande ressource pour passer mon temps. » Cette façon de raconter, n'est-elle pas charmante? Une grande tenacité au travail, est donc un des côtés du caractère de Chanzy, qui est nommé, l'année suivante, chevalier de la légion d'honneur (16 juillet 1852).

A cette date, il compte douze ans de service, dix campagnes de guerre, et n'a que vingt-neuf ans. Ces chiffres peuvent offrir quelques consolations aux officiers qui se plaignent de la lenteur de leur avancement. A ces officiers, nous leur dirons: profitez de vos jeunes années, pour ajouter des campagnes de guerre à votre actif; soyez à la peine, au labeur, avant d'être à la joie; les récompenses suivront le mouvement ascensionnel de vos services.

* * *

Le 28 juillet 1854, le capitaine Blendowsky, du 1er étranger, qui commandait le bureau arabe de Tlemcen, depuis plusieurs années déjà, passait chef de bataillon au corps. Le gouverneur général de l'Algérie, qui était alors le général Randon, ne vit rien de mieux, pour le remplacer que d'y nommer Chanzy qui, connaissant à fond la langue arabe, pouvait l'écrire, au besoin, et faisait campagne en Afrique, depuis sa sortie de St-Cyr.

A cette époque, les bureaux arabes étaient de véritables pachalicks, des vice-royautés dans toute l'acception du mot, réunissant les pouvoirs judiciaires et administratifs, et dans une certaine mesure la plénitude du pouvoir exécutif. Cette création, due au général Avizard, fonctionnait depuis 1833, et bien des années s'écouleront encore, avant qu'on ne songe à se passer des services qu'ils rendent aux commandants des colonnes, en expédition dans le Sahara algérien. Qu'on en juge : Dans son cercle, le chef du bureau arabe doit connaître les ressources des tribus qui en font partie, le nombre de cavaliers et de chevaux de guerre, celui des fantassins et de leurs fusils; les quantités de grains que renferment les silos (1), l'emplacement de ces silos, le chiffre des troupeaux de chameaux (*ibel* : cent têtes) ou des troupeaux de moutons (*r'nen* : quatre cents têtes), et les lieux où, selon la saison, campent les tribus; il doit pouvoir rendre compte

(1) Mot espagnol, *silo* qui signifie *cave* ou *puits* pour les grains, *souterrain obscur*. Le mot arabe est *met'moura*, au pluriel *mt'âmeur*. Les Arabes ne peuvent encaisser leurs grains que dans les *silos* connus de l'autorité.

du nombre de leurs charrues, ou de leurs palmiers ; il fait rentrer l'impôt, assure la tranquillité du pays, rend la justice dans de certaines limites. Il est, tout à la fois, l'œil et le bras du commandement ; sa mission est administrative et politique ; il est l'intermédiaire obligé, naturel entre les Arabes et l'autorité française. La police des tribus est dans ses attributions ; rien ne s'y passe, rien ne s'y fait qu'il ne doive savoir, soit par les fonctionnaires indigènes sous ses ordres, soit par ses espions. Dans les expéditions, ses fonctions sont celles d'un officier d'état-major ; il est chargé de la reconnaissance des directions à suivre, de celle des bivouacs et de leurs ressources en eau, en fourrage et en combustible ; il doit s'aboucher avec les chefs des tribus que la colonne doit traverser ; faciliter les achats de bétail, pour le ravitaillement des troupes ; requérir des guides, des moyens de transport et leurs accessoires ; se procurer des espions pour éclairer nos colonnes et avoir des nouvelles de l'ennemi, si l'on est dans des époques de troubles et d'agitations. Cet exposé sommaire, suffit pour faire connaître la multiplicité des détails qui sont du ressort d'un chef de bureau arabe, et de l'importance du rôle de ce rouage essentiel dans la machine algérienne ; il démontre les difficultés que présente la conduite d'une colonne expéditionnaire dans le Sahara, et combien la tâche serait au-dessus des forces d'un officier général arrivant de France, quel que fût d'ailleurs son mérite militaire, s'il n'avait pas, pour l'éclairer, les chefs des bureaux arabes, si décriés, — même de nos jours, — par une presse hostile à l'armée, et à la concentration, entre ses mains, d'un pouvoir absolument nécessaire pour maintenir les indigènes qui ne respectent que la force, et les colons qui au début, — il faut bien l'avouer, — n'étaient le plus souvent que l'écume de la mère-patrie. Cette appréciation est contenue tout entière dans cette réponse de Mac-Mahon à Napoléon III, qui lui demandait pourquoi les colons détestaient si cordialement les bureaux arabes.

« — Sire, — répondit le maréchal avec sa franchise habituelle, — la raison en est bien simple. Les contrebandiers détestent les douaniers, de même que les braconniers ont une aversion systématique pour les gardes champêtres. Votre Majesté n'a pas à chercher ailleurs les motifs de la haine qu'Elle me signale. »

Chanzy, — nous venons de le voir, — était admirablement préparé pour remplir un rôle d'administration, dans un des centres les plus agités de la division d'Oran (Tlemcen). Probe, désintéressé, infatigable, il connaît bien la subdivision ; il a dans son ressort, les cercles de Sebdou, Lala-Marghrnia, Nemours.

Qui saurait mieux convenir au rôle multiple exigé par le commandement, que ce travailleur infatigable, doué d'une volonté tenace qu'aucune difficulté ne saurait rebuter, que cet esprit chercheur capable de concevoir des plans audacieux, et sachant faire surgir de terre, s'il est possible, les moyens de les réaliser; un homme dont le prestige s'étendait au loin, et dont le nom connu des indigènes était un moyen de les rattacher à nous. On le voyait souvent à cheval dans les tribus, de là, son surnom : Adda-ould-el-Hack (*le cavalier enfant de la justice*).

Dès son arrivée au bureau de Tlemcen, Chanzy arrête son programme, jette un coup d'œil d'ensemble sur les travaux exécutés par son prédécesseur, voit ce qui lui reste à faire, trace à grands traits sa ligne de conduite sur toutes les questions dont la solution s'impose dans un délai donné, afin d'avoir un guide sûr, lui permettant toujours d'agir dans la même voie, sans être obligé de défaire le lendemain ce qu'il avait ordonné la veille.

Les différents buts à atteindre dans la province d'Oran sont réglés par le programme suivant tracé dans les instructions du général Randon :

1o Créer les moyens nécessaires pour atteindre au loin, les dissidents du Sahara ; compléter la soumission du pays;

2o Faire de Tlemcen une grande et belle ville, où viendrait aboutir le commerce du Gourara et du Touât, afin de frapper l'imagination des Sahariens et des Marocains, en donnant aux uns, comme aux autres, une preuve de notre puissance politique et commerciale ;

3o Développer la culture, fixer l'indigène au sol qu'il

On le voyait souvent à cheval dans les tribus... (page 32).

exploite, en rendant les k'sours du sud prospères et riches;

4° Développer le commerce des laines, et par suite, améliorer la race ovine;

5° Nouer des relations avec l'extrême sud de la province, jusqu'à El-Goleah, et au delà, — si possible.

Nous n'avons pas à développer ici tous les travaux exécutés par ordre de Chanzy, dans la subdivision de Tlemcem; ce serait étendre démesurement ces récits. Nous faisons simplement la monographie d'un soldat, et non l'apologie des bureaux arabes, qui malgré les haines accumulées sur eux par une presse antipatriotique, n'en ont pas moins rendu de grands services à la colonie, en facilitant la soumission des Arabes et l'épuration progressive de l'élément colonial; ce qui a permis de leur substituer, dans une certaine zone, un régime civil offrant des garanties certaines de liberté, dans un avenir prochain.

Dix huit mois après son installation à Tlemcen, Chanzy est appelé au commandement du bureau d'Oran, laissant la direction de celui qu'il quitte, au capitaine Doineau, un de ses camarades de promotion de St-Cyr, qui avait fait toute sa carrière dans les zouaves; homme d'une volonté de fer, d'un bon sens et d'une sûreté de jugement égale à l'étendue de son esprit et à la vivacité de son intelligence; mais violent parfois et facilement irascible.

En 1855, Chanzy quitte les bureaux arabes et rentre dans un régiment de ligne: le 54e qui tient garnison à Tlemcen. L'année suivante il est nommé chef de bataillon au 23e de ligne, à Sidi-bel-Abbès (25 août 1856).

Il a trente-trois ans.

Ici, se place une anecdote que nous voulons raconter; parce que le nom de Chanzy a été mêlé quelque peu, à un procès retentissant qui pouvait avoir les conséquences les plus graves, au point de vue des bureaux arabes : Nous voulons parler du procès Doineau qui mettait en relief les exactions et les méfaits accomplis par le commandant du bureau arabe de Tlemcen, son successeur.

*
* *

Pour bien comprendre ce qui va suivre, quelques détails rétrospectifs sur l'histoire de Tlemcen, sont nécessaires.

Pendant l'hiver de 1841 à 1842, pendant que le général de Lamoricière guerroyait à Mascara, portant les plus rudes coups à la puissance d'Abd-el-Kader, l'autorité du khalifat de l'émir dans l'ouest de la province, Bou-Hamedi, était sérieusement menacée par Mouley-Chirg-ben-Ali,de la tribu des Hachems, qui avait longtemps commandé le pays, comme lieutenant de Mustapha-ben-Thamy, ancien khalifat de l'émir. Destitué par Bou-Hamedi, lorsque ce dernier succéda à Mustapha-ben-Thamy, Mouley-ben-Ali, avait résolu de se venger à la première occasion.

A cet effet, il parcourt les tribus, fait de beaux discours aux indigènes, et les prépare au changement qu'il avait en vue depuis longtemps déjà, et dès qu'il croit le moment venu, il jette les yeux sur un homme dont le prestige religieux était de nature à rehausser sa puissance, Mohamed-ben-Abdallah, de la grande tribu des Ouled-sidi-Cheick, dont l'influence religieuse s'étend depuis l'oasis d'El-Abiod, jusqu'aux rivages de la mer.

Etabli depuis de longues années déjà dans le pays de Tlemcen, Mohamed-ben-Abdallah, y était en grande vénération. On citait sa piété, et les gens des douars racontaient que tous les vendredis, il se rendait, pieds nus, au tombeau de Sidi-Bou-Medyn (1), dans le village du même nom, passait la nuit en prières, et que lorsqu'il quittait ces lieux saints,

(1) Dervich, du nom de El-Ouali-Sidi-Bou-Medyn, né à Cantillano, village situé sur le Guadalquivir, à huit lieues au sud de Séville. Venu au Maroc, en 1270, il y étudie la théologie et la jurisprudence musulmane, fait le pèlerinage de la Mecque et à son retour, se fixe à Bougie, où il se voit bientôt entouré de disciples. Ses succès lui attirèrent des envieux ; dénoncé au sultan du Maroc, comme un homme dangereux, le gouverneur de Bougie reçoit l'ordre de s'assurer de sa personne et de le faire reconduire au Maroc. Arrivé sur le territoire de Tlemcen, il tombe malade sur les bords de l'Isser. La caravane campa en un endroit nommé El-Enblad, supérieur. Son corps y fut inhumé, et le marabout donna son nom à la mosquée et au village, où se rendait chaque semaine Mohamed-ben-Abdalah.

les paroles de Dieu sortaient de sa bouche, car l'esprit d'en-haut l'avait visité. Cette croyance était générale en pays arabe, et tous les indigènes se préparaient à le reconnaître comme leur chef.

A cette époque, il y avait à Oran, auprès du général de Lamoricière, un arabe à cheveux blancs, ancien chef des *douairs,* du nom de Mustapha-ben-Ismaël, et le plus considérable d'entre eux, par la naissance, comme par l'illustration personnelle, car il descendait des Ouled-Altan, une vieille famille issue des Mehal, les premiers conquérants de l'Afrique. Le regard de cet homme fascinait; son nez aquilin, ses deux yeux étroits comme ceux de l'aigle, indiquaient la volonté, la décision, le courage; on sentait en lui un vaillant que la mort pouvait frapper, avant qu'il ne pliât et fût parjure à ses serments.

Il avait promis fidélité aux Turcs; il était resté leur serviteur tant que l'autorité du dey d'Alger avait conservé une ombre d'autorité. Il devait pareillement nous être fidèles jusqu'à la mort, dès qu'il nous eût donné sa foi, en 1835, lorsque les *douairs* soumis à sa fortune, vinrent se soumettre au général Trézel (1).

Mustapha-ben-Ismaël instruit de l'agitation qui régnait du côté de Tlemcen, en fit part au général de Lamoricière qui autorisa le vieux guerrier arabe à voir Mohamed-ben-Abdallah, et à lui offrir un commandement s'il venait à nous.

(1) En juin 1843, Mustapha-ben-Ismaël était à cheval, à la tête de ses goums, et par une razzia heureuse, tombait sur les débris de la *Smalah* que le duc d'Aumale venait de disperser. Tandis que le général de Lamoricière retournait à Mascara, Mustapha devait se rendre à Oran, par la plaine de l'Hillil en traversant le pays des Flittas. Ses chevaux étaient chargés de butin; ses cavaliers marchaient en désordre; arrivé dans un passage difficile, Mustapha y est attaqué par les Kabyles, et une balle inconnue le frappe au cœur, comme il se portait au plus fort du danger. Son cadavre reste à terre, deux de ses cavaliers se font tuer en essayant de l'enlever; le reste de son goum, prend la fuite ; c'est à qui arrivera le plus vite à Oran qui est à plus de quarante lieues de l'endroit où Mustapha a été frappé. Dépouillé par les gens de la montagne, étendu le long d'une broussaille, son cadavre est reconnu le surlendemain par un courrier d'Abd-el-Kader, à une blessure reçue à la main, lors du combat de la Si-Kah. La main et la tête furent portées à l'émir. Le tronçon du corps, racheté aux Kabyles quelques jours après par l'autorité française, fut rapporté à Oran, où le général de Lamoricière rendit au vaillant guerrier arabe, qui nous avait si bien servis, depuis dix ans, les honneurs dus à un général de brigade.

Le colonel Tempoure avait l'ordre de l'appuyer avec quelques chasseurs d'Afrique et une colonne d'infanterie.

Un témoin oculaire, le capitaine de Castellane, raconte ainsi cette entrevue : « Le 28 décembre 1841, les cavaliers de Mustapha se déroulent en longues files, le long d'une montagne élevée; à leur pieds s'étendent la vallée de la Tafna avec ses riches cultures; à l'horizon apparaissent les blanches murailles de Tlemcen. Tout à coup, au détour de la montagne, ils aperçoivent les collines et les mamelons couverts des gens des tribus. Des deux côtés les étendards s'arrêtent, les cavaliers restent immobiles, et les chefs s'avancent entre ces haies vivantes. Mustapha, met pied à terre le premier, rendant ainsi hommage, en présence de tous, au caractère religieux de Mohamed-ben-Abdalah; mais ce dernier descendant de cheval se jette dans ses bras, sans lui permettre d'autre marque de déférence.

« Puis Mustapha, avec cette dignité qui ne le quittait jamais, désigne une touffe de palmiers nains, où tous les deux s'assirent avec le colonel Tempoure, et les escortes de chacun d'eux. La conférence de la soumission commença aussitôt et le colonel Tempoure, d'ouvrir les premiers pourparlers par ces paroles prononcées en très bon arabe : « Le jour de ma « vie, où le bonheur m'est venu le plus grand, c'est celui-ci « car je vois naître l'estime entre les Français et un chef « vénéré.

« Grâce au Dieu tout-puissant, ce jour est le commence- « ment de l'union qui doit se sceller entre les deux races, « sous la protection du grand sultan de France. Quant à « moi, les derniers jours qui me restent, ne sauraient rece- « voir un emploi plus salutaire que celui de travailler à la « paix du pays et à l'élévation de ta maison, ô Mohammed, « de ta maison déjà illustre parmi nous. »

Les derniers pourparlers échangés, le colonel Tempoure offrit au chef arabe, les présents apportés en son honneur; puis tous se levèrent, et remontèrent à cheval, et Mohamed debout sur ses étriers, prononça d'une voix grave et austère, la prière suivante pour appeler la bénédiction du Très-Haut sur ses entreprises. Spectacle imposant et majestueux que n'oublieront jamais ceux qui en ont été les témoins.

« O Dieu! Dieu clément et miséricordieux, — s'écria « Mohamed. — Nous te supplions de rendre la paix à notre « malheureux pays désolé par une guerre cruelle. »

« Et les deux mille cavaliers qui l'entourent, de répéter la même prière, comme un écho sortant de leur cœur.

« — Prends pitié, — reprit le chef, en élevant les yeux « au ciel; — prends pitié de cette population réduite à la « misère! Fais renaître au milieu de nous, l'abondance et « le bonheur! Donne-nous la victoire sur les ennemis de « notre pays, et que la sainte religion révélée par son pro- « phète soit toujours triomphante. »

Le bourdonnement de ces prières, dut venir jusqu'aux oreilles de Bou-Hamedi, et lui faire voir l'imminence du danger qui le menaçait, car le moment approchait, où Tlemcen allait devenir pour toujours une ville française.

A la première nouvelle de ces importants événements, le maréchal Bugeaud, jugeant avec la rapidité habituelle de son coup d'œil, le parti que l'on pouvait en tirer, se hâte de quitter Alger. Le 20 janvier 1842, le maréchal débarquait à Oran, et le 24 février, après avoir ruiné la citadelle de Sebdou, et occupé Tlemcen, il laissait le commandement de la subdivision au général Bedeau (1) qui recevait de France, quelques mois après, le brevet du Khalifat pour Mohamed-ben-Abdallah.

Le marabout, attendait mieux que cela. Trompé dans son espoir, désillusionné, lui qui ambitionnait le titre de sultan, il intrigua, se montra fort au-dessous de sa tâche, affichant partout la prétention de gouverner Tlemcen, sans l'adjonction d'une garnison française. Signalé à l'autorité militaire, Lamoricière coupa court à ces menées maladroites, en lui insinuant discrètement, en 1847, qu'il ferait bien de faire un voyage à la Mecque, pour rétablir sa santé sacrifiée au service de la France. Un bateau à vapeur de l'État le transporta de Mers-el-Kebir à Alexandrie.

(1) *La vie militaire en Afrique.*

C'était une disgrâce déguisée : l'ex-khalifat le comprit. A la Mecque, il rencontre, en 1849, Si-Mohamed-es-Senouci, expulsé d'Algérie. La similitude de position, la même haine contre nous, le désir de nous faire le plus de mal possible, rapprochent ces deux hommes et, au mois d'août 1851, notre ancien khalifat de Tlemcen, était devenu le sultan de la Confédération d'Ouargla.

Il y aurait bien des choses à dire sur les difficultés de notre installation dans l'extrême sud algérien. C'est au commencement de 1854 seulement, que l'uniforme français s'est montré pour la première fois dans ces contrées lointaines. Une colonne, commandée par le colonel Durieu, du 1er régiment de chasseurs d'Afrique, s'empare de l'oasis d'Ouargla, le 30 janvier 1854. Mohamed-ben-Abdallah fait sa soumission. Il nous fallait des hommes à tout prix, l'autorité française le nomma agha de Sebdou.

Le 12 septembre 1856, il se rendait de Tlemcen à Oran, avec son *koudja* (secrétaire), Si-Mohamed-ben-Ali, dans la voiture publique qui fait le service entre ces deux villes. Des émissaires soudoyés, embusqués dans le ravin de la Saf-Saf, se jettent à la tête des chevaux, arrêtent la voiture et assassinent l'agha et son secrétaire.

Quels étaient les auteurs de cet assassinat? Qui en avait été l'instigateur? L'autorité militaire fit une enquête; la rumeur publique désigna le capitaine Doineau, comme seul auteur du crime. Il fut arrêté à Oran et c'est le commandant Chanzy qui fut chargé de son arrestation, par ordre du colonel Pourcet, sous-chef d'état-major du gouverneur général, le maréchal Randon.

« — Doineau est un homme violent, dit ce dernier à Chanzy, le 17 septembre au soir; de graves soupçons pèsent sur lui. Je crains un scandale ou une sortie maladroite, si je le fais arrêter brutalement. Il me faut votre intermédiaire. Voulez-vous vous charger de lui notifier son arrestation?

« — La mission est délicate; répond Chanzy. — Cependant, je le connais; je m'en charge. Doineau peut être vif, mais il n'a jamais méconnu ses devoirs et sait obéir. »

Le commandant Chanzy savait trouver Doineau au café

Soubiran, — le Helder de l'endroit; — il s'y rend; c'est l'heure où les officiers de la garnison d'Oran (1), s'y réunissaient pour se serrer la main et s'entretenir des affaires de la journée. Il prend Doineau à part, lui fait connaître sa pénible mission :

« — Bah ! c'est une plaisanterie, s'écrie Doineau, en riant.

« — Si peu une plaisanterie que tu vas me suivre au quartier-général de la division. Viens avec moi ; tu es innocent, tu n'as rien à craindre. »

Et les deux officiers s'acheminèrent vers l'hôtel de France pour que Doineau y prît quelques effets nécessaires, et de là à l'hôtel de la subdivision, ou un capitaine de gendarmerie lui notifia son mandat d'arrestation.

Voilà la seule participation de Chanzy à cette malheureuse affaire; car le mobile de l'assassinat du 12 septembre était le vol, et on soupçonnait Doineau d'avoir armé le bras de malfaiteurs, pour s'emparer d'une somme de vingt et quelques mille francs dont était porteur l'agha Mohamed-ben-Abdallah.

Appelé à s'expliquer là-dessus, voici les réponses de Chanzy devant le jury de la cour d'assises d'Oran.

« Les amendes à infliger aux Arabes sont prévues par une ordonnance de 1844 ; elles sont versées entre les mains des Caïds : les bureaux arabes n'ont qu'un contrôle; ils interviennent pour faciliter les perceptions; mais ils ne perçoivent rien eux-mêmes. Quant aux exactions elles sont possibles dans toutes les administrations; mais les bureaux arabes sont si bien surveillés que les exactions y sont difficiles pour ne pas dire impossibles. Je ne vois pas d'ailleurs pourquoi un officier irait jouer son honneur et sa position, pour quelques misérables écus. »

Puis, le témoin ajoute plus loin, au cours de sa déposition : « L'Agha-ben-Abdallah voulait supplanter un certain Yamani, chef influent des Ouled-el-Nahr. Yamani n'avait

(1) A ce moment, Doineau était à Oran depuis deux jours, faisant l'intérim du bureau arabe, laissé momentanément vacant par la nomination de son titulaire au grade supérieur.

donc pas lieu d'être très satisfait d'Abdallah. Deux autres arabes partageaient les mêmes sentiments : Moulaï-Amar et Moulaï-Lacheung. Ces deux hommes s'adressèrent à Yamani, et il fut convenu qu'il leur donnerait cinq cents francs pour tuer Abdallah. Yamani n'avait pas la somme ; il offrit en garantie ses bijoux, ses bracelets ; on ne s'entendit pas et ces deux hommes allèrent tout dénoncer à Abdallah. J'ajouterai encore que l'agha était haï de ses coreligionnaires pour ses exactions, et obligé un jour d'aller à une *riffa* (fête), il fut blessé d'une balle à la poitrine; son *koudja* et son *cadi* tombèrent à côté de lui (1). »

Il y avait donc du doute sur la culpabilité de Doineau. Néanmoins, et malgré un magnifique plaidoyer de son avocat, le jeune capitaine fut condamné à la peine de mort et cinq de ses complices aux travaux forcés, pour des durées variant de cinq à dix ans (2).

Aujourd'hui, la légende Doineau court la région de Tlemcen, et, lorsque j'habitais cette ville en 1866, tous les officiers du 48e ont pu voir le café maure qui fait l'angle de la rue des Orfèvres et de la place des Caravanes; c'est là où les assassins jurèrent, sur le Koran, la mort de l'Agha ben-Abdallah. Depuis, il a pris le nom de café Doineau. Dans le cimetière Es-Senouçi, on voit une kouba, en forme de tombeau, dont l'entrée est rendue presqu'inaccessible, par les lianes, les cactus épineux et les figuiers de barbarie qui y croissent en tous sens. C'est le marabout Doineau; il a servi à cacher, dans un trou creusé au milieu des ronces, l'argent dont était porteur ben-Abdallah, et volé sur lui, après le crime.

Quoi qu'il en soit, l'année 1857 marquait la décadence des bureaux arabes, et l'année suivante, l'empereur se déci-

(1) *Gazette des Tribunaux.*

(2) La peine de mort prononcée contre Doineau, fut commuée en celle du bannissement; il s'exila en Turquie, prit du service en Espagne en 1859, suivit le maréchal O'Donnel dans son expédition au Maroc. En 1870, il est à Monaco et on le retrouve, en août 1874, à Nice, où il est arrêté comme complice de l'évasion de Bazaine qu'il avait connu, jadis, chef de bataillon au bureau arabe de Tlemcen. Condamné, comme étant complice de cette évasion, à deux mois de prison, le 17 septembre 1874, Doineau revient en Turquie où il meurt en 1889.

dait à supprimer le gouvernement général, pour lui substituer un ministère de l'Algérie et des colonies, à la tête duquel était placé le prince Napoléon. Alger devint ainsi le siège d'un commandement supérieur des armées de terre et de mer. L'autorité militaire diminua peu à peu dans la colonie; l'élément civil prit le dessus; de sorte que les bureaux arabes militaires furent remplacés par des bureaux arabes départementaux et civils. La chose en valait-elle mieux? L'avenir a prouvé le contraire; car le régime civil dont certains avocats s'étaient engoués à l'origine fut vite déprécié, et le gouvernement militaire rétabli par décret du 10 décembre 1861.

C'est ce dernier régime qui fonctionnait, lorsque Chanzy devenu colonel, revenait en Afrique, en 1864.

V

EN KABYLIE

Depuis le premier jour de la conquête algérienne, les tribus Kabyles, fidèles à leur nationalité, sont en lutte ouverte contre la France, recueillant ses déserteurs, soutenant les Arabes, ses ennemis, pillant les tribus soumises, ou attaquant nos postes avancés. Quatorze expéditions n'ont pu amener la soumission de la Kabylie du Djurjura, massif de montagnes à étages successifs, dont le centre principal est une immense muraille de rochers à pic. C'est le cœur même de la puissance Berbère et le foyer de tous les soulèvements des peuples du nord de l'Afrique. Le maréchal Randon a résolu de s'en emparer, et dès le mois d'avril et les premiers jours du mois de mai 1857, les différentes troupes qui doivent prendre part à cette expédition gagnent leurs emplacements respectifs, autour du pays ennemi.

Le 23e de ligne, dans lequel compte le commandant Chanzy, appartient à la première division que commande le général Renault (1), et qui est organisée à deux brigades : la

(1) Tué, comme général de division, à Villiers-sur-Marne, sous Paris, le 30 novembre 1870.

première; cinq bataillons, sous les ordres du général de Lignières : 8e bataillon de chasseurs à pied, deux bataillons du 23e et deux bataillons du 90e ; la seconde : six bataillons, commandés par le général Chapuis. Le camp de cette division est établi à Sikkou-Meddour; sa cavalerie en arrière, sous les ordres du colonel Salignac-Fénélon.

Elle a devant elle le pays des Irdjen, l'une des cinq grandes fractions des Beni-Raten; étroit plateau avançant sur la plaine, et se reliant à Souk-el-Arba, par une longue crête de pitons inégaux. L'attaque est annoncée pour le 20 mai.

A cinq heures et demie du matin, la division Renault, formée en trois colonnes d'attaque, se met en mouvement. La colonne de droite (général de Lignières) : le bataillon de chasseurs à pied, deux bataillons du 23e et un bataillon du 90e, suit, dans la plaine, le lit de l'Oued-Assi, avance par la ligne de pitons successifs qui relient le plateau de Takcept à la montagne, marche à l'attaque du village de Djemmâa, dont elle s'empare vers sept heures du matin. De là, elle monte par des pentes abruptes que, les Kabyles défendent une à une, et s'empare également de Tiguert-Hala où elle opère sa jonction avec la deuxième colonne (colonel Rose du 1er tirailleurs algériens).

Le soir, le général Renault installe son bivouac, sur le plateau d'Ouailel, d'où il voit Hachiren et les différents villages qui le séparent de Souk-el-Arba, point de jonction des trois divisions. Pendant toute cette première journée, la division Renault a eu devant elle un ennemi nombreux, protégé par des ravins inextricables; elle n'a pu conquérir ses positions et s'y maintenir que grâce à l'énergie des officiers, comme des soldats. Ses pertes ont été de trente-trois hommes tués et de cent cinquante-neuf blessés, dont trois officiers.

Le 25 mai, dès l'aube, le combat recommence pour la première division qui n'est maîtresse encore que du tiers environ du territoire des Irdjen qu'elle est chargée de conquérir. A cet effet, les commandants Paturel et Chanzy, des 41e et 23e, reçoivent l'ordre de s'emparer des villages d'Ait-

Hali et d'Ain-Yacoub, et de les incendier, pendant que le général de Lignières, se rend maître du village d'Ait-Hag. Les Kabyles sont refoulés dans le ravin de l'Oued-Assi, et, à huit heures du matin, on avait détruit, de fond en comble, une des plus fortes positions de la crête des Irdjen.

* * *

Sous la pression d'un mois de travaux, de séjour et de relations loyales, avec les tribus récemment soumises, l'œuvre pacifique de la campagne est achevée; le fort Napoléon est sorti de terre, et une large voie de communication rayonne entre Alger et Souk-el-Arba. La lutte va reprendre contre les tribus ennemies; et, le 25 juin, la division Renault lève son camp d'Ouaikel, pour s'avancer vers le pays des Beni-Yenni, l'un des plus industrieux de la région Kabyle. Les montagnes habitées par les Beni-Yenni, appelés à juste titre les flamands du moyen âge, s'étendent à l'extrémité sud-ouest du territoire des Beni-Raten, et vont se rattacher au Djurjura par le pays des Beni-Boudrar qui vivent au pied du rocher et sur le rocher lui-même, à côté de neiges éternelles. L'ensemble de ce territoire se compose d'une crête principale, à laquelle viennent se rattacher, comme des rameaux, différents contreforts; des villages aux maisons entassées couronnent les hautes crêtes; des frênes, des figuiers, des oliviers, séparés çà et là par des champs, couvrent les versants des montagnes. Des lits de torrents descendent des crêtes jusqu'aux vallées, servant de sentiers reliant le pays aux territoires voisins. Ces sentiers sont hérissés de barricades échelonnées de distance en distance, comme des gradins inégaux, suivant les accidents du terrain.

En présence de ces obstacles, le maréchal Randon décide que la division Renault, les tournera par la droite, en suivant la vallée de Boghni.

La division Renault quitte son camp de Ouaikel, le 24 juin dès l'aube, en deux colonnes, descend dans la vallée de l'Oued-Assi, l'une des gorges qui donnent accès aux vallées circulaires qui entourent le pays de Beni-Yenni, et vient camper, le soir, sur le contrefort de Taourit-Amokran.

Le lendemain, longtemps avant l'aube, elle quitte ce dernier bivouac, suit le cours sinueux de l'Oued-Tléta et va chercher, pour monter à l'ennemi, le contrefort de Taourit-Issoulas, placé sur sa droite, en avant de la vallée de Boghni. Le soir du 25 juin, tout ce territoire était au pouvoir de nos troupes.

L'ensemble des deux succès des 24 et 25 juin forme le second effort de l'expédition, le second acte de la campagne qui, commencée par la soumission des Beni-Raten et l'occupation de Souk-el-Arba, se terminait par la double défaite d'Icheriden et des Beni-Yenni. Dorénavant la Kabylie du Djurjura n'existe plus que de nom; toutes les tribus berbères ont fait leur soumission. L'armée expéditionnaire est dissoute et chaque corps rentre dans sa garnison respective.

Le 23e va camper au fort Napoléon.

*
* *

Notre Africaine française! Qui donc n'est pas ému, au souvenir de toutes les grandeurs que rappellent les œuvres des Cyprien, des Augustin, des Monique, des saint Louis et des saint Vincent de Paul? Elle a été, pendant plus de trente ans, le théâtre sur lequel se sont déployés et développés les aptitudes si remarquables de Chanzy, pour le métier des armes, ainsi que les qualités maîtresses de son caractère. Il l'a parcourue dans tous les sens, depuis les confins de la Tunisie, jusqu'au Maroc; depuis les rivages de la Méditerranée, jusqu'à l'immense océan de sable du Sahara. Il a été à l'école des maîtres en l'art de cette guerre de partisans et d'embuscades qui s'appelaient Bugeaud, La Moricière, Changarnier, Cavaignac, Randon. Il s'y est trouvé le compagnon d'armes et l'émule de ces officiers de premier mérite, qui ont enrichi de pages éblouissantes de gloire les annales déjà si bien remplies de notre histoire militaire.

Emile Carrey, dans une remarquable étude sur la campagne de la grande Kabylie, en 1857, expose ainsi les résultats généraux obtenus par l'expédition du général Randon, qui, en deux mois, a été victorieuse partout, sans effusion considérable de sang, sans dépenses exagérées, sans perturbation dans la colonie.

« Le gloire de cette campagne a été le succès par la prévoyance, par la science humanitaire; ce qui vaut mieux que le succès par la force brutale... Les triomphes pacifiques sont moins bruyants; ils flattent moins les âmes vaniteuses; ils restent moins profondément gravés dans la mémoire des hommes; mais leur éclat est plus pur, ils sont plus doux à la patrie pensante. »

La conquête de la grande Kabylie assurait la pacification de l'Algérie. Quelques mois après, le 23e quittait la province de Constantine pour prendre part à la guerre d'Italie.

Le marabout Doineau et la porte Aghadir (Tlemcen) (page 42).
(D'après les photographies de l'auteur.)

Le 31 mai, toute l'armée française bivouaque au nord du Pô... (page 53).

CHAPITRE II

De Paris à Jérusalem et à Rome

EN PASSANT PAR LA LOMBARDIE ET LA SYRIE

1859 — 6 Mai 1864

Camp de Sathonay - Lyon. 1864.

(D'après les photographies de l'auteur.)

La France liée à l'Italie par les souvenirs de la guerre de Crimée, dans laquelle une division Sarde combattait côte à côte avec ses troupes, ainsi que par des intérêts communs, reste fidèle à ses promesses; improvise une armée, et l'envoie au delà des Alpes, où la guerre a été déclarée entre le Piémont et l'Autriche, le 26 avril 1859.

Le 23e de ligne dont fait partie le commandant Chanzy, a pour chef de corps, le colonel Auzouy, venant du 48e régiment; un de ses collègues est le chef de bataillon Lecointe appelé, comme lui, à devenir général de division.

Jusqu'à présent, Chanzy, très habile diplomate dans les affaires arabes, n'a connu de la guerre que les privations, les fatigues, les maladies, les dangers et les opérations en miniature de nos expéditions en Afrique. Nous allons le voir maintenant aborder les vrais champs de bataille, et prêter son concours à des opérations de guerre, à grande envergure.

Lorsqu'éclatait la guerre d'Orient, en avril 1854, des camps de mobilisation et de concentration avaient été formés dans le nord et le midi de la France, en prévision de renforts à envoyer en Crimée. C'est ainsi que se constitua, au camp de Boulogne, avec le 8e bataillon de chasseurs à pied, les 23e, 41e, 56e et 15e légers, devenu plus tard le 90e, la division Renault qui forma la première division du 1er corps de l'armée du Nord, placée sous le commandement du général Baraguey d'Hilliers.

Cette belle division, malgré la remarquable réputation de bravoure et la haute intelligence militaire de son chef, malgré la juste renommée des régiments dont elle se composait n'eut pas le bonheur de porter ses aigles en Crimée, et d'inscrire le nom de Sébastopol sur les plis flottants de ses drapeaux. Dirigée sur Paris, en 1855, elle y forma la 2e division de l'armée de l'est, et reçut là son ordre de départ pour l'Algérie, en mars 1856.

Dès son arrivée en Afrique, la division Renault, prend le nom de *division active de l'Algérie.* Nous avons relaté dans le chapitre précédent, sa coopération dans l'expédition de la grande Kabylie.

Dans les premiers jours du mois de janvier 1859, elle est rappelée en France telle qu'elle est constituée pour les éventualités d'une guerre contre l'Autriche. Elle s'embarque par fractions, à Alger, du 12 au 27 février, débarque à Marseille et se rend par étapes à Lyon où les régiments arrivent successivement du 2 au 28 mars, pour aller s'établir au camp de Sathonay, en attendant les ordres de départ pour l'Italie. Cette division devient la 1re du 3e corps commandé par le maréchal Canrobert. Le 23e fait partie de la 1re brigade (général Picard, qui a remplacé le général de Ligniers), nommé au commandement de la subdivision de Médéah.

Concentré à Grenoble le 26 avril, le 23e de ligne en repart le lendemain, traverse le mont Cenis, par étapes, prend le chemin de fer à Suze et arrive à Alexandrie, le 3 mai, lieu de rendez-vous de toute la division Renault, qui le même soir, couvre la voie ferrée d'Alexandrie à Gènes, de façon à donner la main au 1er et 2e corps, mis en route de Gênes, dans cette même direction.

Les quatre corps une fois concentrés, l'empereur prend la direction des opérations; son plan consiste à attirer les Autrichiens de la rive droite du Pô sur la Stradella au moyen de démonstrations; puis de déboucher du Nord du fleuve par Casale et de déborder la droite de l'ennemi, par une marche de flanc rapide, sur Milan.

En exécution de ce plan, le 1er corps a poussé jusque sur Tortone et Stradella; la division Renault reçoit l'ordre de se porter à Voghera en soutien du 1er corps.

Le 20 mai, la division Forey, du 1er corps, se heurte à Montébello, à des forces ennemies supérieures qu'elle repousse.

Le but de la manœuvre était atteint; le mouvement sur Casale commença aussitôt.

A cet effet, le 3e corps suivi bientôt par les trois autres, est transporté en chemin de fer vers Casale où le 8e bataillon de chasseurs à pied occupe la tête du pont de la rive gauche.

Le 31 mai, toute l'armée française bivouaque au nord du Pô, face à l'est, et marche sur la Sesia. Le corps Canrobert tient la droite, en deuxième ligne, derrière l'armée piémontaise qui le même jour, force le passage de la Sesia, à Palestro, et le 2 mai, les 2e et 3e corps français, ainsi que l'armée piémontaise atteignent Novarre.

Le combat de Palestro a donné l'éveil au Feld-Maréchal Giulay qui rappelle ses corps vers le nord, et vient s'établir, le 3 juin, derrière le Tessin et le Naviglio-Grande (grand canal), à cheval sur la route de Novarre à Milan, par Magenta. Sa droite menacée par le corps Mac-Mahon qui occupe Turbigo, fait face au Nord et s'étend de Marcallo à Buffalora. Son centre, face à l'ouest, va de Buffalora à Robecco; sa gauche est à Abbiate-Grasso.

Nous sommes à la veille de Magenta.

*
* *

Le 4 Juin, l'empereur à décidé d'attaquer les Autrichiens sur les deux rives du Tessin, de façon à les rejeter vers le sud et à s'ouvrir la route de Milan. En conséquence, le corps Mac-Mahon (2e), la division des voltigeurs de la garde (général Camou) franchissent la rivière à Turbigo, pendant que les grenadiers de la garde (division Mellinet) et le corps Canrobert opèrent à Buffalora et Ponte-Vecchio di Magenta. Les 1er corps (Baraguey d'Hilliers) et 4e (Niel) sont en réserve sur la rive droite de la rivière.

A une heure de l'après-midi, le corps Mac-Mahon débouche du pont de Turbigo, et attaque la droite ennemie. Napoléon III croit les Autrichiens sérieusement occupés dans cette direction et lance les grenadiers de la garde, contre les positions de Buffalora et Ponte-Nuovo, qu'il pense dégarnies. Mais le débouché du 2e corps n'a pu se faire que lentement, de sorte que la division Mellinet rencontre une résistance acharnée devant Buffalora et Ponte-Nuovo. Elle est aux prises avec tout le centre autrichien et menacée à droite par l'aile gauche ennemie qui, venant d'Abbiate-Grasso, remonte le Tessin.

A cette heure les 1er 3e et 4e corps français sont encore loin en arrière. Seule, la brigade Picard (8e bataillon de chasseurs à pied, 23e et 90e de ligne) se trouve à portée. Partie de Novarre, à neuf heures et demie du matin, comme avant-garde du 3e corps, elle a reçu l'ordre d'activer sa marche, en raison des mouvements de l'ennemi. Ces troupes redoublent d'ardeur, mais l'encombrement ne leur permet pas d'arriver aux abords du fleuve, avant deux heures et demie. Elle traverse le pont du Tessin, à San-Martino, se dirige vers Ponte-Nuovo, d'où elle envoie immédiatement un détachement à droite pour couvrir le flanc de la division Mellinet, et l'élan de nos troupes redouble.

Il est trois heures et demie.

Le Tessin franchi, la brigade Picard met sacs à terre; le 8e bataillon de chasseurs à pied est jeté dans la redoute du chemin de fer, où le 3e grenadiers tient toujours. La droite de la redoute dégagée, les 1er et 3e bataillons du 23e de ligne (commandants Lecointe et Chanzy) franchissent le canal, éclairés par les 5e et 6e compagnies du 8e bataillon de chasseurs à pied. Ces troupes se joignent à quelques détachements des zouaves de la garde qui tenaient tête, depuis plus de deux heures, aux bataillons de l'aile gauche du général autrichien de Reinach; elles donnent à l'attaque une nouvelle impulsion et s'emparent de la ferme Mainaga, à droite de la voie ferrée, et à plus d'un kilomètre en avant du canal.

La situation, cependant, devenait critique. Les Autrichiens renouvelaient leurs attaques sur Ponte-Nuovo, sur la route et sur la ferme Mainaga. La brigade Picard, malgré des prodiges de valeur, aurait fini par succomber sous le nombre. Toutes ses compagnies, avaient été successivement engagées; les rangs s'éclaircissaient peu à peu, et le 3e corps autrichien commençait à déboucher à notre droite, vers Ponte-Vecchio. N'ayant plus de réserves, et se voyant menacé d'être tourné par sa droite, le général ordonne la retraite. Sur toute la ligne qu'il occupe, il cède au nombre, et c'est à peine si de fréquents retours offensifs peuvent arrêter la marche de l'ennemi.

Il était temps que le corps Mac-Mahon eût terminé son passage du Tessin, pour se lancer à l'attaque de la droite ennemie, et la refouler sur Magenta.

Enfin, vers cinq heures et demie, la division Vinoy du 4e corps et la brigade Janin du 3e, débouchaient à leur tour par le pont de San-Martino. Les Autrichiens commencèrent à battre en retraite. Jusque-là, l'énergie des troupes qui combattaient sur la rive droite du Naviglio, autour de Ponte-Vecchio, a prolongé la résistance, sans pouvoir fixer la victoire, et la brigade Picard, soutient pendant plus de trois heures, une lutte acharnée, contre des forces cinq fois supérieures, perdant dans cette journée :

123 hommes tués,
803 — blessés,
71 — disparus,

997 hommes hors de combat.

* * *

Le 8 juin, l'armée française, entre à Milan.

Une division de l'armée autrichienne, chargée de couvrir la retraite de l'ennemi, est battue le même jour à Malegnano (Marignan), par le maréchal Baraguey-d'Hilliers.

Le corps Canrobert ne prend qu'une part secondaire aux opérations qui suivent.

Le 11 juin, l'armée française quitte Milan et marche vers le quadrilatère, à l'abri duquel le feld-maréchal Giulay reforme son armée.

Le 3e corps franchit l'Adda; le 12 juin, l'Oglio, le 16, et est, le 21, sur la rive droite de la Chièse, à Mezzano, où il reste les 22 et 23. Depuis Magenta, on n'a pas vu trace de l'ennemi. Les troupes françaises sont accueillies avec enthousiasme dans les villages; les fenêtres sont pavoisées aux couleurs françaises et italiennes; la population pousse de nombreux vivats, mais là se borne son concours; elle met peu d'empressement à fournir des vivres qui, cependant, sont payés argent comptant par l'armée. Depuis quelques jours, le temps est variable, entremêlé de pluie et de soleil; de nombreux cas de dyssenterie se déclarent parmi les troupes; les malades sont évacués sur Brescia.

Le 24 juin, à trois heures du matin, le 3e corps prend les armes, quitte ses positions autour de Mezzano et passe la Chièse sur un pont de chevalets, jeté, pendant la nuit, par le génie, en face de Visano, sous la protection de la brigade Janin, de la division Renault qui a passé la rivière en barques...

Les chevaux et les voitures passent la rivière à gué. Quelques coups de canon, que l'on entend au loin, annoncent le commencement de la bataille de Solférino.

* * *

Les trois divisions du corps Canrobert marchent sur Médole, par Acqua-Fredda, et Castel-Gofredo, gros bourg fortifié, que l'on trouve occupé par la cavalerie autrichienne, et que la brigade Jannin enlève, pendant que la brigade Picard appuie à gauche, vers Medole, que le corps Niel vient d'enlever aux Autrichiens. Les troupes avancent en silence, sans bruit de tambour, ni de clairon.

La brigade traverse Medole et se forme en bataille, à cinq cents mètres en avant. Il est dix heures du matin : on fait le café; les sacs sont posés à terre et l'on forme un détachement d'hommes fatigués, pris dans tous les corps, pour les garder. Vers onze heures, la brigade se dirige sur la route de Ceresan, bordée à gauche par un canal rapide et profond, et sur laquelle ne tardent pas à se montrer la cavalerie et l'artillerie ennemies. Sur l'ordre du général Renault, le colonel Auzouy, du 23e, fait franchir le canal aux trois bataillons de son régiment et marche sur le village de Rebecco, où se fait entendre une vive fusillade. Ces derniers y arrivent au moment où le corps Niel vient de s'en emparer. Le 23e se masse alors en arrière en colonne, par peloton. Peu après, les 2e et 3e bataillons du 23e, commandants Ris et Chanzy, sont déployés à gauche du village, s'avancent dans la plaine vers Goïto, puis s'arrêtent à huit cents mètres de Rebecco, face à Guidizzolo, que l'ennemi parait vouloir défendre, et qu'ils se préparent à attaquer.

En ce moment, un ouragan, accompagné de tourbillons de poussière, qui s'étendent comme un brouillard sur le champ de bataille, rend tout mouvement impossible entre les deux armées : une pluie torrentielle tombe pendant une heure et donne à l'ennemi le temps d'effectuer sa retraite sans être inquiété. L'orage passé, le 23e revient sur Rebecco, et chaque bataillon faisant face en arrière, va successivement chercher ses sacs à Medole. Le régiment bivouaque en avant et à gauche de Rebecco, appuyé à la route de Goito.

La campagne d'Italie était terminée. Assez maladroitement menée, l'Empereur ne se tirait d'affaire que par des *à peu près*, et ses succès n'étaient dûs qu'aux fautes commises par son adversaire. Nos lecteurs en connaissent la suite ; résumons les faits en quelques mots.

L'armée franco-sarde franchit le Mincio, le 1er juillet.

Les Autrichiens prennent position derrière l'Adige.

Le 8, Napoléon III propose à François-Joseph un armistice qui est accepté.

Le 10, les troupes de l'armée d'Italie prennent leurs cantonnements pour la durée de l'armistice. Le 23e campe dans les prés à droite de Castelluchio et occupe les fermes voisines.

Le 12 juillet, la paix est signée à Villafranca.

Le 18, la division Renault quitte ses cantonnements et se dirige sur Gênes où elle doit s'embarquer pour faire voile sur Marseille. Le 23e est à Gênes le 6 août, s'embarque le même jour sur le *Panama* et l'*Asmodée*, arrive le lendemain à Marseille, et va camper au camp de Saint-Charles, pour y attendre son tour d'embarquement en chemin de fer. Le 9 août, il est à Charenton, d'où il gagne le camp de St-Maur, et assiste, le 14 août, à l'entrée triomphale dans Paris des troupes revenant de l'armée d'Italie. Il est ensuite envoyé à Langres où se trouve son dépôt.

II

EN SYRIE

Neuf mois après la campagne d'Italie, Chanzy est nommé lieutenant-colonel au 71e de ligne (21 avril 1860). Mais à peine a-t-il pris possession de son nouveau grade, qu'un événement imprévu vient mettre, pour la première fois, son nom en vedette dans nos annales militaires et l'appeler dans le Liban, ce théâtre de guerre, témoin autrefois des exploits de Godefroy de Bouillon, de Pierre l'Hermite et de saint Louis, dont il n'avait fait qu'entrevoir les rivages, il y a vingt ans, à bord du *Neptune*, pendant la croisière de l'escadre de la Méditerranée, sur les côtes du Levant.

Cette contrée que nos géographes modernes appellent la Syrie, mais que les Musulmans désignent sous le nom de *pays de la gauche* par opposition à celui de *pays de la droite* qu'ils donnent au pays de l'Yemen, région située le long de la Mer rouge, au sud-ouest de l'Arabie, venait d'être le théâtre des plus horribles forfaits, dont l'histoire du passé nous ait légué le souvenir. Les Maronites, alliés séculaires et protégés de la France, depuis huit siècles, avaient été massacrés avec un raffinement inoui de cruauté, par les Druses, leur ennemi naturel, et cela avec la complicité des Turcs.

Maronites et Druses sont deux races irréconciliables par le fait même de leur religion. Les premiers, disciples de saint Maron, apôtre de cette contrée, vers le IVe siècle, sont catholiques depuis cette époque et soumis à l'autorité pontificale de Rome; mais, suivant l'usage, leur patriarche élu ne peut exercer ses fonctions sacerdotales, qu'après l'approbation du St-Père; le gouvernement turc n'intervient que pour lui conférer une pelisse d'honneur, le jour de son investiture. La religion des Druses est tout autre ; c'est l'islamisne doublé de vieilles traditions païennes,

Les Maronites habitent les hauts-plateaux de la région; leur population n'en est pas moins mêlée à celle des Druses, sur les versants des montagnes du Liban, et là où les deux races sont voisines, le plus futile prétexte suffit pour raviver des haines séculaires, pour s'injurier au travers d'un ravin infranchissable, où d'une vallée à une autre.

A Damas, le gouverneur Achmed-pacha, avait donné le signal des massacres; et, le 17 avril 1860, l'œuvre de destruction commença par l'incendie du couvent catholique grec d'Ammick, près de Deir-el-Kamar; incendie qui se poursuivit, le 30 mai, dans les environs de Beyrouth, sous l'impulsion d'un étrangleur connu sous le nom de Kurchid-pacha, et atteignit des proportions considérables dans les petites villes de Saydn et de Djezzin, où les demeures des chrétiens ne furent pas épargnées.

La plume ne saurait décrire tous les actes de barbarie et de vandalisme commis par les Druses, sous les yeux mêmes de leurs chefs, avec le concours des garnisons turques, que le gouvernement de la Sublime-Porte excitait au lieu de chercher à réprimer les assassinats.

Dans tout le Liban, mais surtout à Harbeya, Rascheya, Zahlé, la population chrétienne tombe sous les coups du yatagan et du poignard des musulmans. Partout la trahison des Turcs livre aux assassins une population inoffensive, qui se laisse égorger comme des moutons; partout, les massacres ont succédé au pillage et à l'incendie, et cette contrée naguère si pittoresque n'offre bientôt plus que des ruines, où les cadavres se mêlent à la dévastation la plus complète. Mais ce n'était pas seulement la croix du Christ qui était renversée en Syrie, et tachée du sang des chrétiens, c'était aussi le drapeau de la France abattu, déchiré là où il flottait, notamment sur les couvents des Jésuites.

En vingt-deux jours, le nombre des victimes du Liban, s'était élevé à 17,000 personnes assassinées: « 360 villages, étaient détruits, 560 églises renversées, 42 couvents, 28 écoles et 9 établissements religieux livrés aux flammes, incendiés (1) ».

Tous ces crimes atroces eurent un couronnement plus effrayant encore, dans les massacres de Damas, qui commencèrent le 9 juillet, durèrent cinq jours et ne cessèrent que le 13, à l'arrivée du nouveau gouverneur, Mehemet-Pacha. Là, comme ailleurs, les établissements anglais étaient épargnés; quel singulier rôle pour une grande nation, appelée à se mesurer côte à côte avec la France, dans tous les événements où est agitée la question d'Orient.

Les massacres dont les Maronites étaient les victimes, déshonoraient l'islamisme. Des milliers de femmes et de jeunes filles, après avoir subi les derniers outrages, étaient chassées de leur pays, et vendues comme de viles esclaves. Il était réservé à un disciple de Mahomet, Abd-el-Kader, prisonnier de la France depuis le 22 décembre 1847, de prendre en main la cause des opprimés, de protester, au nom de la foi, contre ces atrocités d'un autre âge que rien ne justifiait, et de donner asile, dans son propre palais de Damas à onze mille personnes qui échappèrent ainsi à un massacre certain.

(1) Mgr Lavigerie, directeur des écoles d'Orient.

La France s'émut de ces attentats, dès qu'elle en eut connaissance, le 16 juillet 1860 ; et malgré l'opposition de la Turquie qu'appuyait la perfide Angleterre, une intervention européenne en Orient, fut décidée, avec le concours de la Russie et l'appui moral de la Grèce, de l'Angleterre. Il fut donc convenu qu'un corps de troupe de six mille Français, irait châtier les Druses dans leurs repaires et occuper le Liban pendant six mois. La question de cette intervention fut agitée dans un conseil des ministres tenu à Saint-Cloud, le 19 juillet suivant, et c'est ainsi que M. de Thouvenel, ministre des affaires étrangères, fut appelé à attirer l'attention de l'empereur sur le général de Beaufort d'Hautpoul, ancien chef d'état-major du 5e corps d'armée en Italie (celui du prince Napoléon), homme tout à la fois diplomate et militaire qui avait, il y a quelques mois, présidé la commission Franco-Sarde, chargée de délimiter la nouvelle frontière entre le Piémont et la Savoie annexée à la France, par le traité de Zurich.

*
* *

Aucun général dans l'armée française n'était mieux préparé au rôle qu'on attendait de lui, que l'ancien aide de camp du colonel Selves, qui servait en Egypte, sous le nom de Suleyman-pacha. Familier avec la langue arabe, les mœurs, les usages et le climat de la Syrie, qu'il avait autrefois parcourue avec Suleyman-pacha, le général de Beaufort d'Hautpoul, intelligence supérieure, caractère ferme et droit, formé aux missions diplomatiques, était tout indiqué, et le choix de l'empereur ne pouvait être douteux.

Chanzy était personnellement connu du général, appelé au commandement supérieur de la petite armée expéditionnaire. Il avait été sous ses ordres, comme chef du bureau arabe de Tlemcen, en 1855 ; il devint le sous-chef d'état-major du quartier général, en voie de formation. On ne pouvait faire un meilleur choix ; l'esprit judicieux du lieutenant-colonel du 71e, sa connaissance des mœurs musulmanes ; son calme et sa loyauté dans les affaires litigeuses ; tout le disposait à devenir le bras droit du général de Beaufort d'Hautpoul, dans la partie diplomatique de sa mission.

En même temps, le colonel Osmond, chef d'état-major de la 3e division, et le sous-intendant de Mony, tous les deux à Marseille, recevaient l'ordre de partir sous trois jours, pour Beyrouth, afin d'y préparer le débarquement et l'installation du corps expéditionnaire qui se composait d'une brigade du camp de Châlons (3e et 13e régiments d'infanterie), du 16e bataillon de chasseurs à pied, en garnison à Toulouse, d'un bataillon de zouaves, d'un détachement de chasseurs d'Afrique, et de spahis.

L'embarquement de ces troupes eut lieu simultanément, le 5 août, à Marseille et à Toulon, pour celles de l'intérieur; le 16 août, à Alger pour celles d'Afrique.

Le 8 août, le général de Beaufort d'Hautpoul avec la plus grande partie de son état-major, auquel on adjoignit le chef de bataillon Cerez du 1er tirailleurs algériens, ancien chef du bureau arabe de Thiaret, s'embarquait à Marseille. Le 16, on arrivait à Beyrouth. Le drapeau de la France, succédant à la bannière de saint Louis, allait de nouveau flotter sur les montagnes du Liban.

L'abbé Lavigerie, directeur des écoles chrétiennes d'Orient, depuis archevêque d'Alger et cardinal, y avait précédé notre état-major général, pour distribuer aux familles chrétiennes, l'argent de souscriptions publiques recueillies pour elles, en France.

Monseigneur Lavigerie eut l'occasion de se rencontrer pour la première fois, en Syrie, avec Chanzy : Voici en quels termes, il raconte sa première entrevue avec lui : « Chanzy était alors dans tout l'éclat de la force et de la vie; déjà également remarquable par sa bravoure, la distinction de ses manières, la finesse de son caractère chevaleresque, plus encore par sa bienveillance et sa bonté, il allait prendre la défense des chrétiens d'Orient, qui n'espéraient plus que dans l'épée de la France. »

Le gouvernement turc, avait envoyé à Damas, pour ré-

(1) Décédé général de division à Neuilly-sur-Seine, en décembre 1890.

primer les désordres dont se plaignaient les puissances occidentales, un osmanli, qui, depuis s'est fait un nom dans la diplomatie cauteleuse de la Turquie, Fuad-pacha, ancien secrétaire de l'ambassade de Londres, gentleman peu scrupuleux, plutôt fait pour brouiller les cartes que pour les démêler. Grand, gros, sans distinction, les lèvres épaisses, mais l'œil étincelant, tout en donnant au regard l'expression d'une sensualité rabelaisienne; c'est le gai viveur façonné à l'européenne, plutôt que le soldat fanatique de la vieille Turquie. Mais cet osmanli est un roué à deux faces, qui, comme Janus, a un œil tourné vers l'Europe dont il prend facilement la physionomie, s'il s'agit d'une question soulevée par les puissances occidentales; l'autre tourné vers la Turquïe dont il est l'idole et le défenseur à outrance. Si ses séjours à Paris ou à Londres, lui ont fait adopter nos modes, nos manières, voire même les vices de notre civilisation moderne, il redevient un disciple fervent de Mahomet, dès qu'il rentre à Constantinople. Il parlera donc en européen, au lieutenant-colonel Chanzy et au général de Beaufort d'Hautpoul; mais n'agira qu'en véritable osmanli.

Fuad-pacha, en prenant possession du gouvernement de Damas, en qualité de commissaire général du sultan, fit fusiller, le 8 septembre, son prédécesseur Achmet-pacha, ainsi que ses deux complices Méhémet-Ali-bey et Hussein-bey colonels de la garnison de Damas, Osman-bey, gouverneur des districts de Hasbya et de Rascheya et Abdul-Salam-bey commandant militaire de Deir-el-Kamar; il aurait dû venir au devant de nos troupes, mais il ne se pressa pas, s'obstina à ne pas se déranger, pour venir à Beyrouth, reculant ainsi, le plus possible, les mesures à prendre avec l'autorité française pour châtier les Druses. Le général de Beaufort d'Hautpoul se vit obligé, après quinze jours d'attente, de lui envoyer Chanzy et son adjoint, Cerez; sous la sauvegarde de quinze spahis et de trente lanciers turcs, commandés par Riouf-bey, colonel turc, requis à cet effet.

Parti de Beyrouth, le 29 août, Chanzy était à Damas le 2 septembre, où il fut accueilli très courtoisement par Fuad-pacha, entouré des notabilités de la ville.

« — Que pensez-vous de nous, dit Fuad-pacha à Chanzy, en excellent français et lui tendant la main amicalement d'une façon toute parisienne, — beaucoup de mal, j'en suis sûr...

« — Beaucoup de mal, c'est trop dire; — répondit le lieutenant-colonel du 71e. Mais beaucoup de bien, serait trop aussi. Nous avons sur la Turquie, une opinion mixte; et c'est pour cela que le commandant en chef des troupes françaises à Beyrouth, m'envoie vous dire de venir le trouver pour conférer avec lui, des mesures à prendre, en vue d'éviter à l'avenir le retour des massacres qui ont eu lieu dans les montagnes du Liban, en août dernier.

« — Les coupables seront punis. J'en prends l'engagement formel. Mais en Turquie, où les communautés religieuses s'administrent elles-mêmes, et selon leur volonté, les antipathies de races et de sectes, sont terribles. D'ordinaire, nous n'intervenons que par mesure de police. A défaut d'autre mérite, nous avons celui d'être la meilleure police du Bosphore, et si la Turquie n'existait pas, l'Europe créerait certainement une nation semblable à la nôtre. Aujourd'hui, vous nous demandez d'user de représailles envers les Druses? Est-ce bien nécessaire?... »

Nos lecteurs peuvent se rendre compte des roueries du diplomate turc. Il fallut discuter deux jours avant de décider Fuad-Pacha à venir jusqu'à Beyrouth.

Chanzy profita de son séjour à Damas, pour rendre visite avec ses quinze spahis, à l'émir Abd-el-Kader, dans sa belle propriété de Doummar: « C'est le plus beau jour de ma vie » lui dit le grand vaincu du col de Kersous, en recevant le grand cordon de la Légion d'honneur apporté pour lui, et que lui remit l'interprète Gourgeot.

Le 5 septembre, il est de retour à Beyrouth ; Fuad-pacha y arrive le 10, et est invité à dîner, par le chef de l'expédition française. La conversation qui s'engage au sujet du massacre des Maronites est des plus intéressantes. Nous la résumons d'après les souvenirs que nous ont laissés des témoins oculaires ayant assisté à la réception de Beyrouth, entre les représentants de la France et le délégué de l'empire ottoman.

L'embarquement des troupes eut lieu le 5 août à Marseille... (page 62).

« — Tout ce que vous me demandez, sera fait, — disait Fuad-Pacha, au commandant en chef des troupes françaises; — mais ne me demandez pas l'impossible.

« Sans doute, — répliquait le général de Beaufort d'Hautpoul; — mais, votre gouvernement promet toujours, et ne tient jamais ses engagements.

« — Voilà encore un reproche qui ne tient pas debout. Nous temporisons, vous appelez cela promettre et ne pas tenir; en Turquie, c'est ce que nous appelons, échapper à la ruine.

« — Mais alors, pourquoi ces haines de religion, plus vivaces en Turquie que dans toute autre contrée de l'Europe, — ajoutait Chanzy, prenant part à la conversation.

« — Ah! Nous y voilà!... La religion musulmane est moins rebelle que toute autre aux revendications sociales. Est-ce que nous ne prêtons pas nos soldats, à Constantinople, pour escorter votre Saint-Sacrement dans la procession de la Fête-Dieu? En quoi, voyez-vous de la part du gouvernement turc, de l'intolérance religieuse? »

Nous ne pousserons pas plus loin cette digression. Bref, on ne s'entendit pas, on se sépara amicalement; mais la question du châtiment à infliger aux Druses ne fit aucun pas. Des lettres s'échangèrent; Fuad-pacha s'obstinait à conduire nos troupes dans le Kesraouan, pays chrétien où n'avait eu lieu aucun massacre; le général français voulait au contraire, aller chercher les coupables jusque dans les gorges du Liban, et de là marcher sur Damas.

Là encore, Chanzy intervint, alla voir Fuad-pacha et lui parla avec fermeté, comme il convient à un ambassadeur qui exécute une mission, étant sûr de ses droits.

« — Nous sommes venus en Syrie, pour châtier les Druses, de concert avec les soldats turcs, lui dit-il. — C'est là une mission que vous ne pouvez éviter, pas plus que nous. S'il faut marcher seuls, nous pénétrerons seuls dans le pays des Druses; nous voulons passer par Deir-el-Kamar. Voulez-vous nous montrer le chemin, oui, ou non? »

Mis en face de ce dilemme, Fuad-Pacha s'exécuta, consentit à escorter le général de Beaufort-d'Hautpoul, à travers le Liban, et nos troupes quittèrent Beyrouth, le 25 septembre, pour se diriger sur Damas. Le colonel Osmond fut nommé commandant supérieur de la place en attendant leur retour.

Dans cette expédition, le commissaire du sultan s'arrangeait toujours pour précéder nos troupes d'une journée, de façon à exécuter la veille, ce que le commandant en chef français avait décidé pour le lendemain; de sorte que les Druses, prévenus par lui et les gens de son escorte, passaient entre nos lignes et fuyaient dans le Hauran, massif de montagnes impénétrables, où il était absolument impossible de les atteindre. Chanzy et Cerez se multiplièrent dans cette région, pour faire une enquête sur place, interroger les maronites, et renouveler en plein territoire syriaque, les audiences pacifiques de Tlemcen, de Sidi-bel-Abbès et d'Oran. Louet, le payeur général de la petite armée française, historien érudit et consciencieux de cette campagne, a dit d'eux : « Ils étaient si bien dans leur élément, qu'en un mois ils avaient fini par connaître le Liban, aussi bien que l'Algérie ; tellement ils étaient bien informés de tout ce qui s'y passait. Les chrétiens avaient en eux, une confiance illimitée et les prenaient pour intermédiaires, dans toutes leurs contestations avec l'autorité turque, ou dans leurs réclamations.

« L'expédition était terminée le 20 octobre 1860, et n'avait été, en somme, qu'une promenade militaire de vingt-cinq jours. Le général de Beaufort d'Hautpoul s'arrêta à une journée de marche de Damas, sans oser y pénétrer. C'était une faute, car au départ de nos troupes, le sultan put faire publier partout, dans son vaste empire, que la France avait eu peur et fui honteusement devant le croissant de Mahomet dressé aux portes de Damas (1). »

(1) *Les Français en Syrie.* — Bloud et Barral

III

EN TERRE SAINTE

Le calme rétabli en Syrie, Chanzy se munit de lettres de recommandations, et voulant profiter de son séjour à Beyrouth pour organiser une caravane, il visite la Palestine et les lieux saints. Quelques officiers se joignirent à lui; entre autres le payeur Louet, le comte de Recuerdo, fils de la reine Christine et du duc de Rianzarès, le commandant Ardent du Pic, du 16e bataillon de chasseurs à pied, et deux autres compagnons de route.

La petite caravane campe sous les admirables cèdres du Liban, visite successivement les ruines de Ba'albeck (*la ville du temple*); Sour (l'ancienne Tyr); Saïda (l'antique Sidon); Saint-Jean-d'Acre; le mont Carmel, Naplouse, Jéricho, Nazareth, où se voit encore la chambre habitée par Bonaparte, en 1799; le Jourdain, et enfin Jérusalem, où Chanzy arrive le 22 décembre presque la veille de la nuit de Noël. Le frère Liévin, gardien du St-Sépulcre ne pouvait être un meilleur guide en Terre-Sainte; c'est lui qui conduit nos officiers au Calvaire, à la montagne de l'Ascencion, au village de Béthanie, au tombeau de Lazare.

Le 24 décembre, les infatigables voyageurs visitent la mosquée d'Omar, où ne pénétraient de droit que les princes, et où depuis trente ans, n'avaient été admis que l'archiduc Maximilien d'Autriche (1); le Grand-Duc Constantin de Russie, le duc de Brabant et les princes d'Orléans.

Le 25, on est à Bethléem; on y passe la nuit de Noël; des sièges ont été réservés pour Chanzy et ses compagnons, à l'église catholique de Sainte-Catherine. Tous écoutent l'office de minuit, puis se rendent, en procession un cierge à la main, à la grotte où naquit le Rédempteur du monde.

Que diraient nos gouvernants si pareille chose se renou-

(1) Fusillé à Queretaro, comme empereur du Mexique, en 1867. — Voir notre livre : *Mémoire d'un chef de partisans au Mexique*. Tolra, éditeur.

velait de nos jours ?... Et, coïncidence tout au moins étrange, Chanzy était nommé officier de la Légion d'honneur, le 26 décembre 1860, le jour même où il visitait le Saint-Sépulcre.

Le jour suivant, la petite caravane rentre à Jérusalem ; nos officiers font bénir leurs épées, leurs décorations, plusieurs objets de dévotion achetés sur place et destinés à leur famille. Rien n'échappe à leurs investigations, ni l'emplacement des camps de Nabuchodonosor, de Titus et d'Adrien, de Chosroès et d'Heraclius ; ni ceux d'Omar, de Godefroy de Bouillon, de Saladin et de Richard Cœur de Lion.

Le 29 décembre, la petite caravane s'embarquait à Jaffa, sur un paquebot du Lloyd autrichien, et rentrait à Beyrouth éblouie, et très convaincue de l'autorité puissante de la religion catholique, sur les âmes biens douées que n'aveugle pas la passion politique.

A vingt-trois ans de distance, le 21 janvier 1883, le prince Frédéric-Charles, un de nos plus fougueux adversaires de 1870, imitant Chanzy, visitait la Terre-Sainte, le Mont Sinaï, Jérusalem, portant sur son uniforme de feld-maréchal, le manteau du grand maître des chevaliers de Malte.

Il y a là une leçon dont nous devrions profiter. Pendant que la France perd son influence en Orient, où elle a cependant de si nombreux intérêts engagés, l'Allemagne cherche à nous enlever *notre belle clientèle catholique* du Levant.

*
* *

Aux termes de la convention européenne du 5 septembre 1860, l'expédition de l'armée française dans le Liban ne devait avoir qu'une durée de six mois, et expirer le 5 mars 1861. Mais il fallait compter avec les lenteurs de l'administration et le mauvais vouloir des Turcs qui, surexcités par les quelques exécutions que Fuad-pacha s'était vu forcé d'ordonner parmi les assassins de Damas, restait toujours menaçant. Ce délai passé, la Russie dut reconnaître que le protectorat de la France était incomplet et insuffisamment garanti. De nouvelles conférences se tinrent à Paris et, malgré l'Angleterre, très heureuse de nous susciter des embarras en Orient, ce premier terme fut prorogé de trois mois, jusqu'au 5 juin de la même année.

A cette date, nos soldats se réembarquèrent, reprirent la mer, laissant une menace derrière eux, et emportant les regrets, l'estime et la reconnaissance des chrétiens d'Orient.

On remonta le Nil sur un bateau à vapeur (page 72).

Cette expédition n'avait pas été inutile. La Turquie et l'Angleterre furent obligées de consentir à l'organisation d'une sorte de gouvernement autonome pour le Liban, ayant un administrateur chrétien, nommé par le Sultan, mais assisté d'un conseil central dont les membres, représenteraient toutes les fractions de la population si diverse d'origine et de race, qui peuple cette partie du territoire musulman : Maronites, Druses, Grecs, Maltais et Musulmans.

Au retour, Chanzy, au lieu de rentrer directement en France, accompagna en Egypte, le général Beaufort-d'Hautpoul, qui voulait revoir un pays, où il avait autrefois rempli différentes missions très appréciées, de 1834 à 1837.

On visita Alexandrie, on remonta le Nil, sur un bateau à vapeur mis courtoisement à la disposition des voyageurs, par le vice-roi Saïd-Pacha. Il faut lire les souvenirs que nous a laissés le payeur Louet, pour se rendre compte des merveilles étalées, aux yeux des officiers de l'état-major général, pendant la durée de ce voyage d'agrément.

Enfin, le 25 juin, le général et sa suite s'embarquent à Alexandrie, sur l'*Amérique*, paquebot qui les avait transportés de Marseille, à Beyrouth, il y a dix mois, font escale à Malte, et prennent terre à Marseille, le 3 juillet.

Chanzy obtient un congé de trois mois, pour voir sa famille à Nouart, puis rejoint son régiment, le 71e, qui est en garnison à Rome, depuis le mois d'octobre 1860.

IV

A ROME

Pendant son séjour dans les Etats pontificaux, le 71e exécute différentes reconnaissances aux environs de Rome, dans le but d'éloigner les réactionnaires napolitains; il fournit un détachement à Civitta-Vecchia, et autour de ces deux cités, quelques rencontres entre nos postes et les bandes de Chiavonistes, sont toutes à l'honneur de notre drapeau.

Où sont les Romains ? On en a peu vu pendant notre occupation. Quelques paysans à veste brune, les jambes garnies de grosses bottes de cuir et de bois, à la façon des picadores espagnols, un chapeau pointu sur la tête, une pique à la main, passent à cheval de temps à autre. Dans le quartier de la Ripetta, sur le seuil de vieilles maisons noires et disloquées, quelques femmes en costume traditionnel. Tous ont l'air morne et indifférent; physionomies impassibles, regards tristes.

S'il existe au monde, une cité à laquelle a été réservé l'heureux privilège de traverser les siècles, sans perdre de sa grandeur, c'est assurément Rome, appelée par les nations *la Ville Eternelle*, parce que, malgré la barbarie, les invasions et l'anarchie, elle est toujours restée debout, au milieu du choc des sociétés et de la poussière des empires, prête à étonner, par de merveilleux spectacles, ceux qui la croient dégénérée.

Chanzy reste à Rome, pendant près de trois ans, du 21 octobre 1861, au 6 mai 1864. Ici se place un trait charmant, qui témoigne de sa foi, et de la bienveillance du Souverain-Pontife, Pie IX.

Au moment de quitter Rome, il voulut « présenter au « Saint-Père, sa femme et sa fille qu'il aimait tendrement, « car il était le meilleur des pères. Le pape qui l'avait dis- « tingué déjà, le combla de ses bontés, et comme le colonel « lui demandait un dernier souvenir, il appela l'enfant (1), « et prenant sa plume, il lui dit : « Vous vous marierez un « jour. Prenez cette plume, elle vous servira à signer votre « mariage et la bénédiction du vieux pontife vous accompa- « gnera pour vous porter bonheur. »

« Pour qui connaît la grâce de Pie IX, ces paroles n'ont rien que d'ordinaire. Mais ce qui ne le fut pas, c'est la fidélité du colonel à les conserver dans son cœur, et sa volonté de les faire connaître publiquement (2). »

* * *

Quelques notes de souvenirs, avant de quitter les Etats-Romains.

Civitta-Vecchia, où s'embarque Chanzy, en mai 1864, est une vaste plaine, sans abri, sans un brin d'herbe ; une lourde masse de fortifications de couleur grisâtre, ayant pour fond une mer d'ardoises, tachetée d'écume toute agitée, où viennent baigner à l'horizon de lourds nuages,

(1) Gabrielle Chanzy, mariée depuis à M. de Crépy, receveur général des finances.

(2) Mgr. Lavigerie, — *Oraison Funèbre*.

souvent chargés de pluie. A l'entrée de chaque route, s'aperçoivent des levées de terre avec embrasures de canon, à mine rébarbative. Au pied des murailles, en dehors de la ville, l'artillerie a dressé ses tentes, au ras de terre; sous les tentes, un peu de paille; pêle-mêle, le harnai des hommes et des chevaux : ces derniers, en longues rangées, sont attachés, par leur licou, à une même corde; les selles, les bâts, les traits, les courroies, entassés à côté des chevaux.

Quant à la ville, qu'on se figure une rue de village, irrégulière, sans boutiques; puis une grande place déserte, bordée de grandes casernes; sur la place, un café borgne. Port insignifiant, n'ayant qu'un seul point de vue, du côté de la vieille ville; des arcades basses, noires, écaillées, où perce la brique rouge rongée; enchevêtrées dans tous les sens, recouvrant des bassins intérieurs ténébreux; la mer entre dans des canaux, sous ces grandes voûtes; on l'entend gronder sans la voir; à travers les arches noires, apparaissent, en plein jour, les bateaux, la mer, le môle à large base crénelée.

Ce séjour, à tout prendre, n'était pas aussi agréable que celui de Lyon, ville dans laquelle Chanzy est appelé à se rendre, lorsqu'il prend le commandement du 48e, au mois de mai 1864.

Chanteur arabe (*d'après les photographies de l'auteur*).

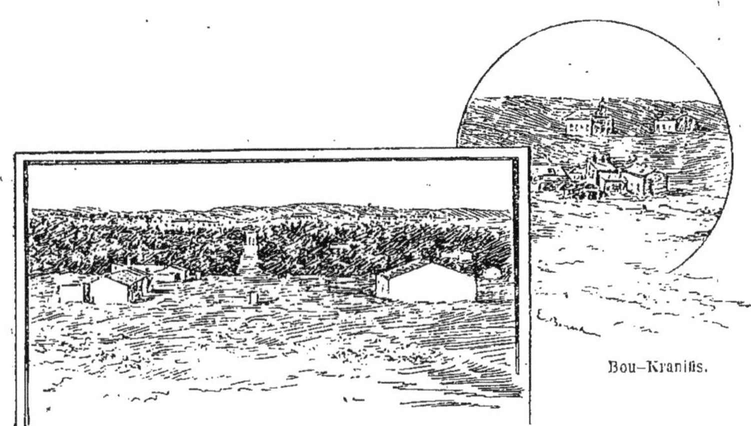
Bou-Kraniffs.

Entrée de Sidi-bel-Abbès (*d'après les photographies de l'auteur*).

CHAPITRE III

Dans la province d'Oran

Juin 1864 — Juin 1870

NOMMÉ au commandement du 48e régiment d'infanterie le 6 mai 1864, en remplacement du colonel Chaperon, décédé en mars, de la même année, Chanzy passe une saison d'été au camp de Sathonay, près de Lyon, et emmène son nouveau régiment en Afrique.

Parti de Lyon le 5 octobre, le 48e est dirigé par voies ferrées sur Toulon, et il s'embarque, le 8, sur les transports, *le Gomer* et *le Christophe-Colomb*, à destination d'Alger. Le débarquement se fait, le 10. Le temps est splendide. Le quai de la pêcherie est littéralement inondé par une mer légèrement soulevée qui vient battre de ses remous bigarrés, les marches de l'escalier géant qui conduit au boulevard de l'Impératrice. Juifs, Maltais, Maures, Arabes ; blancs, noirs, jaunes, rouges; tous les types, tous les idiômes, l'ancien monde, le nouveau; tout est là ; et tout cela, hommes, femmes et enfants, jeunes et vieux, hurle, rit, grouille, emporté par une curiosité fiévreuse et sauvage.

Les troupes sont campées, le 12, au camp d'Isly, en dehors de la porte Bab-Azoun.

Rien de gai, comme l'aspect d'un camp en Algérie. Un soleil coquet, gentil, caresse les tentes, pose de vigoureuses douches de lumières sur les crêtes de la montagne, filtre à travers les cols jusqu'aux portes d'Alger, dont une partie reste dans l'ombre.

Mais, il faut compter avec les incidents d'une insurrection qui n'est encore qu'à son début. A peine le 48e est-il installé au camp d'Isly, qu'il reçoit l'ordre de se rembarquer pour la province d'Oran, où des villages ont été mis à sac par les arabes insurgés qui égorgent les colons, incendient les maisons et pillent les fermes isolées. Chanzy fait embarquer les trois bataillons de son régiment, le 12 octobre et débarque avec eux, deux jours après, en rade de Mers-el-Kébir pour être dirigé de là sur Oran.

I

SIDI-BEL-ABBÈS

Campé au village nègre, près de Kargentha, le 48e y fait séjours, le 15 et le 16, puis est désigné pour faire partie d'une colonne expéditionnaire qui, sous les ordres de son colonel, devait couvrir le Tell et principalement la vallée de la Mekerra, dont les nombreux centres de population étaient sous le coup de la terreur produite par le récent pillage et le massacre de la petite colonie de Sidi-Ali-ben-Youb.

Le 48e est mis en route sur Sidi-bel-Abbès, où la colonne doit se former, il y arrive, le 19 ; Chanzy en prend le commandement.

Les troupes sous ses ordres sont les suivantes :

14 Compagnies du 48e (bataillon Amadieu et Claude, plus les deux compagnies d'élite du 3e bataillon ; en tout 49 officiers et 1080 sous-officiers ou soldats ;
365 hommes de la légion ;
50 hommes du train ;
100 spahis ;
Une section d'artillerie ;
L'ambulance.

Ainsi constituée, la colonne Chanzy quitte Bel-Abbès, le 21 octobre, passe à Bou-Khranifis et arrive au village de Sidi-Ali-ben-Youb, dont les ruines fumantes indiquent assez la sauvagerie des arabes, et dont le pillage commence la triste réputation de Si-Sliman-ben-Kaddour, le chef des Ouled-Sidi-Cheick marocains. La route qui y conduit serpente sous bois, traversant plusieurs fois la Mekerrah. Au nord-ouest se trouve la grande plaine des *Aïn-Ouette* (petites sources) ; à l'est les montagnes couvertes de chênes et de sapins de Phénicie au sommet desquelles est bâti le bordj du Daya sur lequel, la colonne a l'ordre de se diriger. Dans cette dernière direction, la montagne se nomme *Djebel-Aouïja* (la montagne estropiée) et la forêt, *Aïn-Tidême* (la source de Tidême). Ce pays a la réputation d'être malsain. Aussi, en temps ordinaire, la garnison monte sur Bel-Abbès pendant l'été, n'y laissant qu'un faible détachement, que l'on renouvelle fréquemment.

La colonne quitte Ben-Youb, le 24, et s'engage sur la route de Daya, traverse la forêt de *Saguet-Roha* (qui s'arrose elle-même), et campe, le soir, sur les bords de l'*Oued-el-Hassaïba* (l'artère). Notre campement est dominé par les hauteurs du *Djebel-Tebat-Rohat* (la montagne qui se porte elle-même).

Le lendemain, Chanzy fait sortir sa colonne des bois et la dirige vers *Aïn-Touten-Yahia* (la fontaine de Touten-Yahia), où l'on abreuve hommes et cheveaux. Le pays en cet endroit prend le nom d'*El-Mirassel*. (l'endroit où on lave). La vallée très large y est inondée, après chaque orage, mais le thalweg où coule en toute saison l'eau des sources est bordé de berges à pic, où quelques coupures ont été pratiquées pour le passage des troupeaux; au bout de sept kilomètres, on arrive, le 25, à Ras-el-Ma (la tête de l'eau).

La colonne Chanzy est ainsi sur des hauts-plateaux et sur le *Djebel-Beguira-el-Beguisa* (la montagne de la vache et de la fille) qui domine au sud tout le pays. L'endroit choisi pour le campement est bordé au sud et au nord, par deux ravins, à l'ouest par la rivière. C'est de Ras-el-Ma que partent les colonnes légères chargées de protéger le pays au sud.

Pendant que nos troupes s'installent, la nuit est venue brusquement avant le coucher du soleil. Les vedettes de nos spahis dont les vêtements gigantesques se profilent sur le ciel, descendent des hauteurs, et sont remplacées par des grands-gardes d'infanterie. Les sentinelles doubles se relèvent, formant nos cordons de sureté infranchissable, derrière lequel veillent les petits postes. Enfin, les chameaux chargés du transport du convoi, ruminent des pâturages d'halfa, conduits par leurs sokhrars, et quelques spahis, puis viennent se placer au milieu du camp, où ces animaux doivent coucher les jambes entravées.

Le 27, la colonne Chanzy quitte la vallée de la Mekerrah, et va camper sur les hauteurs de l'Oued-Sba qui dominent la rive droite de cette rivière, afin de surveiller et de rassurer les Ouled-Balagh qui ont promis de quitter les hauts-plateaux pour s'établir plus près de nos colonnes, dans la vallée. Le 28, elle vient camper sous les murs de Daya, on organise un convoi, pour ravitailler la colonne Legrand, général de brigade commandant la subdivision d'Oran, qui opérait au sud du chott El-Chergui, à la tête de huit compagnies d'infanterie d'élite et de neuf escadrons de cavalerie (2e spahis et 2e chasseurs d'afrique).

A cet effet, la colonne Chanzy quitte Daya, le 29, prend la direction du sud-est. Après une marche de trente-cinq kilomètres sous bois et sans eau, elle arrive au puits d'El-Hammam, où elle rencontre la colonne du général Legrand.

On a traversé une longue plaine couverte de *hallal* (thym) et de *halfa*.

Sa mission terminée, la colonne quitte *El-Hammam*, le 30, prend la direction du nord-ouest, revoit les deux pitons du *Djebel-Beguira-el-Beguisa*, dont le massif montagneux sert de point de repère aux colonnes qui opèrent sur les hauts-plateaux, et revient camper à Ras-el-Ma, tête des principales sources qui alimentent la Mekerrah, point important pour l'invasion et la défense du Tell.

Le 31, Chanzy fait continuer la marche vers le nord-ouest, s'arrête au pied du *Djebel-Ouergha*, point le plus élevé du massif montagneux qui sépare le plateau du Gor des vallées du Tell, et d'où sortent au nord de nombreux affluents de la Mekerrah. La colonne rentre ensuite dans la région boisée qu'elle avait quittée depuis sa marche sur El-Hammam, traverse la vallée de l'Oued-M'zi, s'engage sur les hauteurs qui forment le plateau du Gor, et campe le 1er novembre sous les ruines d'un ancien fort berbère qui domine la plaine. De ce point, Chanzy avec les troupes sous ses ordres, couvre les vallées de la Mekerrah, de l'Isser et de la Tafna, et peut se porter, par une marche de quelques heures, dans l'une ou l'autre de ces vallées, de manière à en barrer le passage, ou à couper la retraite aux partis ennemis qui s'y seraient engagés. La colonne établie sous la petite tente, ou des gourbis préparés *ad hoc*, séjourne au Gor du 1er au 29 novembre.

Elle quitte alors le plateau sur lequel elle était établie, depuis un mois, pour appuyer la colonne Legrand qui partie de Daïa-el-Ferd, le 28 au soir, doit tenter, par une marche rapide, de surprendre et de razzier les douars des Ouled-el-Nahr (les enfants du feu) dissidents, campés au sud d'El-Haricha, vers les pentes du Djebel-Sidi-Labet.

La route suivie s'engage dans un défilé formé par le Djebel-Thaza et le Djebel-Kersouta. Ces montagnes sont boisées et les *Kerrouch* (espèces de chênes nains) formeraient des buissons inextricables, si les troupeaux de moutons en passant, ne dévoraient pas les jeunes pousses. En sortant de ce défilé, la colonne retrouve la plaine mamelonnée et l'Halfa, arrive aux puits de Taerziza, situés dans une grande cuvette (*Djaffa*) et fréquentés par les Hamyan d'El-Haricha, où le colonel Chanzy trouve toute préparée une diffa pantagruélique offerte par le Caïd de l'endroit.

Une grande tente en poil de chameaux (*Kreima Kebira*), à tissu rayé, alternativement de couleurs noires, brunes et blanches, a été dressée pour la circonstance, au centre du camp. Un café exquis, servi dans des tasses microscopiques, est d'abord apporté sur un plateau de cuivre ciselé. Pendant ce temps-là, la diffa se prépare. Voilà d'abord le *méchoin* (mouton rôti en entier); puis le *Gabouch* (la poitrine), le *melfouf* (foie coupé en morceaux, rôti sur des charbons ardents, et enfilé dans des bâtons), la *cherba* (soupe à la viande et aux œufs), les *tadjines* (ragoûts), et enfin le *kouskous* (semoule de farine d'orge, préparé à la vapeur du bouillon).

Chaque plat est apporté processionnellement, tenu par un serviteur et un ami. Le *Mechoin* offre des tons roux séduisants dans la *Guessâa* (plat creusé dans un tronc d'arbre) sur laquelle le mouton est couché. Les *krobza* (galettes de farine) sont chaudes et parfumées, et la vue d'une *della* (pastèque) complète l'ensemble du tableau, dans le fond duquel se groupent les gens du douar et quelques soldats que la curiosité et le fumet des plats attirent.

Les chefs arabes mettent un grand amour-propre dans l'offre de la diffa; leur fortune et la considération qu'ils vous témoignent sont en rapport avec la finesse des grains et la blancheur du *kouskous*.

Le lendemain, 30 novembre, la colonne Chanzy, se dirige à travers l'halfa, sur l'arête vive qui termine le Djebel-el-Kerbaïa et va camper à Sidi-Yayia-ben-Sfia (Seigneur Jean, fils de Sfia), à mi-côte du Djebel-Mikaidou qui domine le puits et les Rdirs qui s'y trouvent.

Il y a trente-cinq kilomètres de distance entre Taerziza et El-Haricha. Sidi-Yahia est au premier tiers; Kerbaïa est au second tiers; au nord, les contreforts légèrement boisés du Djebel-Mikaidou s'écartent, et El-Haricha apparaît au milieu d'une plaine sablonneuse et dénudée. On y arrive le 1er dé-

Quelques officiers se joignirent à lui... (page 69).

cembre. Dans le bas-fond, où court l'*Oued* (la rivière), sont creusés les puits qui fournissent l'eau en abondance. A quelques kilomètres de là, les montagnes de la frontière marocaine se découpent vigoureusement sur l'azur du ciel. El-Haricha est la sentinelle avancée du cercle de Sebdou que la colonne atteignait, le 2, pour s'y ravitailler et revenir de là sur Sidi-Yahia-ben-Sfia, où elle séjournait jusqu'au 20, pour visiter tous les silos de la contrée, et enlever aux dissidents leurs dernières ressources.

Il ne faut pas s'y tromper, c'est la lutte du chrétien contre le musulman, que nos colonnes entreprennent, pendant l'insurrection de 1864-1865. La duplicité, le fanatisme de l'ennemi, ne permettent pas d'ajouter foi aux promesses de soumission du peuple arabe, il faut des preuves. Nous combattons des adversaires qui ne reconnaissent d'autre loi que l'empire de la force. Avec ou contre nous, doit être désormais l'ultimatum posé aux tribus révoltées, et le colonel Chanzy avait raison de les poursuivre jusque dans leur repaire; *Mektoub Rabbi* ! (c'était écrit!) dira l'Arabe et l'année suivante, nous aurons la paix.

Dans ce but, la colonne Chanzy retournait, le 20, sur le plateau du Gor, y arrivait le lendemain, pour faire un nouveau séjour qui durera jusqu'au 15 janvier 1865. Sur ce plateau qui a plus de 2,000 mètres d'altitude, le froid qui s'était fait déjà sentir, en novembre, devient de plus en plus vif. Le thermomètre descend la nuit à 4 ou 5 degrés au-dessous de zéro, et de violentes bourrasques de neige, de grêle et de pluie, s'abattent fréquemment sur le camp. Malgré les rigueurs d'un hiver exceptionnel, l'état sanitaire de nos soldats est bon, ils reprennent possession de leurs anciens gourbis, qui les protègent suffisamment contre les intempéries de la saison.

La Anghads et les Ouled-el-Nahr, complètement soumis, la colonne quitte le Gor, après vingt-cinq jours de repos, et vient camper sous les murs du bordj de Sebdou, du 16 janvier au 25 janvier 1865. Le 26, la colonne Chanzy se mettait en route sur Tlemcen, pour, de là, gagner Sidi-bel-Abbès lieu de garnison affecté au 48ᵉ.

La première expédition était terminée. Pendant quatre mois, nos soldats avaient campé sous la tente, par un hiver très rigoureux, marché presque sans cesse, tantôt réunis, tantôt en reconnaissance, tantôt employés à l'escorte des convois.

*
* *

Le maréchal Marmont a dit quelque part dans son livre sur « *l'esprit des institutions militaires* »... La guerre ne se fait pas dans un désert, mais bien dans les pays habités; car là où il y a des hommes, il y a aussi des grains pour les nourrir. »

La guerre en Algérie devait donner tort au grand écrivain militaire, car elle s'y faisait précisément en dehors des lieux habités et constamment dans des steppes immenses, au milieu de solitudes monotones et désolées où l'eau et le bois sont rares. En Europe, une fois maîtres de certains points stratégiques, le pays tout entier nous appartient. En Afrique, rien de pareil. Il faut atteindre une population qui ne tient à la terre que par ses piquets de tentes; et on ne vient à bout de l'Arabe nomade,qui n'a en somme, ni ville d'attache, ni maison, que par la guerre aux silos, la guerre au bétail; les seules fortunes de l'ennemi : la *razzia*. Ce n'est que par la possession ou l'anéantissement de ces deux biens que l'on peut avoir une action directe sur les Arabes de la plaine qui, pareils aux Scythes, traînent tout après eux.

..... Quorum plaustra vagas
Rite trahunt domos ?

La razzia, ce *vol organisé*, suivant l'expression déclamatoire des journaux de l'opposition, est tout simplement ce qui se passe en Europe, sous une forme moins brutale peut-être, mais toute aussi justifiée. La guerre n'est-elle pas la chasse aux intérêts? Et dans ce cas, qui oserait blâmer l'autorité militaire, en Afrique, de prendre le blé qui nourrit l'Arabe, le troupeau qui l'habille, si c'était là le seul moyen de le réduire et de le forcer à venir à nous, en demandant la paix (*l'aman*).

Actuellement, le Touat, laissé en dehors de nos possessions africaines, trouble la sécurité de nos frontières, du côté du sud-ouest oranais. Cette question n'est pas nouvelle, elle date du jour où nous avons conquis le Tell, et pris pied, à l'instar des Turcs, sur cette partie du territoire algérien que l'on nomme les Hauts-Plateaux.

Les nomades y viennent chaque année faire paître leurs troupeaux, et profitent de leur séjour, dans le voisinage du Tell, pour s'approvisionner de grains et échanger leurs produits contre ceux de l'industrie européenne. L'autorité militaire chercha à exploiter ces relations de commerce, et créa des marchés à proximité des centres nouveaux.

Ces nomades sont un trait d'union tout trouvé entre le Soudan et le nord de l'Algérie; il serait facile de se les attirer. Au lieu de cela que fait-on? Du jour au lendemain, on bouleverse les lois musulmanes sur le droit de la propriété, et voilà tout un peuple que rien n'attache au sol, soulevé contre nous.

Ce n'est pas tout. Nos marchés ne leur offrent pas les mêmes avantages, les mêmes garanties que les leurs, véritable forum, où ils discutent librement entre eux les affaires du pays, aussi bien que les intérêts généraux des tribus et ceux des particuliers. Un droit de fisc, d'octroi et de douane mal combiné, les éloigne des centres occupés par nos troupes ; le fanatisme aidant, les nomades changent leurs lignes de parcours, vont sur d'autres points, font le vide autour de nous, ayant au cœur la crainte et l'horreur de notre domination.

A l'origine, l'administration française avait fait fausse route; il fallait, à tout prix, renouer des relations avec ces mêmes tribus, dont on ne pouvait espérer la soumission, afin de les rattacher, s'il était possible, à nos intérêts, à notre politique. Nous eûmes alors Geryville (1845), El-Agouath (4 décembre 1852) et Biskra (4 mars 1844) ; ce furent les points extrêmes de notre occupation.

Au milieu des *Ksour* (1) du petit Sahara, et à l'extré-

(1) Villages. En Arabe, *Queçour*, singulier *Queçar* ; non générique, donné aux villes et villages des oasis du sud.

mité des hauts-plateaux ; on les rattacha au Tell par une ligne de caravansérails destinés à assurer l'eau et les subsistances, aux troupes et aux caravanes de passage.

Jusque-là, tout est pour le mieux. Cette disposition semble indiquer que nous n'avions nullement l'intention de continuer la conquête du pays, au delà du Tell, et que le rôle des troupes françaises devait se borner à un rôle expectant, suivre de l'œil, par des relations de chaque jour, les querelles intestines des sectes, ou des familles, qui sont toute la vie des tribus sahariennes, épier ce qui se passe, et n'intervenir qu'à bon escient.

N'est-ce pas ici d'ailleurs, le cas de rappeler les traditions de Jules César, dans la conquête des Gaules, leçons de maître que nous n'avons qu'à imiter ?...

La population du Sahara se divise en deux catégories très distinctes : les *Nomades* et les *Sédentaires;* chacun de ces groupes apportant son concours effectif à la vie commune.

Aux *nomades*, appartient l'industrie pastorale et celui des transports ; l'entretien et la surveillance des routes. Ce sont surtout eux que nous aurions dû utiliser pour les plus grandes gloires de la France.

Les *sédentaires*, ont en partage le commerce, l'agriculture, et les travaux manuels.

Autrefois, de nombreuses caravanes sillonnaient le Sahara, et apportaient, dans la régence d'Alger, les produits de l'Afrique centrale. Aujourd'hui, depuis 1830 et par suite de l'état de guerre permanent qui a été la conséquence de notre conquête, le transit commercial, qui part du Soudan occidental et central, s'arrête à In-Salah, point central de ralliement des caravanes dans le Tidikelt ; là il se bifurque pour suivre la direction de Ghadamès (1) et de Tripoli, au N.-E., vers la Méditerannée, sur Tafilalet et de Mogador, au N.-O., vers l'Océan.

En 1842, un négociant essaya de détourner ces caravanes

(1) Exploré par Largeau, en 1875-7.

de leur route, en les attirant vers Constantine ; il proposa même de créer des consulats français dans le Sahara. Bien des expéditions furent tentées à cet effet, et en 1867, le lieutenant-colonel Mircher (1) donnait d'intéressants détails et des renseignements précis sur les routes parcourues, qui étaient alors celle de Ghadamès, celle de Ghât, et celle de Timmimoun, capitale du Gourara.

Mais la plus importante de toutes, celle qui partant de El-Aghouat, traverse le M'zab et aboutit à in-Salah, en touchant à El-Goleah, était inconnue des Européens. Il était réservé à un explorateur français, Paul Soleillet, d'en définir complètement le tracé, en 1874. Mais avant lui, le général de Gallifet y avait fait passer une colonne, qui partant d'Ouargla, en décembre 1872, touchait à Tuggurth, le 5 mars 1873, après avoir planté notre drapeau à El-Goleah, et parcouru 1500 kilomètres, sans avoir perdu un seul homme.

Disons-le donc bien franchement : une nation civilisée a deux manières d'étendre sa puissance.

La première consiste à s'emparer violemment d'une contrée, pour lui dicter des lois et régler d'autorité leur situation. Nous avons, en Afrique, des terrains qui ont été conquis ainsi ; nous les avons acquis chèrement, puisque ces terrains ont été payés du sang de nos soldats. Mais, ce serait folie, que de vouloir aller plus avant encore, sans que ces terrains ne soient cultivés, habités, possédés par des Français, ou tout au moins par des indigènes, ou des gens acceptant volontairement nos lois.

La seconde méthode consiste à attirer les nomades sur nos marchés, à se faire ouvrir leurs propres marchés, à les amener à consommer nos produits, à produire les matières nécessaires pour alimenter nos usines, et à imposer par notre seul contact, la civilisation et les mœurs de la France.

La conquête du Sahara est à ce prix, et à ce prix seul, sans effusion de sang, et sans avoir à démêler quoi que ce

(1) Lieutenant-colonel d'état-major.

soit, avec les hasards incertains d'une lutte armée. Pour cela, assurons-nous, en les visitant, des besoins et des ressources que peuvent offrir les contrées dans lesquelles nous voulons faire pénétrer le génie bienfaisant de la mère-patrie.

Le Maréchal Bugeaud avait dit : « La pacification de l'Algérie ne sera complète, que lorsque la Kabylie sera entièrement soumise. » Il avait raison en ce qui concerne le Tell, mais il se trompait, du tout au tout, en ce qui concerne le nomade du Sahara. On peut maintenir le Kabyle et l'Arabe sédentaire qui possèdent et exploitent le sol, qui aiment leur terre et en vivent; mais comment répondre du nomade, dont la tente et les troupeaux se déplacent avec une telle rapidité que nos colonnes ne peuvent les atteindre, qui, toujours errant dans la plaine, nous regardent passer comme le vaincu regarde celui qui le terrasse? Qui peut prévoir les entraînements que subit l'Arabe de la tente, habitué à lutter pour l'existence, ne rêvant qu'aventures, et auquel sa religion promet une félicité éternelle s'il meurt en combattant le Roumi.

Néanmoins, la soumission d'une partie de la Kabylie s'imposait. En 1849 et 1850, nos colonnes mobiles envoyées chez les Zibans, s'étaient emparées de Zaatcha, de Nerah, et des oasis qui en dépendent ; pour compléter cette conquête, il fallait s'emparer de la petite Kabylie, située au sud de la province de Constantine, dont les montagnes étaient devenues de véritables citadelles, où se réfugiaient tous les aventuriers et les fanatiques de la contrée, bravant notre vigilance, après avoir dévasté le territoire que nous occupions.

Depuis la soumission de la Kabylie, par le général Randon, en 1857, l'Algérie paraissait soumise à nos lois ; ce n'était qu'un feu qui couvait sous la cendre. Les tribus du Sahara réfugiées dans le désert, en dehors de la ligne de nos postes avancés, restaient insoumises à notre domination. En 1864, la plus importante d'entre elles, celle des Ouled-Sidi-Cheick, dont le fondateur prétend descendre de Bou-Beker, beau-frère du prophète, levait l'étendard de la révolte, sous l'inspiration de Si-Hamed-ben-Hamza, fils et héritier de Si-Mohamed-ben-Hamza, qui nous avait loyalement servis pendant dix ans, et était mort à Alger en 1861. Ce jeune illuminé, âgé seulement de vingt ans, agissait de concert avec son oncle, Si-Lala, un véritable guerrier nomade que sa hardiesse, ses coups de mains, sa connaissance approfondie du désert, rendait très redoutable pour nos troupes.

* * *

Au mois de mars 1865, le 48e occupe la garnison de Sidi-Bel-Abbès (1er et 3e bataillons), avec des détachements à Bou-Khranifis, Sidi-Ali-ben-youb et Daya ; ainsi que celle de Tlemcen (2e bataillon) avec une compagnie détachée aux Ouled-Mimoum.

Situé derrière le premier contrefort des montagnes de l'Atlas, à dix-huit lieues au sud, sur le méridien d'Oran, le poste de Bel-Abbès prend à revers et assure la sécurité de la plaine de Melata, tout en promettant à nos colonnes un prompt ravitaillement, quand elles opèrent à la lisière du Tell, ou du Sersous. Par sa position géographique, il forme le défilé des montagnes, par lesquelles peut se propager une insurrection venant, soit du côté de Daya, soit du côté de Ben-Youb. Il occupe le centre d'une vaste plaine arrosée par la Mekerrah, et bornée au nord et au sud par le moyen et petit Atlas. C'est donc une position militaire stratégique d'une grande importance.

C'était là que campaient autrefois les Beni-Amers, une des tribus les plus puissantes, travaillées par l'émir Abd-el-Kader.

La nécessité d'observer et de contenir cette tribu, aussi turbulente que dangereuse, avait décidé l'autorité militaire à en occuper tout le territoire et à camper sur le plateau du Tessalah. En 1843, le général Bedeau remplaça le camp par une redoute construite sur la rive droite de la Mekerrah ; c'est la redoute de Bel-Abbès qui, sous le nom de *Biscuit-ville*, complétait notre série de postes-magasins, reliés entre eux de trois marches en trois marches d'infanterie, de deux marches en deux marches de cavalerie, et s'élevant sur deux lignes parrallèles des bords de la mer, à l'intérieur dans toute l'étendue de la province d'Oran.

La ville actuelle de Sidi-bel-Abbès, n'a donc point de passé ; son histoire se confond avec celles de nos jours.

En 1845, les Beni-Amers émigrèrent au Maroc et nous abandonnèrent leur territoire. Peu à peu, les tentes disparurent ; des barraques se construisirent, et la redoute de *Biscuit-ville*, devint le noyau de la ville nouvelle, dont la création remonte en 1849, et dont presque tous les travaux de bâtisses, d'irrigations et d'assainissements sont dûs aux soldats du 1er régiment étranger que commandait alors le brave Mellinet, mort récemment comme général de division, à Nantes, à l'âge de quatre-vingt-seize ans.

L'emplacement sur lequel repose la ville n'était autrefois qu'un marécage fiévreux et pestilentiel ; une solitude sans arbres, couverte de palmiers nains, de ronces, d'ajoncs et de broussailles. Depuis, le pays s'est assaini, et la population composée en grande partie d'agriculteurs et de maraîchers espagnols, peut y faire deux récoltes de blé par an et y obtenir des rendements merveilleux, même lorsque les procédés de culture, se rapprochent de ceux de l'Arabe, dont les appareils agricoles, absolument rudimentaires, sont à peu de chose près, des similaires de la charrue de Triptolème.

Les gorges étroites et les sentiers argileux des montagnes du Thessalah, si souvent parcourues par nos colonnes d'expédition, ont cependant une légende. Interrogez le Thaleb (savant), de Bel-Abbès, il vous fera le récit suivant d'un air grave et inspiré : « lorsque les messagers de la foi apportèrent la lumière de la Mecque, à l'origine des temps, les adorateurs de *Jésus-Christ*, (*Sidna-Aïssa*), fermèrent les yeux, et refusèrent de témoigner la grandeur et la puissance de Mahomet. *Les croyants* se réunirent donc, dans la forteresse du Thessalah, avec leurs femmes, leurs enfants, leurs richesses, pour s'incliner devant le prophète et partirent de là, pour aller assiéger dans la plaine, *les dédaigneux du bien*. Comme le ciel était pour eux, Dieu ferma la porte des eaux et durant une année entière, les nuages amoncelés ne laissèrent aucune trace de pluie sur le *Thessalah*. La provision d'eau des baptisés s'épuisa, la soif eut bientôt raison de leur incrédulité. *Mectoub-Rabi!*... Ce qui est écrit est écrit, ces esclaves du *Chitân* (démon) préférèrent la mort au témoignage de leur fidélité et les oiseaux dispersèrent leur chair dans tout le pays. » Les traditions, sur les chrétiens, courent le pays, et se terminent toutes par un récit d'extermination.

Malgré les insurrections, malgré le mauvais vouloir des Arabes de cette région, dont le voisinage du Maroc, a été jusqu'à ce jour, une cause de conflit perpétuel, Bel-Abbès n'a jamais cessé d'être une vaillante cité, à l'avant-garde de notre colonie algérienne, et aujourd'hui, la ville est le siège d'une subdivision militaire, dont le colonel Chanzy était le commandant par intérim en 1865, en remplacement du général Jolivet parti en expédition dans la province d'Oran.

Peu de personnes en France, se font une idée bien nette de la situation d'un officier commandant une subdivision dans une des trois provinces de l'Algérie ; c'est une seconde providence. Maître absolu du territoire en pays arabe, sous la tutelle, bien entendu, du général de division qui commande au chef-lieu, sa volonté a force de loi ; tout cède à ses ordres ; son autorité, son influence, s'étendent même aux Européens, car c'est en lui que repose la sécurité des colons, venus sur une terre nouvelle, pour tenter la fortune et se faire une seconde patrie. Le commandant d'une subdivision en Afrique, a donc à s'occuper non seulement des troupes sous ses ordres, et de la conduite des opérations de guerre, en cas d'expéditions, mais aussi des améliorations et des projets utiles à introduire, pour assurer la prospérité du pays. A la fois homme de guerre et d'étude, accessible à tous, arabes, militaires et colons, toutes ses journées se passent au travail, et il ne quitte son bureau que pour monter à cheval et s'assurer, par lui-même de l'exécution des ordres qu'il a pu donner ; soit qu'il parcourt le pays arabe, et s'entretiennent avec les officiers chargés de commandement dans la subdivision ; soit qu'il reçoive les plaintes des chefs indigènes, soit encore qu'il visite les colons et les encourage dans leurs travaux.

Travailleur infatigable, voyant tout par lui-même, le colonel Chanzy commande, tout à la fois, la subdivision de Bel-Abbès et son régiment. Tous les jours, à huit heures du matin, il est dans la salle de rapport de la caserne occupée par le 48e, donne ses ordres pour la journée, signe les pièces que lui présente le capitaine Laronvière (1) faisant fonction de major à la portion active du régiment, se fait présenter par le chef de bataillon de semaine, les hommes punis de prison pour fautes graves; les interroge, leur donne des conseils s'il y a lieu; puis il passe aux cuisines, s'assure que les ordinaires fonctionnent régulièrement, et avec toute la sollicitude que demande le bien-être du soldat.

Ce premier devoir rempli, Chanzy se rendait au bureau de la subdivision, se faisait communiquer les ordres de la division, ou les rapports des différents chefs de détachement, et répondait lui-même aux questions qu'on lui posait, ou aux demandes qui lui étaient faites. A cette époque, le lieutenant d'état-major, Lemouton de Boisdeffre, appelé à devenir l'inséparable du colonel, faisait son stage de lieutenant d'état-major au 1er cuirassiers de la Garde, et n'était pas encore arrivé au 48e, qu'il ne devait rallier que quelques mois après, pour faire son stage d'infanterie.

*
* *

Au mois d'avril 1865, le colonel Chanzy, pour surveiller les Arabes dissidents et les empêcher de se ravitailler dans le Tell, fait partir de Bel-Abbès, le 3e bataillon du 48e (commandant Claude), et le dirige sur Daya sous le commandement du lieutenant-colonel Fraboulet de Kerléadec (2).

Refoulés dans le sud-ouest, depuis le mois de mars, les Arabes dissidents, soutenus par la grande tribu des Hamyans restée neutre jusqu'à présent, s'étaient avancés au nord des Chotts et essayaient de pousser quelques pointes dans le Tell.

(1) Aujourd'hui intendant.
(2) Tué en 1870, sous Metz, comme colonel du 15e régiment d'infanterie.

Pour mettre à l'abri d'un coup de main les différents centre de colonisation, une compagnie du 48e (capitaine Bertaud) quitte Bel-Abbès, le 12 octobre, et est envoyée au village de Tenirah, situé à vingt-huit kilomètres au sud ; une autre compagnie (capitaine Solesi) est dirigée sur la smalah du Telaghr, route de Bel-Abbès à Daya et à soixante-dix kilomètres de cette redoute.

A cette même époque, la colonne d'observation de Daya descend dans la vallée de la Mekerrah et va camper à El-Haissaiba, pour fermer l'entrée de la vallée. Le 22, elle marche sur Titen-Yaya, tête de la vallée de la Mekerrah ; le lendemain sur l'Oued-Sba, où elle séjourne les 23 et 24, et se réunit à la colonne Lacretelle en expédition du côté de Sebdou, avec :

Deux bataillons du 2e zouaves ;
Un bataillon du 2e tirailleurs algériens ;
Trois compagnies de 10 bataillons de chasseurs à pied ;
Six escadrons de cavalerie.

Le 27, les deux colonnes réunies, laissant un détachement à la garde du camp de l'Oued-Sba, marchent dans la direction du sud, au nord-est de El-Rharbi où sont signalés les campements de l'ennemi, opèrent une razzia de vingt-mille moutons, reprennent la direction du nord, le 28, et vont camper le lendemain au pied du *Djébel-Beguina-el-Beguisa*, et tout deux rentrent à Daya, le 1er novembre.

Le 3 novembre, la colonne Lacretelle comprenant les cinq compagnies du 48e que commande le lieutenant-colonel Fraboulet de Kerléadec quitte Daya, sauf les tirailleurs algériens dirigés sur la colonne de Colomb, et va bivouaquer à Raz-el-Ma. Le 4, elle campe sur le plateau du Gor, où la rejoint une autre colonne que commande le lieutenant-colonel Morandy, du 83e de ligne; le 5 à El-Beticha, et le 7, à l'extrémité du Chott des Maïa, frontière du Maroc, faisant près de quarante lieues en trois jours, pousse jusqu'à Mengoub, et rentre le 16 novembre à Daya, d'où il part à la fin du mois pour rentrer à Sidi-bel-Abbès, le 1er décembre, ainsi que les deux compagnies détachées à la Tenira et au Talaghr. A cette date les compagnies Grandin et Deprimoz sont détachées l'une à Bou-Khranifis ; l'autre à Sidi-ali-ben-Youb.

II

A BOU-KHRANIFIS

Ce lieu tire son nom d'un marabout vénéré dans la contrée, mais dont l'histoire n'a conservé aucune tradition. Autrefois Smalah de spahis, le petit bordj que l'on y a construit en 1843, pour couvrir Bel-Abbès et défendre l'entrée de la vallée de la Mekerrah, a été converti en caravansérail, peu après, pour y recevoir les voyageurs ; puis est devenu un pénitencier arabe dans lequel sont détenus les indigènes condamnés à moins d'un an d'emprisonnement. En 1844, quelques colons attirés par l'autorité militaire sont venus s'y fixer et actuellement ce lieu de colonisation qui est en même temps un point stratégique d'une réelle importance, forme un village annexe de la commune de Bel-Abbès; il est gardé par une compageie détachée de la garnison de cette dernière ville pour la surveillance du pénitencier, et établie dans un camp baraqué.

L'insurrection un moment vaincue ne devait par tarder à relever la tête ; Une excursion dans le sud était imminente. Mais en attendant le général Chanzy visitait ses postes détachés, et son aménité était si grande, qu'il ne dédaignait pas, dans ces excursions plus ou moins lointaines, de partager le modeste repas des officiers de son régiment et de s'asseoir à leur table, témoin la lettre suivante qu'il m'adressait, lorsque je commandais le poste de Bou-Khranifis, à quelques kilomètres au sud de Bel-Abbès :

« *Prière au capitaine Grandin de faire remettre au cui-*
« *sinier du lieutenant-colonel de Kerléadec, les couteaux,*
« *fourchettes et verres qui ont été prêtés au général-ins-*
« *pecteur, lorsqu'il a quitté Daya pour le dîner qu'il a dû*
« *faire en route.* »

AUTOGRAPHE DE CHANZY

Prière au capitaine Grandin de faire remettre au courrier du lieutenant-colonel de Kerleadec les couteaux, fourchettes et vases qui ont été prêtés au général inspecteur lorsqu'il a quitté Daya pour le dîner qu'il a dû faire en route —

Compliments affectueux.

Le colonel

Chanzy

Quand des hôtes imprévus nous arrivaient, un grand hangar servait de salle à manger ; chacun apportait son couvert ; des morceaux de bois à peine équaris servaient de siège, et des planches de caisses à biscuit formaient la table. Mon maître coq, un ancien zéphir du bataillon d'Afrique, passait pour un Vatel très expert dans l'art culinaire. Si les ragoûts étaient modestes, le vin détestable, le café en revanche était toujours à point, le tabac kabyle excellent, ceux-là seuls qui ont fait en Afrique des campagnes pénibles et fatigantes, comprendront les douceurs de ces longues causeries à l'ombre d'arbres séculaires, sous un ciel bleu resplendissant de lumière. La nuit vous surprend quelquefois à faire la sieste ; tout alors portait à la rêverie, depuis la sentinelle qui veillait à la garde du camp, jusqu'à la lumière transparente de la lune. Il fallait se faire violence pour regagner sa tente ou son gourbi. Le matin, en revanche, un gai soleil se chargeait de nous éveiller et de nous jeter à bas du petit chassis de toile qui nous servait de lit de repos. Les devoirs du service commençaient au jour naissant, et c'est précisément du partage du danger, avec les hommes que l'on commande, que naissent une mutuelle estime,un véritable attachement.

Le service était facile au camp de Bou-Khranifis. Il y avait là un *Bordj* de forme carré, bastionné aux quatre angles, servant de pénitencier et destiné à recevoir les arabes condamnés pour simple délit, par les tribunaux civils et militaires. Le directeur de l'établissement, ancien sous-officier aux chasseurs d'Afrique, possédait dans les environs, un certain nombre d'hectares de terre à titre de concession. Le pénitencier fournissait des travailleurs arabes, non seulement pour l'exploitation des terres appartenant à l'État, mais aussi, aux colons qui en avaient besoin, y compris le directeur du pénitencier qui était lui-même un gros propriétaire foncier; la compagnie détachée à Bou-Khranifis fournissait le nombre de sentinelles nécessaires pour garder les condamnés-travailleurs. Sur tous les chantiers, quels qu'ils fussent, ce système de surveillance était assez élastique et sujet à des abus qui dégénéraient souvent en conflit. Car, comment le directeur du pénitencier et les colons devaient-ils payer à l'État les journées de travail fournis par les détenus ? Et il va de soi, que les hommes de troupe, chargés de les garder, en dehors du Bordj, et dans des propriétés particulières auraient dû bénéficier, pour l'amélioration de leur ordinaire, ainsi que cela se pratique toujours, — d'une

Chanzy se faisait communiquer les ordres de la division (page 92).

partie de la journée de travail payée par les colons. Où cet argent passait-il? Personne ne le savait exactement. C'était là un de ces abus qui n'échappait pas au colonel Chanzy, quand il écrivait, le 22 décembre 1865, au commandant du détachement de Bou-Khranifis :

48e DE LIGNE

—

Le colonel

« MON CHER CAPITAINE,

« J'ai donné des ordres pour que le règlement du pénitencier vous soit communiqué, afin que vous puissiez savoir ce qu'on peut et ce qu'on doit exiger de vos hommes. Si le directeur du pénitencier exige plus d'hommes que vous ne puissiez lui en fournir, vous m'en rendrez compte sur vos rapports, en exposant les inconvénients qui peuvent en résulter.

« Si le temps est beau, je compte aller visiter votre détachement vendredi prochain, 22 décembre. Je passerai à Bou-Khranifis vers neuf heures du matin, pour arriver à Ben-Youb avant onze heures. Je ne m'arrêterai donc à Bou-Khranifis qu'au retour de Ben-Youb.

« Compliments affectueux.

« *Le colonel du 48e*,

« Signé : CHANZY. »

Le camp de Bou-Khranifis faisait plaisir à voir. Une longue baraque en torchis, recouverte en paille et en alfa, régnait tout le long de la face est du bordj. Les cuisines et quelques tentes en forme de bonnet de police servaient pour la garde de police et le piquet, les hommes punis de salle de police et de prison, ou d'abris, pendant le jour, pour les comptables. Tout légers que fussent ces abris, ils ont sauvé bien des hommes en les préservant des rosées humides de la nuit pendant l'été et des pluies torrentielles de l'hiver. De la paille et des branchages étendus le long des parois du baraquement servaient de lit, et la nuit venue, les soldats, enroulés dans une couverture de campement et se serrant les uns contre les autres, y dormaient certainement mieux que beaucoup sur un lit de plumes. Les faisceaux reluisants au ratelier, les tentes bien alignées et ornées d'un feston de verdure, les hommes toujours propres donnaient de la coquetterie à cette installation. Jamais on n'eût rencontré un soldat dont le pantalon de corvée ne fût d'une blancheur immaculée. C'était une tradition au 48e, et les officiers y veillaient avec le plus grand soin : rien, en effet, n'influe sur le moral et la vigueur d'une troupe, comme le manque de soins et une mauvaise tenue.

Le bien-être du soldat doit être la préoccupation constante d'un chef soucieux de s'attirer la sympathie de ses subordonnés. Sous ce rapport, le colonel Chanzy a toujours été d'une correction parfaite dans le commandement de son régiment; sa correspondance en fait foi. Le 8 décembre, il m'écrivait : « Envoyez-moi un rapport détaillé sur votre installation à Bou-Khranifis; — dites-moi si le service que vous avez à fournir est en rapport avec votre effectif; comment est assuré le service de santé de votre détachement, et si son état sanitaire est satisfaisant? »

Une bonté exagérée était peut-être le côté faible du caractère du colonel, toujours disposé à ne voir que des égarés parmi les hommes punis pour fautes graves, susceptibles d'être ramenés dans la bonne voie par l'indulgence et des conseils.

Nous pouvons en citer un exemple entre beaucoup d'autres :

Un soldat du nom de Baudu, sorti depuis peu du 2e bataillon d'Afrique, après avoir subi une condamnation à trois ans de prison pour vol, avait été placé au 48e pour y compléter son temps de service militaire. Attardé un soir dans la cantine Cubeau, où il s'était grisé, ramassé par une patrouille faite par le poste de police, après la sonnerie de l'extinction des feux, cet homme avait été puni le lendemain de huit jours de prison. Six jours après, ce même soldat mettait le feu à la baraque dans laquelle il était détenu : faute grave qui nécessitait son passage devant un conseil de guerre.

Il n'en fut rien, et voici, à ce sujet, la lettre que m'écrivit le colonel Chanzy à la date du 26 janvier 1866 :

« MON CHER CAPITAINE,

« Je me rappelle ce Baudu ; c'est l'homme devant lequel s'est arrêté le général Decaen à sa dernière inspection, et qu'il vous a conseillé de ramener par de bons procédés et en stimulant son amour-propre. Je crains que ce conseil n'ait point été suivi, et qu'en le punissant, on ne se soit pas toujours conformé à l'esprit de l'article 267 du service intérieur.

« Veuillez donc m'envoyer un rapport détaillé sur les moyens employés par vous pour chercher à remettre cet homme dans la bonne voie.

« Lorsqu'il y a quelques jours, on a organisé les compagnies, on a réparti entre toutes, d'une façon à peu près égale, les hommes signalés comme mauvais sujets. La vôtre n'était donc pas dans des conditions exceptionnelles, et je remarque, depuis quelque temps, beaucoup plus de punitions que dans les autres.

« Recevez, mon cher capitaine, l'assurance de mes sentiments affectueux.

« *Le colonel du 48e*,

« CHANZY. »

Le colonel n'oubliait qu'une chose : c'est qu'à Bou-Khranifis, poste isolé, pour ainsi dire, au centre d'une coupe d'où l'on n'apercevait que les montagnes et le ciel, les conditions n'étaient pas les mêmes qu'à Bel-Abbès, où la police du corps était facile.

Deux choses sont indispensables à celui qui veut exercer dignement l'autorité militaire : la bonté et la fermeté. Il faut savoir allier l'une avec l'autre, si on veut exercer sur ses semblables une autorité suffisante pour se faire craindre et aimer tout à la fois. C'est au chef à juger les sentiments des hommes qui lui sont confiés, à les récompenser suivant leurs mérites, à diriger leurs sentiments, élever leurs cœurs, éclairer leurs consciences, les instruire et les rendre meilleurs. Mais il y a une nuance entre les égarés et les sujets vicieux par instinct, par tempérament. Or, quel est le chef le mieux placé pour juger un homme sous ses ordres ? N'est-ce pas le capitaine ? Pour conquérir le cœur du soldat, il faut dédaigner la popularité qui, presque toujours, exige le sacrifice de sa dignité personnelle, la mépriser même, parce qu'elle avilit les caractères.

N'oublions jamais que les foules sont semblables au coursier vigoureux qui jette à terre son cavalier, s'il n'a pas d'éperons, ou ne sait pas s'en servir. L'obéissance du soldat est, comme celle du prêtre, une force et une lumière.

Je cite ce fait pour faire connaître un des travers du colonel Chanzy, qui, sortant des bureaux arabes et n'ayant jamais commandé, d'une manière effective, une compagnie avant d'être à la tête d'un régiment, n'avait peut-être pas, à cette époque, une idée très nette du commandement en ce qui concerne la nécessité de sévir impitoyablement contre les mauvais sujets qui, dans l'armée, sont la plaie d'un régiment, un mauvais exemple constant et un entraînement de tous les jours pour les bons sujets.

Plus tard, le colonel reconnut que j'avais raison, et Baudu retourna aux compagnies de discipline d'où il sortait et qu'il n'aurait jamais dû quitter.

*
* *

La Mekerrah, torrent effroyable en hiver, ruisseau de deux pieds de profondeur et de dix pieds de largeur en été, ondulait dans les plaines et arrosait un vaste jardin, où les soixante-quinze hommes de mon détachement cultivaient, à l'ombre des lentisques et des caroubiers, les choux, les carottes et les pommes de terre destinés à leur ordinaire. Les montagnes du côté du sud, route de Ben-Youb, étaient couvertes de bois, au travers desquels s'apercevaient quelques éclaircies où la broussaille dominait; à l'ouest, des collines, verdoyantes au printemps, grises et crevassées en hiver, offraient un spectacle peu engageant pour le promeneur; mais, du côté du nord, un chemin en pente douce conduisait du bordj à une plaine ovale, d'où l'on embrassait du regard un horizon splendide. La région était très giboyeuse, la Mekerrah très poissonneuse; on voit d'ici les distractions que pouvaient s'offrir les officiers du détachement de Bou-Khranifis, lorsque leurs loisirs le leur permettaient.

Des deux officiers qui partageaient avec moi la responsabilité du commandement, l'un, le lieutenant Hauguel, mysanthrope par tempérament, militaire intègre, très dur pour lui, comme pour ses subordonnés, était un chasseur de première force. La nuit, lorsque la lumière transparente de la lune répandait le calme sur la vallée, tandis que ses mobiles clartés donnaient, par moment, aux grandes saillies de la terre, la mystérieuse apparence de fantômes, il prenait son fusil de chasse, et allait s'embusquer dans les taillis, à l'affût du chacal, du lynx et de la hyène, par n'importe quel temps, et il était rare s'il ne rapportait pas le lendemain une ou deux victimes sur ses épaules. Le jour, Hauguel chassait le lièvre et la perdrix, et sa gibecière était souvent tellement bondée, que les produits de sa chasse pouvaient alimenter, de temps en temps, la pension des officiers de Bel-Abbès. Le colonel Chanzy, — comme bien on pense, — n'était pas oublié dans nos largesses; ce dont du reste, il ne manquait jamais de nous remercier. Témoin la lettre suivante :

« Sidi-Bel-Abbès, 27 janvier 1866,

« MON CHER CAPITAINE,

« Je vous remercie bien, ainsi que M. Hauguel des magnifiques produits de votre chasse qui ont été apportés ce matin, à la maison, pendant que j'étais au rapport. Je regrette que vous vous soyez privés de toutes ces provisions qui doivent vous être d'une très grande ressource à Bou-Khranifis.

« Compliments affectueux,

« *Le colonel du 48e*,

« CHANZY.

Le second de mes officiers, le sous-lieutenant Moireau était un vrai Roger-Bontemps. Petit homme, aux cheveux châtains, le nez gros, les traits accentués, ayant des yeux étranges, et un cerveau plus étrange encore, il discutait sur toute espèce de choses et se laissait volontiers aller à toute sorte de contradictions aussi insensées les unes que les autres. Son frère, qui était proviseur au lycée de Dijon lui envoyait, de temps en temps, des paniers de vin de la Côte-d'Or; il régalait les officiers de la *popotte*, et comme il joignait à un esprit inventif, pour tout ce qui regarde la science culinaire, un goût très prononcé pour la pêche, il était chargé de la direction de nos fourneaux et de la surveillance de notre Vatel. Au demeurant, Moireau, fort aimé de ses camarades, très bon serviteur... quand on entrait dans ses vues, homme aimable, affable, intelligent, instruit, restait ordinairement la soirée, avec moi, pendant que son camarade Hauguel, allait chasser la grosse bête. Ceux-là qui sont allés en Afrique, dans les postes isolés du commencement de notre conquête, comprendront le charme de ces veilles, passées au clair de la lune dans un pays où tout porte à la rêverie, même le pas régulier de la sentinelle, dont la silhouette grise se projette sur le ciel; le bonheur que l'on éprouve à respirer en dehors des barraques et des tentes, quand la nuit arrive. Il est si bon de se sentir vivre, le cigare aux lèvres, sans souci, sans inquiétude pour le lendemain, avec ce bien-être ineffable qui est le suprême bonheur des gens de guerre, après une journée de labeurs et de fatigues!

Que de fois, étendu avec Moireau, sur une couverture doublée de caoutchouc, auprès de la verandah, attenant à mon modeste logis, à côté de mon écurie, où mon cheval Criquet prenait sa prébende habituelle, j'oubliais les heures, pendant ces nuits admirables, où le ciel d'un bleu sombre resplendissait de la clarté des étoiles scintillantes! Il fallait souvent se faire violence, pour rentrer au logis, ou regagner sa tente; le lendemain matin, en revanche, le premier rayon de soleil qui perçant au travers de la fenêtre, sans rideaux, ou de la toile qui nous abritait, se chargeait de nous jeter bien vite à bas du petit châssis monté sur des cantines, qui nous tenait lieu de lit de repos.

Le village de Bou-Khranifis n'a rien d'engageant en lui-même; ce sont des fermes ou habitations isolées, bâties au centre des cultures, suivant le caprice des colons, et non groupées entre elles, pour en faire un lieu compact. Une auberge, — celle du mercanti Cubeau, se trouvait en avant du camp, sur la route de Bel-Abbès à Ben-Youb. Cette demeure marquait le gîte d'étape, ou la grande halte des voyageurs, — militaires et civils, — qui se dirigeaient vers le sud, en suivant la vallée de la Mekerrah; enfin, une église et un modeste presbytère situés entre le camp et l'auberge Cubeau, complètaient l'installation de ce village qui, sans avoir la prétention de valoir nos agglomérations rurales en France, ne manquait ni d'agrément, ni de pittoresque, pendant certaines saisons de l'année.

Quand j'arrivai à Bou-Khranifis, l'église était privée de son desservant habituel; il avait disparu dans l'insurrection de 1864-1865, en faisant le coup de feu, comme un simple soldat, pour défendre son presbytère menacé de l'incendie et du pillage. Elevé par une veuve pieuse et souffrante, il n'avait jamais connu les jeux riants de l'enfance. Le séminaire de Marseille avait été pour lui un refuge, il en était sorti, pour guider le petit troupeau que lui avait confié l'évêque d'Oran, à Bou-Khranifis et Bou-Youb, loin des villes, au milieu d'une plaine déserte.

Aujourd'hui, le corps de ce jeune prêtre repose à la lisière d'un bois, loin de son église regrettée, loin des enfants qu'il avait baptisés, loin du petit cimetière qu'il bénissait à chaque deuil; loin de la cloche de son presbytère, muette à l'heure de son agonie.

*
* *

C'est en campagne surtout, que les contrastes sont frappants. Rien de gai, comme l'aspect de notre camp, par une belle soirée. Le sergent-major du détachement, était un ancien premier prix du Conservatoire de Paris; violoniste hors ligne, il exécutait des morceaux d'opéra, de vieux chants religieux, des *lieders* allemands, que les soldats répétaient en chœur, avec un ensemble parfait; jamais musique ne venait plus à propos, pour éviter la nostalgie, qui décime les régiments, lorsqu'elle s'empare d'une troupe. L'été, ces distractions étaient faciles, le climat s'y prêtait; mais l'hiver, lorsque la pluie tombait sans interruption et sans répit, pendant des journées entières, il fallait inventer toutes sortes de ruses, pour égayer nos camps, et éviter que nos hommes allassent dans les cantines des marchands de goutte, dépenser leur temps et leur argent au détriment de la discipline et de la bonne renommée du corps. C'est pour cette raison que les détachements changeaient souvent de garnison.

Nous étions à Bou-Khranifis depuis trois mois; il fallait nous attendre à en partir sous peu, et en effet, le colonel Chanzy m'écrivait le 1er février 1866.

« Mon cher capitaine,

« La nomination de M. Hauguel, aux voltigeurs, vous laisse seul officier (1) à votre compagnie, jusqu'à l'arrivée de M. Larivière, votre nouveau lieutenant, attendu par le prochain courrier. Vous ne pouvez donc vous absenter, avant que M. Larivière ne soit arrivé à sa compagnie à Bou-Khranifis.

« Le 1er bataillon au complet, devant quitter Bel-Abbès, le 15 de ce mois, pour aller relever le 10e chasseurs à Daya, il est probable que je vous ferai revenir ici le 12, pour vous préparer à repartir avec votre bataillon.

« Compliments affectueux,

« *Le colonel du 48e*,

« CHANZY. »

(1) Le sous-lieutenant Moireau, malade de la fièvre, était en ce moment à l'hôpital de Bel-Abbès.

III

SOUS DAYA

Daya, en arabe, signifie *refuge des eaux*. C'est une vaste plaine, à l'entrée des hauts-plateaux, tirant son nom de trois marabouts célèbres, dont l'histoire se perd dans la nuit des temps. Un bordj commande toute la vallée du Thélaghr, et en défend les approches, soit du côté de la plaine, soit du côte de la vallée; c'est le point de ravitaillement obligé d'une colonne se dirigeant sur El-Haricha. Sa vigie, sorte de blockaus, bâti au sommet d'un rocher émerge au-dessus des bâtiments. Comme l'indique son nom, ce monument, spécimen bizarre des constructions baroques du génie est destiné, à être occupé par une troupe qui veille ; c'est peut-être pour cela qu'il n'y a presque jamais personne.

En Algérie, tous les Oued (ruisseaux, rivières) sont à sec pendant une grande partie de l'année, à l'époque des chaleurs et ce n'est qu'après la saison des pluies, l'automne, que l'eau des Oued et des R'dirs est assez bonne et en quantité suffisante pour permettre aux troupeaux et aux campements arabes de descendre vers le sud. Pendant la saison sèche, l'été, les tribus nomades émigrent vers le nord. Ce mouvement annuel vers le Tell, se nomme *l'estivage*; il est nécessité par les besoins des troupeaux (chameaux et moutons) qui ne trouvent plus, à cette époque de l'année, nourriture et eau dans les parages du Sahara. C'est là une des graves questions soulevées par les rattachements qui ont remis à la colonisation des terrains sur lesquels les nomades avaient droit de parcours.

En été, la disette d'eau, règne à Daya, et les habitants, — lisez débitants, marchands de goutte, — de l'unique rue, de quatre à cinq cents mètres qui constitue prétentieusement le village, sont rationnés, comme les troupes qui y tiennent garnison. Peu de terre colonisable, pas toujours de l'eau, pas de population agricole, et comme communications, le télégraphe et une mauvaise cariole qui fait tous les deux jours le service de Bel-Abbès, en transportant voyageurs et dépêches, à travers des chemins défoncés et des plaines incultes; et touchant aux villages de la Tenira, du Telaghr, la ferme de Tralimet.

*
* *

Si-Lala, oncle de Si-Hamza, tient toujours la campagne dans le sud de la province d'Oran; les tribus qui suivent la fortune de ce marabout fanatique ont été refoulées dans le désert à la suite de la campagne de 1864-1865. Leurs ressources ne pouvant durer éternellement, on s'attend chaque jour à les voir reparaître dans le Tell, pour s'y ravitailler. Afin de parer à cette éventualité, tous les défilés de l'Atlas sont gardés, et des colonnes mobiles ont été formées à Daya, Saïda et Sebdou.

Après les fatigues, le repos ; mais que faire au milieu de la solitude de Daya ? Là, comme à bord des navires durant de longues traversées, tout est prévu, pour faire diversion à la solitude. Chanzy eut l'idée d'y faire établir un théâtre, et nos soldats que rien ne surprend, trouvèrent le moyen d'installer au milieu du camp, une salle de spectacle, en plein air, en forme d'hémicycle ou de fer à cheval, et dans laquelle rien ne manquait, ni les décors, ni les costumes. Spectateurs et acteurs en faisaient tous les frais. Chacun avait son emploi : un caporal du train, aux yeux bleus, aux cheveux d'un blond cendré, à la figure imberbe, remplissait le rôle de l'amoureux, un grenadier, le père noble, un voltigeur, la soubrette. Les vivandières du lieu prêtaient leurs robes, leurs chapeaux, leurs bonnets. On riait à se désopiler la rate dans l'opérette-bouffe *les Deux Aveugles*; on pleurait à se fendre l'âme, dans la narration de deux vieux soldats de l'empire : *Brouillés depuis Wagram*. Dans le vaudeville intitulé : *le Caporal et la payse*, la Dejazet de l'endroit, véritable *Artémise*, excitait l'hilarité de tous, même du Colonel Chanzy qui assistait souvent à ces représentations, avec le lieutenant d'état-major

Le Mouton de Boisdeffre, arrivé depuis peu au 48e, et appelé à devenir son aide de camp, dès que les deux étoiles auront été la récompense de ses travaux en Afrique.

On ne saurait croire combien ces divertissements ont contribué à maintenir le moral des troupes, à chasser les idées noires, si souvent avant-coureurs de la nostalgie et quelquefois de la mort.

IV

A TLEMCEN

De tout temps, le pays de Tlemcen a été le théâtre de grandes luttes, et voilà bien des années que Si-Mohamed-ben Medjeboud, surnommé *la bouche d'or*, a dit : « Tlemcen est l'aire raboteuse dans laquelle se brise la fourche du moissonneur ». Combien de fois, les femmes, les enfants, les vieillards n'ont-ils pas été enfermés dans les murs de cette cité ! L'histoire de cette ville n'est, en effet, qu'un long récit de guerre, depuis le fameux siége de Tlemcen en 1286, par Ali-Saïd, frère de Bou-Yacoub, le sultan de Fez qui, pendant sept ans, tint les Beni-Zeyans assiégés, et fit construire la ville de Mansourah, dont les ruines existent encore aujourd'hui, jusqu'au blocus que le commandant Cavaignac soutint derrière les murs du Mechouar, en 1837, avec le bataillon franc.

Singulière destinée que celle de cette région, où les races chrétiennes et musulmanes semblent s'être donné rendez-vous pour livrer leurs derniers combats ! Sous les Romains, le territoire de Tlemcen n'est qu'un point secondaire de leur occupation. Les nombreux pommiers qui entourent la cité lui font donner le nom de *Pomaria.* C'est Idris, chef de la puissante tribu des Idriates, qui, pressentant l'importance de la position géographique de ce point, y jette les premiers fondements d'une grande cité, qui prend le nom de Tlemcen.

Après Idris et durant trois siècles, la ville reste stationnaire. Mais sous l'impulsion donnée par la puissance dominatrice des Almoravides, l'œuvre d'Idris se continue, s'agrandit et se complète. La civilisation succède à la barbarie et de 1080 à 1145, Tlemcen devient la ville principale de l'ouest, le point de réunion des tribus sahariennes occidentales ; puis de 1145 à 1228, sous les émirs de la famille des *Almohades*, elle en est la clef et le point de passage le plus fréquenté des nomades qui se rendent du sud-ouest dans le Tell.

En 1248, le berbère Yar'-Moracen-ben-Zeyan, chef de la famille des *Zyanètes*, enlève Tlemcen aux *Almohades*, s'y fait proclamer bey et fonde une dynastie nouvelle. Ses successeurs règnent environ trois siècles, sous le nom de sultans des Beni-Zeyans. Les premières fortifications de la ville datent de cette époque, et Tlemcen devient la ville la mieux cultivée et la mieux policée de l'Afrique.

La domination des sultans issus des Beni-Zeyans fut souvent inquiétée par ses voisins, les émirs *maronites* du Maroc et de Fez qui ne peuvent s'emparer de Tlemcen qu'en 1337, et encore par la ruse et la trahison. Ces derniers gouvernèrent la ville et ses dépendances pendant vingt-deux ans et, en 1359, elle retomba au pouvoir des descendants de Yar'-Moraçen.

Les premières années du XVIe siècle, marquent la décadence de Tlemcen. Les Espagnols s'en emparent en 1509, et deux aventuriers de génie et d'audace, les frères Barberousse, commencent le morcellement du royaume qui, en 1545, n'est plus que l'ombre de lui-même. Tlemcen devient alors le siège d'un aghalick, et pendant deux cent soixante-dix-sept ans, de 1553 à 1830, elle se débat sous l'autorité barbare de la domination turque.

En 1830, l'empereur du Maroc pense que le moment est venu de faire valoir ses prétentions sur la suzeraineté de l'Afrique occidentale, et s'en empare. Mais il la fait évacuer par ses troupes, lorsqu'Abd-el-Kader y entre, en 1834.

Le maréchal Clauzel, à son tour, s'empare de Tlemcen, le 1er Janvier 1836 : pour empêcher Abd-el-Kader, de faire de cette ville un centre d'action contre l'armée française, il y place un bey de son choix, et fait occuper le Méchouar par une petite garnison aux ordres de Cavaignac, avec l'ordre de s'y maintenir jusqu'à la dernière extrémité. L'année suivante Abd-el-Kader s'en rend maître de nouveau, et s'y installe jusqu'en 1842, date à laquelle il en est chassé, et depuis, Tlemcen n'a pas cessé d'appartenir à la France.

Chrétiens et Musulmans se sont donc rencontrés bien des fois, devant les murs de Tlemcen. On l'a vu, les rois de Tlemcen dont l'autorité, à l'origine, s'étendait des rives de la M'louia aux montagnes de Bougie, sont obligés de reconnaître au XVIe siècle, la suzeraineté des rois d'Espagne, et même d'implorer leur protection, lorsque le fameux pirate Barberousse vint les attaquer au siège même de leur puissance. Mais ce dernier perdit la vie dans cette aventure, et sa veste transformée en chappe d'église, alla orner, comme trophée de victoire, la sacristie de la cathédrale de Cordoue. Quelle que soit donc l'époque à laquelle on prenne l'histoire de Tlemcen, les paroles de Mohamed dit *Bouche d'or*, sont une vérité.

*
* *

Au mois de mars 1866, l'état-major du 48e, les 1er et 3e bataillons quittent la subdivision de Bel-Abbès, vont rejoindre à Tlemcen le 2e bataillon qui y tient garnison, et remplacer le 55e désigné pour rentrer en France.

Il faut trois jours, pour se rendre de Bel-Abbès, à Tlemcen. En arrivant au pont jeté par les Turcs sur la Saf-Saf, la campagne se déroule comme une nappe de verdure au pied de la vallée qu'ombragent de grands oliviers. Rien de plus coquet, rien de plus gracieux, de plus charmant, que les abords de la cité dans laquelle nous allons entrer : ses blanches maisons s'appuient d'un côté, aux flancs d'une montagne rocheuse qui lui jette, en cascades, ses eaux jaillissantes ; au loin, les collines succèdent aux collines, les montagnes aux montagnes, et vont se perdre dans la ligne bleue du ciel. Autant que nous pouvons en voir, dans une marche silencieuse, sur une route poudreuse, Tlemcen doit être la ville la plus riche en souvenirs pittoresques et indigènes de toute la région occidentale de l'Afrique. Chaque règne, chaque dynastie, semble y avoir laissé l'empreinte de son génie particulier. Les mosquées, les minarets, lui donnent tout à la fois un aspect noble et gracieux. Les nombreux villages, qui s'aperçoivent au travers d'arbres touffus, doivent être pour le voyageur, autant de promenades pleines de charmes et d'attraits.

La ville de Tlemcen, comme toutes celles que nous avions traversées en Afrique, sans en excepter Oran, est un mélange de luxe et de misère, d'indolence et d'activité. Ici, le tourbillon des affaires, là, le silence de la solitude. Un homme richement vêtu marche à côté d'un déguenillé; des dames européennes coudoient des femmes hideuses, allant nu-pieds, sans autre vêtement qu'une chemise en lambeaux; sans autre voile, qu'un linge malpropre, qu'elles tiennent constamment appliqué sur le nez et la bouche, ne laissant voir que deux yeux presqu'éteints, sur lesquels se peignent la tristesse et la misère.

Tlemcen est comprise entre deux enceintes. La ville, ses maisons à un étage se groupent autour d'une enceinte fortifiée appelée le Méchouar, résidence ordinaire des beys de Tlemcen, sous la domination turque; vaste enceinte de forme rectangulaire, entourée d'un mur crénelé, très haut, revêtu à l'intérieur d'un contrefort avec terrasse et auquel sont adossés des pavillons, des casernes pour l'infanterie, un hôpital, des magasins et des bâtiments élevés soit par nous, soit par les Espagnols. Deux portes voûtées y donnent accès, l'une s'ouvrant vers la ville, l'autre vers la campagne ; le pavillon qui servait de demeure et de bureau au commandant de la brigade, étant alors à proximité de cette dernière, à l'un des angles du rectangle, on y arrivait par une porte ogivale, assez étroite, mais pouvant donner passage à un cavalier. Une cour carrée, ombragée en son milieu, par un saule, précédait le corps de logis qui était lui-même entouré d'arcades rappelant les anciens cloîtres. A droite, au premier étage, se trouvaient les bureaux des officiers d'état-major, qui pouvaient, dans leurs moments de loisir, se promener sur une terrasse voutée dont le rez-de-chaussée servait de caserne à une com-

La région était très giboyeuse, la Mekerrah très poissonneuse (page 103).

pagnie d'infanterie ; à gauche, était le bureau du colonel Chanzy qui, de ses fenêtres, pouvait contempler au loin les riantes prairies de la plaine de Bou-Medyn, et la route pittoresque qui conduit à Sidi-bel-Abbès.

*
* *

La ville de Tlemcen est divisée en quatre quartiers ayant chacun leur spécialité. Ici, ce sont les fabricants de chaussures ; là, ce sont les armuriers, les marchands de fer, les bijoutiers; ailleurs les Maures qui, assis sur leurs jambes croisées, sont occupés à dévider un écheveau de fil, à confectionner des vêtements. Partout les cafés sont nombreux, mais très petits.

Le colonel Chanzy, habitait une humble maison, de style mauresque, dans la ville arabe. Chez lui, comme sous la tente, son hospitalité était proverbiale. Une sentinelle veillait à la porte de sa demeure, perdue au milieu d'un labyrinthe de rues, de places et de carrefours ; histoire de dire aux colons, comme aux arabes : le commandant supérieur habite là.

Le cercle des officiers n'est pas loin ; c'est un charmant pavillon, construit dans le style oriental au milieu d'un jardin. L'eau, en courant à travers les plates-bandes, répand partout la fraîcheur. Auprès du cercle est bâti le café, non loin d'une bibliothèque où se trouvent quelques bons et sérieux ouvrages. Car, dans les villes d'Afrique, ainsi qu'à bord d'un navire, durant les longues traversées, tout est prévu pour faire diversion aux ennuis de la solitude, cette diète de l'âme.

Le dimanche soir, il y avait spectacle. La salle de spectacle aménagée à cet effet, par ordre du colonel Chanzy, était la salle d'école d'une ancienne Medersah de la place des caravanes et convertie en magasin de dépôt pour les besoins de la garnison.

Pour donner une idée des changements qui s'opéraient dans les lieux de garnison, à cette époque, nous donnons ci-dessous, les marches et contre-marches exécutées par le 48e, pendant l'année 1867; on verra combien le commandement y était difficile.

Le 7 mars 1867, l'état-major et le 1er bataillon, quittent Tlemcen et vont tenir garnison à Bel-Abbès, où ils arrivent, le 10. Ils en repartent le 20 juin, retournent à Tlemcen et y arrivent, le 23. Le 3 juillet, ils vont relever à Sebdou, le 3e bataillon qui rentre à Tlemcen.

Le 3 février, le 2e bataillon quitte Nemours, va tenir garnison à Sidi-bel-Abbès, et fournit les détachements à Bou-Khranifis, Daya et Ben-Youb.

En juillet, le 48e occupe les emplacements suivants:

L'état-major à Sidi-bel-Abbès; Chanzy commande la subdivision, ayant pour aide de camp le lieutenant Migneret-Richard de Cendrecourt qui fait son stage au régiment.

Le 1er bataillon est à la colonne de Sebdou.

Le 2e bataillon, réparti entre Bou-Khranifis, Daya, Ben-Youb.

Le 3e bataillon, à Tlemcen, où commande le général Hugo.

Au mois d'août, le 3e bataillon quitte Tlemcen et rentre à Sidi-bel-Abbès.

Le 13 septembre, le 2e bataillon, relevé dans ses détachements, par des compagnies du 12e de ligne, rentre également à Bel-Abbès, qu'il quitte en janvier 1868, pour remplacer, à la colonne de Sebdou, le 1er bataillon qui rentre à Sidi-bel-Abbès.

* * *

L'année 1868, est l'année de la grande famine. Les Arabes décimés par la guerre, les incendies, les sauterelles, meurent par milliers.

« Le seigneur, — dit l'écriture sainte, — Le seigneur fit « souffler un vent brûlant tout le jour et toute la nuit. Le « matin, ce vent brûlant fit élever les sauterelles qui « vinrent fondre sur toute l'Egypte. Elles s'arrêtèrent dans

« toutes les terres des Egyptiens, en une quantité si « effroyable, que ni devant, ni après, on n'en vit jamais en si « grand nombre.

« Elles couvrirent toute la surface de la terre et gâtèrent « tout. Elles mangèrent toute l'herbe et tout ce qui se « trouva de fruits sur les arbres qui avaient échappé à « la grêle, et il ne resta absolument rien de vert, ni sur « les arbres, ni sur les herbes de la terre dans toute l'Egypte (1). »

Et ce n'est pas une fiction, pas plus que le langage poétique d'un prophète inspiré ; c'est le tableau exact d'un des plus cruels fléaux qui désolèrent l'Afrique, non seulement, au temps des Hébreux, mais encore à diverses époques de l'histoire du Continent noir.

En Algérie, les insurrections de 1864 et de 1865, avaient appauvri beaucoup de colons et d'indigènes. L'invasion des sauterelles qui commence en mai 1865, en ruina un plus grand nombre encore. Déjà les colonnes expéditionnaires les avaient «rencontrées aussi nombreuses que le sable du désert», dans le Tell et sur les hauts-plateaux.

Vers le 20 mai, leurs bandes s'abattent sur le territoire de Relizane dévastant les blés, les cotons des plaines de la Macta et de l'Aabra. Vers le milieu de ce même mois, elles paraissent à Mostaganem, rongeant les cultures maraîchères, détruisant les tabacs, les vignes et les figuiers. Pendant huit jours, des efforts inouis sont faits pour les en éloigner, par le bruit du tambour, du tam-tam, par le feu et la fumée. Vains efforts ! Elles résistent à tout.

En 1866, les sauterelles reviennent plus nombreuses que les années précédentes. On les signale partout, dès le commencement du printemps. Elles dévorent le blé et l'orge, à moitié murs ; laissent leurs œufs dans le sable et s'envolent. Pendant plusieurs jours, elles passent en masses très denses et très compactes, au-dessus de Tlemcen, laissant de leur sillon, dans les airs, une ombre aussi épaisse que celle d'un gros nuage. Les unes fuient vers l'ouest, les autres emportées

(1) Exode — Chap. X.

par le vent, vont tomber dans la mer près de Mostaganem et et de Nemours.

On a peine à croire à ces nuages de sauterelles dont parlent la Bible et l'histoire, à ceux qu'on vit autrefois dans le pays des Mahrathes, aux Indes, et qui n'avaient pas moins de quatre-vingts lieues de longueur, sur plusieurs pieds d'épaisseur, et cependant des faits identiques se sont produits de nos jours et sous nos yeux, dans la province d'Oran.

L'été venu, les œufs éclosent et les petites sauterelles celles qu'on nomme *les criquets*, se mettent en mouvement, au mois de juin, époque des récoltes, et continuent l'œuvre de dévastation, en ravageant tout sur leur passage. A Aïn-Noussi, elles entrent dans les maisons ; à Rivoli, on cherche à s'en débarrasser en les brûlant. A cet effet, la population le maire en tête, marche au-devant des criquets ; on creuse des tranchées, dans lesquelles on a amassé de la paille, des branchages ; on les y pousse et on les brûle à grand feu. En deux jours, on en détruit des monceaux sur de très grandes étendues.

Pendant que tous, colons et Arabes, combattent les criquets, dans le Tell ; les sauterelles grandissent dans le sud,et volent vers le nord. Rien n'arrête ces dernières, et l'Arabe de dire dans son fatalisme :

Sidna-Aissa moul'ena. Mectoub! (Notre Seigneur les pousse. C'était écrit.)

Ces légions ailées, n'étaient que les avant-gardes de celles qui devaient venir, en 1867, fondre sur notre colonie.

Dès le 10 janvier, on signale la réapparition des sauterelles, sur différents points de la province d'Oran. A la fin de mars, on les voit à Tlemcen, dans la vallée de la Saf-Saf, et sur toutes les routes environnantes. Semblables à des flocons de neige, qui tombent en brillant au soleil, elles remplissent l'air de leur vol aérien, et couvrent des espaces immenses. Des champs entiers sont dévorés en une seule journée. Depuis les dunes de l'embouchure de la Macta, jusqu'aux sables mouvants de l'Aïn-Naro, et aux bords du Chélif, les criquets pullulent. A Rivoli, à Nemours, à Mazagran, à Ben-

Youb, aux Trembles, à Tounin, à Aïn-Boudimar ; partout enfin les colons, aidés de soldats d'infanterie, travaillent jour et nuit à les détruire en les brûlant.

Mais comme une lave qui s'avance et grandit toujours, à mesure qu'on cherche à l'arrêter, ce flot envahisseur augmente sans cesse et un autre plus puissant le presse et le pousse. Les efforts des travailleurs sont impuissants ! Les sauterelles n'épargent rien ! Elles mangent les vignes, les figuiers, les feuilles des mûriers et jusqu'à l'écorce des arbres. Le sol en est tellement couvert que ni l'eau, ni le feu ne

Ils travaillent jour et nuit à les détruire en les brûlant.

les fait mourir. Chassées d'un côté, elles reviennent de l'autre.

Puis, lorsque sur un espace donné, les sauterelles ne trouvaient plus rien à manger, elle dévoraient les cadavres de celles qui étaient tuées, blessées, ou se mangeaient entre elles.

Vers le milieu de juillet, aux environs de Souk-el-Mitou une femme arabe, avait un instant déposé sur le sol, l'enfant qu'elle allaitait, pour courir contre les ennemis communs.

Mais cruelle surprise ! Quand elle revint, la pauvre petite créature était devenue la proie des sauterelles qui lui avaient déjà dévoré le nez, les yeux et les lèvres ! Elle expira peu après dans les bras de sa mère.

Voilà pourtant la puissance d'un insecte qui, à première vue, paraît inoffensif !

Les colons et les Arabes, ruinés en 1866 par les sauterelles, courbèrent la tête et attendirent que les colères du ciel fussent apaisées. Ces malheurs n'étaient que le prélude de ceux qui allaient suivre et devaient encore les éprouver : le choléra et la famine.

Lorsque les sauterelles se furent enfuies, lorsqu'un été brûlant et une sécheresse prolongée eurent fait disparaître le peu de végétation qu'elles avaient laissé, la misère succéda à la ruine, et avec la misère, les maladies, le choléra et leur cortège funèbre. A partir de ce moment, un vent de mort souffle sur l'Algérie, décime les populations, abat les faibles et frappe les forts.

Dans le courant de novembre 1867, le choléra sévit avec rigueur à Oran et à Tlemcen, et lorsqu'aux approches de l'hiver, il a cessé, en fuyant vers le Maroc, il laisse derrière lui un mal encore plus terrible : la famine ; conséquence de la sécheresse, des dévastations des sauterelles, de la misère des colons et des Arabes, et aussi de la paresse de ces derniers. La disette, l'affreuse disette règne alors sur toute l'Algérie et l'éprouve cruellement. Les Arabes meurent littéralement de faim ! Et les colons ne vivent que de privations et de soucis.

Le choléra a détruit des milliers d'Arabes; la famine en fait périr autant.

« Nous avons offensé Dieu, — disent les indigènes; — Allah est contre nous ! » Et, accroupis par terre, enveloppés paresseusement dans leurs burnous, ils se résignent et attendent patiemment la mort ou la fin de leurs maux.

Les routes sont jonchées de cadavres; les rues des villes regorgent d'Arabes déguenillés ou presque nus, de femmes, de vieillards et d'enfants hâves, maigres, hideux de misère, pleurant, hurlant la faim : triste et navrant spectacle qu'aucune plume ne saurait rendre, auquel on a peine à croire !

La charité publique a fait d'immenses sacrifices pour

remédier à cet état de choses. Le gouvernement, les chefs militaires, les administrations, les municipalités, l'armée, les colons, tous oubliant que les Arabes sont nos adversaires, réunissent leurs efforts et leur donnent des secours en argent ou en grains pour les semences, en même temps qu'ils couvrent l'Algérie de campements gardés par des fractions de troupe, où les Arabes indigents reçoivent, pendant plus de cinq mois, provisions, pain, viande et soupe.

Dans ce but, Chanzy fait occuper par les compagnies disponibles de son régiment les villages de Sidi-Lassen, de Muley-Abd-el-Kader, les fermes Michaud et Sidi-Brahim, les Trembles, Ouled-Ali, Aïn-Sefra et Aïn-Trid. Un campement de ravitaillement est installé à Assi-Dao, à quatre lieues de Bel-Abbès. Là, plus de 1.500 malheureux arabes, hommes, femmes et enfants, entassés dans des huttes malsaines et sordides, reçoivent les vivres du gouvernement sous la protection d'une section du 48e (lieutenant Simon-Duneau). Jamais plus affreux spectacle ne s'était offert à la vue de nos soldats. Beaucoup de ces misérables expiraient avant d'avoir pu manger le pain qui leur était offert; d'autres mouraient victimes de leur avidité ; quelques-uns ne pouvaient se transporter de leurs tentes aux lieux de distribution; ils se jetaient sur les portions qu'apportaient les femmes et les enfants et qu'il fallut, pour cette raison, mettre à l'abri dans un lieu spécial. Tous n'étaient couverts que de quelques haillons; leur maigreur, qui laissait percer les os, faisait peine à voir; nos soldats, toujours bons, leur donnaient souvent une partie de leur ration qu'ils versaient eux-mêmes dans les gamelles mises à la disposition des affamés.

*
* *

Tandis que Mgr Lavigerie, archevêque d'Alger, tente l'assimilation des Arabes par le christianisme sans mesures coercitives, en laissant seulement le champ libre à la persuasion et à la charité, et recueille dans deux orphelinats établis par ses soins, à Kouba pour les filles, à Ben-Aknour et à la Maison-Carrée pour les garçons, les petits Arabes restés orphelins de père et de mère, par suite de la famine et des épidémies, le colonel Chanzy tente, de son côté, l'assimilation, par l'incorporation dans son régiment, à titre d'enfants de troupe, de six à huit petits Arabes qu'il voyait chaque jour errer autour de la caserne de Sidi-bel-Abbès, auxquels il s'intéressait, sans parents sur cette terre et absolument abandonnés. Le plus âgé pouvait avoir une dizaine d'années. Ces enfants, nourris sur l'ordinaire de la troupe, habillés sur des économies de coupe, faites dans les ateliers du corps, suivirent le 48e en France, lorsqu'au mois de juillet 1868, toutes les fractions du régiment reçurent l'ordre de rentrer à l'état-major, à Sidi-bel-Abbès, pour, de là, gagner Oran et s'embarquer en octobre pour Marseille, lieu de sa garnison.

Incorporés, comme enfants de troupe, sur les contrôles de la compagnie hors-rang, ces petits Arabes suivirent les leçons d'escrime, de canne et de boxe données au corps et furent admis à l'école des Frères de la rue Saint-Charles. Tout Marseille doit se rappeler ce petit négrillon, à la mine éveillée et enjouée, aux allures décidées, qui, un fifre à la main, dirigeait tous les dimanches, à la retraite, six ou sept bambins, comme lui, rangés sur un rang derrière les tambours du 48e, pour accompagner avec des fifres la retraite qui, ces jours-là, rentrait à la caserne Saint-Charles, en remontant la Cannebière et les allées de Meilhan. Ce sont des hommes aujourd'hui. Que sont-ils devenus?

L'auteur de ces lignes n'a pu retrouver que le nom du plus jeune d'entre eux : *Ahmet-ben-Akouba*, engagé volontaire, pour quatre ans, au 2e régiment de tirailleurs algériens, le 9 février 1879, venant des enfants de troupe du 48e (1).

Le système de l'assimilation de la race arabe à la race française était trouvé, et Chanzy en fera l'application vingt ans après, d'une façon très correcte et très judicieuse, comme gouverneur général de l'Algérie.

(1) Renseignement fourni par la matricule du 48e.

* * *

« Le colonel Chanzy, — écrit le général Deligny au gouverneur de l'Algérie, maréchal de Mac-Mahon, — désire vivement continuer à servir en Algérie, et ce désir s'accorde avec l'intérêt de la colonie; il serait difficile de le remplacer dans son commandement et de rencontrer dans son successeur autant de valeur intrinsèque unie à une aussi grande connaissance des hommes et des choses de ce pays. »

Chanzy fut donc maintenu en Algérie et placé, dès le 18 septembre, à la tête du 92e de ligne en remplacement du colonel Turnier qui prenait sa retraite, laissant le commandement du 48e au lieutenant-colonel Fraboulet de Kerléadec.

Deux mois après, Chanzy était nommé général de brigade (14 décembre 1868) et prenait, comme titulaire, le commandement de la subdivision de Bel-Abbès qu'il exerçait temporairement depuis plus de dix-huit mois.

V

L'OUED-GHIR

Depuis la disparition de Sidi-Hamza, chef de l'importante tribu des Ouled-Sidi Cheikh, mort, à Alger, en prenant un bain maure, ses héritiers n'avaient pas suivi la même ligne politique que lui. La fraction s'était divisée d'opinions. Une partie restait fidèle à la France; l'autre s'était mise en hostilité ouverte avec elle.

Si Khadour, chef du parti hostile, n'a cessé depuis de tourmenter la fraction qui nous est soumise, tire son origine d'une tribu remontant à Noë, par conséquent au déluge, et dont les possessions, au sud, touchent nos tribus sahariennes frontières de Sebdou. Il recrute des adhérents, non seulement dans la région marocaine, mais aussi parmi les mécontents du sud Oranais, obéissant au chérif Mohamed-ben-Slissen, résidant à In-Çalah.

De ces deux points, des incursions viennent porter le trouble chez nos tribus amies. Bien qu'il ne s'agisse, en réalité, que de pillards et de coupeurs de route, il était impossible de les laisser agir librement, en abandonnant nos partisans à des déprédations périodiques.

Dans les premiers jours de l'année 1870, nos tribus Sahariennes du sud-ouest Oranais, fatiguées des coups de main dont elles étaient sans cesse menacées, firent connaître au général commandant la province que si elles ne pouvaient compter sur une protection efficace de nos troupes, elles se verraient forcées de faire cause commune avec l'ennemi, n'ayant pas d'autres ressources que de trahir, ou de se refugier dans le Tell avec leurs familles, leurs troupeaux et leurs biens. Il fallait frapper un grand coup, et châtier les perturbateurs, jusque sur leur territoire. Le général de Wimpfen, homme énergique, connaissant bien la colonie, n'hésita pas, et une expédition fut ordonnée pour les premiers jours du mois de Mars.

La colonne est ainsi organisée :

Colonne *légère*, ou d'avant-garde; (colonel de Lajaille du 2e chasseurs d'Afrique) :

Quatre escadrons du 2e chasseurs d'Afrique.
Trois compagnies du 2e tirailleurs algériens.
Une section d'artillerie.
Une ambulance légère.
Total cinq cents chevaux et trois cents fantassins.

Colonne *principale :*

Commandant en chef : Général de Wimpfen.
Aide de camp : commandant Déaddé ;
Officier d'ordonnance : lieutenant Harschmitt du 2e tirailleurs algériens.
Chef d'état-major : lieutenant-colonel de la Sougeole.
Officiers attachés à l'état-major. { Capitaines Clauset, de Chabanne de la Palisse, Kessler.
Chef du bureau arabe d'Oran : Capitaine Crouzet
Interprète militaire : Gourgeot ;
Service administratif : adjoint de 1re classe, du Marché.

Deux brigades sous les ordres des généraux Chanzy et de

Colomb, et composées de dix compagnies du 2e zouaves, de douze escadrons tirés des 2e et 4e chasseurs d'Afrique, 2e spahis et 1er chasseurs de France, avec deux sections d'artillerie, une section du génie et une ambulance. Les troupes de cette seconde colonne provenaient des subdivisions de Sidi-bel-Abbès, de Tlemcen, d'Oran et de Mascara.

Il y avait en outre un goum de six-cents chevaux, sous les ordres de Si-Sliman-ben-Kaddour (1).

Les approvisionnements nécessaires furent réunis à Sebdou et à El-Haricha. Le point de concentration choisi pour base d'opération, Aïn-ben-Khelil, reçut pour garnison une compagnie de zouaves et trois escadrons, tirés des 2e spahis 4e chasseurs d'Afrique, et du 1er chasseurs de France. C'est delà que commençèrent véritablement les opérations actives de la colonne principale.

Il ne pouvait suffire de poursuivre l'ennemi au delà de la frontière; il fallait aller le trouver, jusque dans ses campements les plus éloignés. La colonne française fut donc outillée de manière à pouvoir pousser au loin une pointe hardie, frapper un coup retentissant, et aller combattre l'ennemi, dans ses demeures habituelles, quelle que fût la distance.

Nous ne nous étendrons pas sur le détail des mouvements préparatoires; bornons-nous à considérer la tête de nos colonnes, à Iche, le 1er avril, à moins d'un myriamètre de la frontière marocaine, un peu au Sud-Ouest d'Aïn-Sefisifia (*la Fontaine des palmiers*). De là se dirigeant vers l'ouest, nos troupes sont, le 4 avril au soir, à Aïn-Defla (*Fontaine du laurier rose*), dans le pays de Tamelelt. Le 6, la cavalerie et le goum, sous les ordres directs du général Chanzy, arrivent à Mengoub, où l'infanterie s'est ralliée le soir. La colonne prend alors la direction du sud, campe le 8, à la pointe occidentale du Djabel-el-Akhdar, au K'sar Bou-Kaïs, et le 10 au K'sar-Kenadsa, dans l'ouest du Djebel-Bechar. Le lendemain, elle se porte à l'occident, pour D'jorf-el-Torba

(1) Brave indigène dévoué à notre cause, décoré en 1864, alors qu'il n'avait que dix-huit ans, à la suite d'un combat où il avait été blessé.

(*la berge de la terre à savon*), à trente kilomètres de Oenadsa, sur la rive gauche de l'Oued-Ghir.

Le grand fleuve visité par les Romains en l'an 41 avant notre ère, était atteint. Après dix-huit-cent-vingt-neuf ans, des Européens, des Latins repassaient cette même rivière, où se montrèrent jadis les légions romaines conduites par le prèteur Suetonius Paulinus. Comme nous le dit Lamartine : « Il y a des lieux sur la terre, qui semblent avoir leur destinée, et sont marqués du sceau d'une glorieuse fatalité (1) ».

Ce rapprochement ne manque pas d'intérêt ; il en acquiert d'avantage encore, si nous faisons remarquer, en passant, que le pouvoir civil fut inauguré dans l'Afrique romaine après l'expédition du prèteur Suetonius Paulinus à l'Oued-Ghir (2), comme le fût aussi le régime civil dans l'Afrique française, à la suite également de l'expédition du général de Wimpfen, à cette même rivière.

* * *

Cette digression faite, revenons à la colonne française campée à Djorf-el-Torba. L'ennemi s'était retiré au delà de l'Oued-Ghir. Il fallait s'attacher à ses pas.

Nous nous trouvions au centre des cultures des Doui-Menia. Nous dirigeant encore une fois vers le sud, nous longeons l'Oued-Ghir qui décrit une grande courbe, nous bivouaquons de nouveau sur ses bords, à El-Béhariat, où nous arrivons le 13 avril, à six heures et demie du soir. Non loin de là se trouvait une position très forte, où, selon toute apparence, l'ennemi viendrait nous attaquer, s'il ne voulait entrer en négociation. Le général de Wimpfen passe sur la rive droite de l'Oued-Ghir, prend position sur un petit plateau bordé de berges presqu'abruptes, dans un endroit bien aéré, à proximité de l'eau, du bois et dominant la rivière, à Oum-

(1) *Voyage en Orient.*
(2) Le Ghis des Romains.

Dribina, presqu'en face d'El-Touniat et du confluent de l'Oued-bou-Dib.

La rencontre si longtemps cherchée, est proche. Les pillards du Maroc veulent tenter le sort des armes. Ils sont las de reculer. Leur position leur donne une téméraire confiance.

Dans cette horizontalité du sol, l'œil semble ne contempler que l'infini. Aucun obstacle, aucun point saillant, aucun plan accusé ne se dessine. De légères ondulations à peine garnies par endroits d'une chétive végétation, mouvementent seules l'uniformité de ce steppe africain. Au loin, se découpent sur le ciel bleu, des dunes de sable (*gour*) qu'on pourrait prendre pour les immenses remparts de quelque cité fabuleuse.

Cinq à six mille combattants sont établis dans ces dunes, leur front couvert par une plaine marécageuse coupée de canaux et de dérivations de l'Oued-Ghir. Ils attendent l'attaque dans cette position admirablement choisie.

L'aile droite de la ligne française, sous les ordre du général Chanzy est formée par le goum de Sidi-bel-Abbès, par deux escadrons de chasseurs d'Afrique et une compagnie de zouaves ; le centre, sous le commandement direct du général de Wimpfen, est formé de cinq compagnies de zouaves, ayant en réserve quatre autres compagnies de zouaves, sous les ordres du brave lieutenant-colonel Détrie. La gauche,aux ordres du général de Colomb, est composée des spahis, des tirailleurs algériens et des goums de Mascara. L'artillerie à deux pièces à droite, et deux autres à gauche du centre sur les bords de la rivière, dans une position favorable.

L'attaque commence le 15 avril, à onze heures et demie. Nos troupes abordent l'ennemi, avec cet entrain bien connu et toujours admirable. Malgré la difficulté du terrain et une résistance opiniâtre, les Arabes sont débusqués et mis en déroute avec des pertes considérables.

Effrayés de cette action vigoureuse, ils font le soir même des propositions magnifiques, offrant les garanties nécessaires, des ôtages ; leur soumission est acceptée.

L'expédition avait atteint son but.

La colonne remonta alors vers le nord, en obliquant un peu vers l'est, et revint directement au K'sar Kenadsa, où elle arrivait le 21 avril.

Pour assurer ses approvisionnements au retour, le général de Wimpfen avait établi un poste provisoire au K'sar Bou-Khaïs. Pendant son absence, les Beni-Ghill, essayèrent d'enlever ce poste. Les communications interceptées par l'ennemi ne permirent au général de Wimpfen d'avoir connaissance de cette agression, qu'en arrivant à Bou-Khaïs, le 22 avril.

La conduite des Beni-Ghill ne pouvait rester impunie. Au lieu de se rendre directement de Bou-Kaïs à Mengoub, la colonne française se dirigea vers le nord, nord-ouest, sur le K'sar d'Aïn-Chair, où des contingents de la tribu hostile s'étaient retirés en force considérable.

Le général de Wimpfen, parut, le 24, devant cette oasis.

Une leçon était nécessaire ; elle fut donnée.

Aïn-Chair un des points importants de cette oasis qui s'étend jusqu'à Géryville, est l'endroit où les nomades de cette région viennent concentrer leurs ensilotements et leurs approvisionnements de toutes sortes. C'est un point d'appui excellent pour une insurrection qui y trouve les objets matériels dont elle a besoin et un refuge assuré en cas d'échec sur notre territoire.

Le 28 avril, on y attaqua l'ennemi qui fit des propositions de paix et offrit sa soumission dès le lendemain.

La colonne française ayant terminé glorieusement sa mission quitta Aïn-Chair, le 28, et reprenant à peu de chose près la route qu'elle avait suivie une première fois, se trouvait le 30 au bivouac d'Aïn-Defla. Le 7 mai, elle campait à Aïn-ben-Khelil, d'où la colonne fut disloquée, et les différents corps reprirent le chemin de leurs garnisons respectives.

Le général Chanzy rentrait à Bel-Abbès, le 10 mai, et le général de Wimpfen, à Oran, le 12.

Cette rapide et décisive expédition, à 200 lieues du littoral dans un pays inexploré jusqu'à ce jour, détruisait pour longtemps, la confédération des Zegdou, et lorsqu'éclata,

Le cercle des officiers à Tlemcen (page 115).
(D'après les photographies de l'auteur.)

l'année suivante, la formidable insurrection de 1871, les tribus marocaines, voisines de la frontière, ne bougèrent pas et se souvinrent de la bataille d'El-Behariat et du combat d'Aïn-Chair.

Un mois après, sa rentrée à Bel-Abbès, Chanzy était nommé commandeur de la légion d'honneur (10 juin 1870).

Nous entrons maintenant dans la période la plus mouvementée de l'existence de Chanzy, celle qui le résume tout entier. Nous allons le voir, dans les chapitres suivants, devenu le dernier champion de l'armée, contre les envahissements de l'élément civil, en matière de direction militaire. Partout, depuis lui, l'élément civil a triomphé, et l'histoire dira à nos petits-enfants, si cette immixtion constante des députés dans nos affaires militaires a assuré à la France la stabilité, l'honneur et la sécurité.

CHAPITRE IV

La Guerre Franco-Allemande

Novembre 1870 — Janvier 1871

I

COULMIERS (9 novembre 1870)

Les éclatants succès « de 1867, ne devaient être que la « première étape « de la monarchie « prussienne, dans « la voie des conquêtes, où la « poussait, avec un « rare bonheur « une politique faite « de rancunes et « d'avidité. Malgré « l'attitude pacifique de la France, « devant l'écrasement de l'Autriche et l'annexion des petits états de « l'Allemagne ; malgré un demi-siècle de relations

« amicales; malgré Leipsick; malgré Waterloo, malgré « deux invasions, la Prusse n'avait pas oublié Iéna. Comme « en 1813, ses historiens, ses poëtes soufflaient dans tous « les cœurs, avec l'idée de l'unité allemande, la haine « du nom français et l'ardent désir de la guerre. Affai- « blie par la guerre du Mexique, agitée par l'élévation « des budgets et l'accroissement des dépenses, troublée par « le réveil des partis politiques un instant assoupis, la « France avait vainement employé les ressources de la diplo- « matie, pour conjurer un orage naissant. La guerre évitée, « comme par miracle, en 1867, au sujet du Luxembourg, « était inévitable, en 1870. L'occupation de la couronne « d'Espagne, par un prince de Hohenzolern, de la maison « royale de Prusse, fut l'étincelle qui fit éclater ce redoutable « conflit.

« Le gouvernement français regarda l'acquiescement, « tacite du roi de Prusse, comme un défi et une menace. « Le 14 juillet, il faisait connaître au corps législatif qu'il « était décidé à recourir à la force des armes, pour sauve- « garder les droits de la France, et se jetait, tête baissée, « dans une aventure qui devait le conduire à la défaite de « nos armées, à la chute de l'empire, l'invasion de la France, « à la ruine du pays (1). »

La concentration des troupes sur nos frontières de l'est, commence dès le 15 juillet. Nous n'avons rien à dire des luttes épiques qui marquent les débuts de la campagne qui s'ouvre; elles n'entrent pas dans le cadre de ces récits. Peu à peu, l'invasion allemande s'étend méthodiquement, avec une implacable puissance; en quatre mois, elle se répand dans plus de vingt départements. Ce sont quatre mois de combat contre quatorze corps d'armée, sans compter la garde prussienne, la cavalerie divisionnaire, les sections de chemins de fer et les troupes d'étapes, destinées à assurer les communications en territoire français. Sous Paris, six corps d'armée, la garde et une division wurtembergeoise, y maintenaient un étroit blocus. Après la chute de Strasbourg

(1) *Historique du 40e d'infanterie*, Emile Coste.

le général Von Verder qui commandait le XIVe corps d'armée, avait pu s'avancer à travers les Vosges et était entré à Dijon, le 31 octobre. Après la chute de Metz, les II et VIIe corps, sous les ordres du général de Manteuffel, réduisaient Amiens le 29 novembre, et entraient dans la ville de Rouen, cinq jours après. Les IXe et XIIe corps sous la conduite du prince Frédéric-Charles, marchaient sur Orléans. Enfin un VIIIe corps, tiré de Metz également, occupait un poste intermédiaire à Châtillon-sur-Seine, de façon à se porter vers Paris, ou vers Dijon, vers le nord, et sur la Loire, suivant les nécessités de la guerre. Voilà l'ensemble des forces que nous avions à combattre, avec une armée de conscrits et des soldats improvisés. C'était la lutte de la puissance organisée, disciplinée, victorieuse, contre une armée désorganisée, qui n'avait à opposer à l'ennemi que le désordre et l'incohérence des directions à lui donner.

Les forces qui, en province, allaient se mesurer contre l'armée allemande, se formaient lentement. On sentait aux hésitations qui entravaient leur constitution, l'absence en haut lieu d'un esprit supérieur, capable d'embrasser d'un coup d'œil une situation critique, qui s'aggravait d'heure en heure. Soit que l'on voulût ouvrir des négociations, soit que l'on fût obligé de continuer la guerre, il fallait une armée nombreuse, bien outillée et prête à faire campagne. Pour conjurer le mal à sa naissance, le gouvernement envoyait à Tours le tribun Gambetta, plus apte à faire des discours ronflants, qu'à diriger nos armées. Dans cet immense travail d'organisation d'un véritable chaos, la capitale de la Touraine, devint une immense auberge, où fourmillaient toutes les ambitions, toutes les intrigues et le dévouement de quelques uns. Il y avait foule, au ministère de la guerre, où avaient libre accès les quémandeurs, les talents soit-disant méconnus, les faiseurs de plans. En ville, les magasins étaient plus ou moins transformés en bazars de voyage, où les moindres objets atteignaient des prix fabuleux. Les rues étaient sillonnées de soldats de toutes pelures; les corps francs y abondaient, rivalisant de bizarreries de costumes ; ils étaient coiffés de toques, de chapeaux mous, de képis, de bérets, mais toujours avec la traditionnelle plume de coq; les vareuses étaient en velours, en flanelle, en drap; noires, rouges, marron; on eût dit que les souvenirs d'opéras comiques, avaient présidé au choix des costumes. Leurs allures étaient, généralement indépendantes et fanfaronnes.

La transition entre les corps francs et les troupes de ligne, étaient les gardes mobiles, peu disciplinés, arrachés brusquement, au bien être de la vie aisée et ne demandant qu'à concilier les rigueurs de la vie militaire, avec la recherche du mieux.

L'armée régulière était campée hors de la ville de Tours, à l'extrémité des allées de Grammont, dans une boue profonde que les pluies entretenaient depuis plusieurs jours à l'état liquide. Ce fut dans ce marécage que se dirigèrent, de toutes les garnisons, les détachements destinés à constituer les régiments de marche de nouvelle formation.

Les cadres résultant du mode de formation de ces derniers laissaient à désirer, au point de vue de l'expérience, et des connaissances professionnelles, bien que des échappés de Sedan et de Metz, fussent venus apporter à la jeune armée, un renfort précieux. Dans les grades de lieutenant et de sous lieutenant, se trouvaient trop de jeunes gens, et d'anciens sous-officiers qui, en temps ordinaires ne seraient jamais parvenus à l'épaulette. Mais, à partir du grade de capitaine, les cadres étaient composés d'anciens officiers, dont le niveau moral et intellectuel, était certainement à hauteur de celui des officiers de l'armée prisonnière.

Quant aux cadres de sous-officiers et de caporaux, ils manquaient absolument de connaissances et de l'autorité morale nécessaires au commandement.

C'est à ce moment là que Chanzy arrive à l'armée de la Loire, dans laquelle il avait été nommé général de division, le 20 octobre 1870, pour prendre le commandement d'une division du 16e corps, puis peu après du corps tout entier. Le général Pourcet, son chef jusqu'alors, étant subitement tombé malade, le 2 novembre.

Quelle est alors, la situation militaire de l'armée de la Loire?

Le général Von der Thann, maître du passage de la Loire, menace Tours par les deux rives du fleuve. Les débris du corps de la Motte-Rouge se sont repliés vers Salbris, se reliant par Romorantin et Chambord, aux troupes que le gouvernement envoie vers Blois. Le général d'Aurelles de Paladine, organise à l'ouest d'Orléans, une nouvelle armée, aux environs du Cher, et couvre le pays compris entre Beaugency et la forêt de Marchenoir.

Le grand duc de Mecklembourg, après avoir flanqué la marche du général von der Thann sur Orléans, s'est rabattu à l'ouest et occupe Châteaudun, puis Chartres. De là, par un grand mouvement de conversion sur sa gauche, il a rejeté vers Le Mans, les forces françaises éparses et à peine organisées, qui tiennent la campagne, dans les départements de la Sarthe et d'Eure-et-Loir, s'est rapproché de Saint-Calais, pour menacer, en même temps, Le Mans et Tours. Le Loir, depuis Vendôme jusqu'à Châteaudun, n'est occupé que par des troupes irrégulières et les gardes nationales locales. De Vendôme à Château-du-Loir, il n'y a pas de troupes françaises, et l'on peut craindre que le duc de Mecklembourg s'empare de Montoire, ou de La Châtre, pour marcher sur Tours.

Pour parer à cette éventualité, on crée, au nord de Tours, un camp retranché destiné à couvrir la ville et à protéger la délégation du gouvernement de la Défense nationale contre un coup de main exécuté contre le plateau de Notre-Dame Doë.

*
* *

Nommé au commandement du 16e corps, Chanzy a sous ses ordres trois divisions commandées par le vice-amiral Jauréguiberry, les généraux Barry et Morandy, ces deux derniers venant d'Afrique, où le premier commandait la subdivision de Batna, le second le 1er régiment de tirailleurs algériens. Son quartier-général est à Marchenoir; son chef d'état-major, le colonel Vuillemot, ancien chef d'état-major de la province d'Alger, qu'il connaissait particulièrement;

son aide de camp, le capitaine d'état-major Marois; son officier d'ordonnance, le lieutenant Bernard, du régiment des cuirassiers de la garde impériale.

Les 15e et 16e corps formaient ce qu'on appelait alors l'armée de la Loire, sous les ordres du général d'Aurelles de Paladine, tiré du cadre de réserve, robuste encore, malgré ses soixante-six ans bien sonnés, et qui venait de remplacer le général de la Motte-Rouge, dont les recrues, trop hâtivement menées à l'ennemi, venaient d'éprouver un échec en avant d'Orléans.

« C'est au général d'Aurelles de Paladine, — écrira plus tard Chanzy, — c'est à son énergie, à son expérience et à ses hautes capacités militaires que la France doit ces premières formations; les corps d'armée créés par lui devinrent le type de tous ceux que la délégation du gouvernement, en province, fit surgir depuis. Qu'on ne perde pas de vue, à ce sujet, si l'on veut être équitable, la situation dans laquelle se trouvait le pays, les difficultés qu'il fallait surmonter. Qu'on se rappelle enfin l'impression causée par ces créations incroyables sur nos ennemis et sur toutes les puissances de l'Europe, qui, malgré leur indifférence, durent applaudir aux efforts sublimes d'une grande nation se raidissant contre la mauvaise fortune (1). »

Les Allemands ne tardèrent pas à se préoccuper de cette armée nouvelle, qui, sortie — on ne sait d'où, — apparaissait tout à coup devant eux, arrêtait leurs reconnaissances, s'emparait de leurs réquisitions et leur barrait le chemin, pour arriver au cœur même du pays.

Dès le 7 novembre, deux bataillons bavarois, 1.500 cavaliers prussiens et deux pièces d'artillerie se heurtent, en avant de la forêt de Marchenoir, aux mobiles du Loir-et-Cher et au 3e bataillon de chasseurs à pied (commandant Thomas), qui font la plus héroïque contenance, bien qu'en terrain découvert et sous un feu d'artillerie violent, laissant ainsi le temps au général Abdelal, ancien colonel du 1er spahis, qui commandait une des brigades de cavalerie

(1) Chanzy, *La deuxième armée de la Loire.*

du 16e corps, d'accourir au bruit de la fusillade, de charger l'ennemi et de faire prisonniers une centaine de Bavarois enfermés dans le village de la Vallière qu'ils n'avaient pas eu le temps d'évacuer.

Depuis leur victoire d'Arthenay, les Allemands occupaient Orléans (11 octobre 1870). Se sentant menacés dans la capitale du Loiret, ils avaient résolu d'aller au-devant des Français dont les 17e, 18e, 19e et 20e corps, en voie de formation, venaient de prendre position au nord d'Orléans, sur la ligne Châteaudun-Arthenay-Pithiviers; les 15e et 16e corps (généraux Martin des Pallières et Chanzy) au centre, entre Chevilles et Saint-Peray; le 17e corps (général de Sonis) à Châteaudun, à l'aile gauche; les 18e et 20e corps (généraux Bourbaki et Crouzat) se tenant à l'aile droite, au nord de la forêt d'Orléans. Ces forces vont lutter contre celles du général von der Thann, qui commande le 1er corps bavarois auquel on avait adjoint la 22e division hessoise (général-major de Vittich); les 4e et 6e divisions de cavalerie (généraux-majors de Schmitt et prince Albert de Prusse), qui venaient d'arriver à Chartres, venant de Rambouillet et de l'armée allemande sous Paris. Von der Thann croyait peu à notre armée de la Loire, bien qu'il eût déjà rencontré de la résistance autour de lui; l'immobilité des forces françaises dans les premiers jours de novembre le trompa à ce point qu'il ne s'aperçut pas du passage de deux divisions du 15e corps sur la rive droite de la Loire. Ce n'est que le 8 novembre que ses reconnaissances lui firent connaître nos mouvements du côté de Beaugency. Il abandonne alors la ville d'Orléans qu'il laisse à la garde seulement de quelques régiments bavarois, et, dans la nuit du 8 au 9, il va prendre position à l'ouest de la ville, sur une basse ligne de défense s'étendant du nord au sud, de Bacon à Saint-Sigismond, par Coulmiers. Cette résolution, différée seulement de vingt-quatre heures, eût mis le général bavarois dans une situation critique; car, au lieu de s'y rencontrer seulement à Coulmiers avec les deux corps d'armée du général d'Aurelles, il aurait eu affaire à un troisième (le 19e) qu'amenait le général Martin des Pallières, mais qui arriva trop tard.

Qu'allaient faire maintenant les deux corps de l'armée française qui vont être engagés et constituaient à eux seuls, à cette date, ce qu'on appelait alors l'armée de la Loire?

Examinons le terrain : c'est un quadrilatère irrégulier dont les quatre angles ont leur sommet à Blois, Orléans, Châteaudun et Vendôme. La Loire et le Loir forment les deux côtés est et ouest, la route d'Orléans à Châteaudun en est le côté nord; celle de Blois à Vendôme, le côté sud; la forêt de Marchenoir en constitue le centre. Il s'agissait pour le général d'Aurelles de s'avancer au delà de la forêt de Marchenoir, pour éviter d'être acculé à la Loire par un mouvement offensif de l'ennemi. Ses deux corps d'armée présentaient un effectif d'environ 50.000 hommes; mais les neuf dixièmes ne voyaient le feu que pour la première fois; de plus, son artillerie était inférieure : 100 canons, contre 132 pièces prussiennes, se chargeant par la culasse.

Le général français s'avance donc prudemment, protégé sur sa gauche par la cavalerie des généraux Reyau et Ressayre, et sur sa droite, par les partisans d'un hardi chef vendéen, Cathelineau, auquel on avait ajouté un millier d'hommes réunis en toute hâte à Salbris pour garder la route de la Sologne.

Le pays où vont se rencontrer les deux armées est cette vaste plaine de la Beauce, tout à la fois riche et mélancolique, qui s'étend entre Meung, Orléans et Patay, parsemée de vieux manoirs et d'opulentes fermes.

Dans la nuit du 8 au 9 novembre, les deux armées se trouvaient absolument en présence : on ne pouvait plus faire un pas sans se heurter; les Bavarois à Bacon, Coulmiers, Epieds, Champs et Saint-Sigismond; les Français à Cravant, à Ozouer-le-Marché, Prenouvellon, et le général Chanzy, dans son ordre de marche de la veille, résume ainsi la situation pour le 16e corps : « On débusquera l'ennemi de Chassonville, Epieds, Coulmiers, Saint-Sigismond; puis on exécutera un mouvement tournant, de façon à occuper solidement, à la fin de la journée, la route de Châteaudun à Orléans. » C'était là, le programme de la bataille de Coulmiers.

Ce plan, — disons-le en passant, — était habilement conçu. Le général Martin des Pallières, remontant la Loire avec son corps d'armée de 25 à 30.000 hommes, arrivait, pendant ce temps-là, sur les derrières de l'ennemi, à travers la forêt d'Orléans. Le 15e corps rejoignait le 16e sur la rive droite de la Loire, à Blois, et toutes ces forces réunies, appuyées sur la forêt de Marchenoir, s'avançaient sous le commandement en chef du général d'Aurelles contre les Bavarois. Ces deux attaques combinées pouvaient avoir les plus grands résultats si elles avaient pu réussir, et si surtout Martin des Pallières eût pu arriver à temps; mais il lui fallait trois jours au moins pour gagner le théâtre de la lutte au moment décisif, et il ne pouvait entrer en ligne que le 10 ou le 11. Le succès a donc tenu à bien peu de choses; tant il est vrai qu'à la guerre les heures sont précieuses.

Le 9 novembre, au petit jour, tout le monde est sur pieds. Les régiments se forment en silence et gagnent les emplacements qui leur ont été indiqués pour marcher à l'ennemi. Le temps est froid, le ciel brumeux, des pluies récentes y ont détrempé les terres labourées. Mais le brouillard du matin, en se dissipant sous les pâles rayons d'un soleil d'hiver, laisse apercevoir notre armée rangée en bataille sur deux lignes, attendant le combat dans un ordre parfait, se déroulant, en masses sombres, dans ces campagnes nues et à peine accidentées de la Beauce, dont l'horizon n'est marqué que d'un seul point saillant, le bourg de Bacon qui domine la plaine et qu'occupent les Bavarois. Au loin, vers la Loire, des bouquets d'arbres indiquent l'emplacement des châteaux et des fermes. Les reconnaissances exécutées sur le front de l'armée française n'ont signalé aucun mouvement de l'ennemi, et vers huit heures du matin, conformément aux ordres donnés, nos colonnes s'ébranlent, le 15e corps à droite, ayant pour objectif Bacon et la Renardière, le 16e corps à gauche, marchant sur Coulmiers, Cheminiers, Champs, Ormetean, Saint-Sigismond.

Il est neuf heures et demie du matin, lorsque le canon commence à tonner vers la droite. C'est le 15e corps qui se trouve en contact avec l'ennemi du côté de Bacon, Von der

Thann en avait crénelé les murs, les maisons, barricadé les rues, y avait élevé des retranchements en terres qu'il fallait escalader malgré de nombreux tirailleurs embusqués dans les carrières. Les soldats du général Peytavin, emportent d'assaut cette position au cri éminemment français : *à la baïonnette* et une lutte corps à corps s'engage. Une fois maîtres de Bacon, nos soldats poussent un peu plus loin, arrivent au château de la Renardière, dont ils s'emparent également.

Au centre, dès le commencement de la lutte, une division du 16e corps s'est mise en mouvement sur Coulmiers. L'artillerie bavaroise la couvre d'obus, retarde sa marche, et ne lui permet d'être engagée sérieusement que vers midi, heure à laquelle l'amiral Jauréguiberry parvient à s'emparer du village de Champs. Pendant plusieurs heures la division Barry dispute avec acharnement à l'ennemi, les jardins, puis l'entrée de Coulmiers. Le général lui-même met l'épée à la main, enlève les hommes de la colonne d'attaque, au cri de *vive la France!* et les entraîne dans le village en flammes. Enfin, vers quatre heures, Chanzy reste définitivement maître de Coulmiers.

Von der Thann recule alors pour protéger sa ligne de retraite, s'arrête à une ferme voisine de Coulmiers, tente un dernier effort infructueux et se replie à la faveur de l'obscurité sur Janville et sur Tourry.

A ce moment, une pluie mêlée de neige tombe avec une telle abondance qu'on ne peut rien distinguer. Ce n'est que le lendemain que Jauréguiberry, saisissant la portée de la défaite de l'ennemi, lance à sa poursuite le peu de cavalerie dont il dispose (trente dragons et quinze hussards qui constituent son escorte). Prévenu par un habitant de Patay, le docteur Verdineau, qu'une colonne ennemie en désordre fuyait par la route de Patay, son chef d'état-major, le commandant Lambilly se met à la tête de cette petite troupe de cavaliers, se lance à la poursuite de l'ennemi, et est assez heureux pour s'emparer de deux pièces d'artillerie attelées, vingt-cinq caissons de munitions, trente voitures de bagages et un certain nombre de prisonniers.

*
* *

Deux circonstances nous manquèrent pour compléter notre victoire de Coulmiers : la cavalerie du général Reyau, qui ayant pour mission de couvrir le flanc gauche de notre armée, et de couper la retraite de l'ennemi, sur la route de Paris, n'avait pu arriver à temps; puis le général Martin des Paillières qui devant avoir un rôle essentiel dans la bataille avait été retardé dans sa marche. Mais lui, ce n'était pas sa faute. Le 8, il traversait Châteauneuf; le 9, il arrivait à la hauteur de la route d'Orléans à Pithiviers, faisant onze lieues dans la journée, et ses soldats marchant quatorze heures, sans prendre ni repos, ni nourriture, sans laisser de traînards, montrant autant d'énergie que de bonne volonté, mais arrivant avec des troupes harassées, à Fleurey, non loin d'Orléans et ne pouvant plus rien, puisque l'ennemi s'était dérobé le lendemain.

Quoique incomplète, cette victoire de Coulmiers était un retour de fortune. Les volontaires vendéens de Cathelineau étaient à Orléans, faisant aux Bavarois plus de deux mille prisonniers.

Cette armée de la Loire qui reprenait Orléans a fait l'admiration de l'Europe, et le général d'Aurelles, modeste dans la victoire, comme l'est tout homme de guerre qui met la patrie au-dessus des passions politiques, de dire modestement à ses troupes, le lendemain de la bataille de Coulmiers :

« Officiers, sous-officiers et soldats de l'armée de la Loire !
« La journée d'hier a été heureuse pour nos armes; toutes
« les positions attaquées ont été enlevées avec vigueur;
« l'ennemi est en retraite.

« Le gouvernement informé par moi de votre conduite,
« me charge de vous adresser ses remerciements; je le fais
« avec bonheur.

« Au milieu de nos malheurs, la France a les yeux sur

« vous; elle compte sur votre courage; faisons tous nos « efforts pour que son espoir ne soit pas trompé.

« *Le général en chef de l'armée de la Loire,*

D'AURELLES.

« Au quartier général du Grand-Luz, le 10 novembre 1870. »

D'Aurelles, comme on le voit, est sobre de paroles, n'adresse aucune injure à l'ennemi, et a le tact de s'abstenir de toute pensée politique, « modeste dans la victoire, avec le scrupule d'un homme jaloux de ne rien exagérer, se défiant de toute illusion fâcheuse (1). »

Cette bataille de Coulmiers prouvait une fois de plus que les mouvements à trop grandes envergures sont presque toujours contrariés par les événements. Un mouvement tournant, quand il s'exécute de trop loin, et sur une très grande étendue de terrain, ne s'exécute pas, avec une exactitude mathématique. Comment espérer, en effet, que deux corps séparés par de longues distances, puissent être l'un et l'autre réunis à attaquer le même jour, à heure fixe. En 1796, Bonaparte, pendant la campagne d'Italie, dut presque tous ses succès à de semblables calculs faits par les Autrichiens.

II

COMBAT DE VILLEPION (2) : 1er DÉCEMBRE 1870

Nous étions maîtres d'Orléans; mais l'occupation de ce point était-il bien sans péril? L'armée française, au lieu d'être protégée par la Loire, se trouvait avoir ce fleuve à dos, et en cas de revers, bien que couvrant la ville de Tours, elle risquait d'avoir une retraite difficile, dangereuse même, et c'est ce qui ne manqua pas d'arriver.

La victoire de Coulmiers conduisait nos troupes jusqu'à hauteur de la source de la Conie; mais pour couvrir le flanc

(1) *Bataille de Coulmiers* : AUGUSTE BOUCHER.
(2) Eure-et-Loire.

Les soldats du général Peytavin emportent d'assaut cette position... (page 142).

gauche de l'armée du général d'Aurelles, il fallait nécessairement occuper la vallée du Loir jusqu'à Châteaudun, en échelonnant des troupes dans tout l'espace compris entre cette dernière ville et Vendôme. On couvrait ainsi la gauche des 15e et 16e corps, et on menaçait le duc de Mecklembourg par son flanc, s'il dépassait Mondoubleau et St-Calais, pour s'avancer sur le bas Loir.

A cet effet, les deux premières divisions du 17e corps (général de Sonis) reçurent l'ordre de se porter au delà de la forêt de Marchenoir, et vers Châteaudun; les corps destinés à former la 3e division, en voie de formation à Tours, furent dirigés sur Vendôme où s'installait le quartier général de la division, pour recevoir et agréger les éléments constitutifs dont elle se composait; et qui arrivaient à destination le 10 novembre.

A la tête de cette division se trouvait le général Deflandre, ancien colonel de la 24e légion de gendarmerie (Dijon) : homme modeste, faisant son devoir sans éclat, âpre au travail, dur à la fatigue, et plein de confiance dans l'œuvre de la défense nationale. Le chef d'état-major est le colonel Forgemol; mais il n'y fait que passer, et au moment où les troupes vont de nouveau être engagées, c'est un américain du nom de Butte Potter qui prend sa place; ancien chef d'état-major d'Omer-pacha, en Crimée, il avait été officier dans l'armée conféderée des Etats-Unis. Un capitaine de gendarmerie était aide-de-camp du général Deflandre.

A part ce capitaine, tous les autres officiers attachés aux états-majors étaient des jeunes gens de la garde nationale, bien montés, bons cavaliers, mais absolument nuls en connaissances militaires. Triste retour des choses d'ici-bas ! Pendant toute cette période, la faveur est la grande dispensatrice des destinées des officiers de l'armée. On place dans les situations les plus enviées, un grand nombre de jeunes gens munis de la recommandation d'un nom, d'une position sociale, ou d'un personnage. C'est ainsi que des écrivains deviennent généraux; des sous-prefets, intendants ; des gardes mobiles, capitaines d'état-major. C'est une fièvre : on prend la direction intellectuelle de l'armée, en dehors de l'armée; il semble vraiment que l'armée régulière soit incapable de contenir les éléments nécessaires à sa propre conduite.

*
* *

Le général d'Aurelles arrivé à Patay, ne croit pas devoir aller plus loin: l'organisation inachevée des troupes dont il disposait et la difficulté d'opérer dans la Beauce, par une saison extraordinairement pluvieuse, lui firent une obligation de s'arrêter. Le 17e corps placé pour ainsi dire en colonne dans la vallée du Loir, dut alors venir se former tout entier en bataille, de Châteaudun à Saint-Peravy-la-Colombe; le 21 novembre, la 2e division Deflandre allait occuper le petit village de Conie, sur la rivière de ce nom. La rive gauche est ferme, mais sa rive droite est couverte de marais coupés par quelques chemins seulement. La Conie dont le passage est si facile à défendre, grâce à la disposition de ses bords, prend sa source près de Patay et se jette dans le Loir à Marboué, un peu en avant de Châteaudun. L'occupation de la rive gauche par le 17e corps tenait le général de Sonis, en communication avec l'armée du général d'Aurelles et à portée de lui envoyer rapidement des renforts le cas échéant : elle avait l'avantage de tenir en échec le duc de Mecklembourg, en l'obligeant à garder les routes de Châteaudun et de Varize sur Chartres; mais en revanche, le général prussien, posté à Bonneval, pouvait manœuvrer librement sur notre front et sur notre flanc gauche et menacer nos derrières par une marche de Brok, sur la forêt de Freteval. Le général de Sonis, venait de prendre depuis quelques jours seulement, le commandement du 17e corps.

Une longue carrière en Afrique, la guerre de poursuites et de coups de main qu'il y avait faite, l'avaient accoutumé à commander à des troupes rompues aux fatigues et aux privations. Son esprit ferme et en quelque sorte ascétique, entretenait en lui une activité prodigieuse. Dur pour lui-même, infatigable, peu sujet aux exigences du corps, il lui aurait fallu pour réussir une armée non sujette à la faim, aux besoins physiques, à la fatigue. Il manquait de cette connaissance du soldat, qui donne au chef la mesure de ce qu'il peut en attendre. Cette mesure, il la dépassait toujours et il s'étonnait ensuite que les moyens disciplinaires fussent impuissants à arrêter les résultats de ses propres exigences.

Déjà, à cette date, les soldats commençaient à prendre cette teinte pâle, particulière aux fiévreux et aux souffreteux. Les vêtements rapidement usés par la pluie et par le contact de la boue, donnaient aux hommes, l'aspect délabré et misérable qui n'exprimait que trop la réalité de la situation. Tous les services souffraient. L'intendance réduite à un personnel trop restreint, ne suffisait pas à assurer les distributions aux corps de troupe. Les convois formés par voie de réquisition étaient d'une conduite difficile; leur service de marche, dirigé par un personnel trop nombreux, se faisait mal; ils encombraient les routes, ou arrivaient en retard au bivouac.

Voilà dans quelles conditions l'armée de la Loire marchait à l'ennemi.

*
* *

Sans être brillante, la position d'Orléans tirait son importance militaire de la forêt de Marchenoir, qui s'étend de l'est et au nord-est vers Gien et Pithiviers. Suivant les généraux d'Aurelles et Chanzy, l'ensemble de la défense de ce point, devait être basé sur une forte occupation de la forêt, au moyen d'une forte ligne de retranchements et de batteries précédées d'une ligne d'avant-postes fortifiés, de manière à retarder autant que possible la marche de l'ennemi. On se mit à l'œuvre de suite et le capitaine de vaisseau Ribourt, appelé en toute hâte du port de Toulon, fut mis à la tête de ce service. Comme suite à ces préparatifs de défense, on fit venir le 17e corps, entre Orléans et Blois; on forma à Nevers, le 18e corps dont le colonel Billot chef d'état-major prit le commandement, en attendant l'arrivé d'un titulaire et on le dirigea vers la Loire; on poussa activement l'organisation du 21e corps qu'on allait composer avec les masses incohérentes de la Bretagne, et qu'on plaçait sous les ordres du capitaine de vaisseau Jaurès, promu général pour la circonstance.

Tous ces préparatifs terminés, on se mit en marche dans la direction de Paris, et on alla se heurter contre les troupes du prince Frédéric-Charles, dont les têtes de colonne venaient d'atteindre Pithiviers. Mais qu'étaient ces trois corps d'armée de nouvelle création? Le 17e corps, campé du côté de Marchenoir, était à peine formé; c'est avec lui que marchaient les zouaves pontificaux venus de Rome, dès le 20 septembre, sous la conduite du colonel de Charette, auquel s'était rallié l'élite de la jeunesse nobiliaire de France. Le 18e corps était encore moins formé que le 17e; il n'avait pas de commandant supérieur et restait provisoirement sous la direction du chef d'état-major, le colonel Billot. Le 20e corps (général Crouzat), arrivé de Chagny par les voies ferrées ne laissait pas moins à désirer.

Ce n'était pas là, à coup sûr, des forces organisées. Le vrai noyau de résistance du général d'Aurelles était toujours dans le 15e corps qui venait de passer sous les ordres du général Martin des Pallières, et dans le 16e corps, dont Chanzy était le chef aussi intelligent que résolu.

Les 18e et 20e corps devaient rester à l'extrémité droite de la ligne à Gien. Ils furent battus à Beaune-la-Rolande, le 30 novembre. Après cet échec, il eût été sage de resserrer ses lignes, et d'attendre l'attaque ennemie en avant d'Orléans. Les six divisions des 15e et 16e corps bien placées eussent certainement tenu tête aux Allemands.

Ici donnons la parole à Chanzy :

« Le commandant du 16e corps, rentrait de reconnaissance le 30 novembre, lorsqu'il apprit l'arrivée à Patay, de forces considérables ennemies, marchant sur Orgères. C'était l'armée du grand-duc de Mecklembourg qui défilait devant nous pour aller se placer, conformément à un plan, concerté avec le prince Frédéric-Charles... Il eût fallu alors, et cette opinion a été bien des fois émise par le commandant du 16e corps, profiter de ce que l'ennemi manœuvrait pour l'attaquer vigoureusement en se jetant sur le flanc de ses colonnes et de son convoi. L'acharnement avec lequel, il cherchait à détourner notre attention du côté du Nord, par ses démonstrations sur Varize, indiquait assez sa préoccupation et l'importance qu'il attachait aux mouvements qu'il cherchait à dissimuler. Mais la défensive la plus stricte, nous était formellement prescrite. »

A peine rentré à son quartier-général, le commandant du 16e corps est appelé à Saint-Jean-de-la-Ruelle, où arrivait vers huit heures du soir, M. de Freycinet, délégué du ministre de la guerre. Il y eut alors un conseil de guerre auquel prirent part le général en chef, son chef d'état-major, général Borel; le délégué du ministre, M. de Serres, ingénieur attaché à la guerre qui l'accompagnait, enfin, le commandant du 16e corps. Le général des Pallières empêché, n'avait pu s'y rendre.

« M. de Freycinet expose un plan arrêté à Tours. Il s'agissait de marcher sur Pithiviers, où l'on devait rencontrer le prince Frédéric-Charles. avec toute l'armée allemande, pour aller ensuite, après s'être battu, donner la main à notre armée de Paris qui tentait une sortie et que le général Ducrot devait amener dans la forêt de Fontainebleau. Malgré ce que purent dire les généraux, pour exposer le danger d'une telle opération, en présence de toutes les forces ennemies réunies à Pithiviers, incertain, comme on l'était si la diversion annoncée de Paris, pouvait s'effectuer, l'idée générale du plan fut maintenue, comme un ordre formel du gouvernement. On ne discuta plus que les moyens d'exécution. Il fut décidé que le 16e corps, qui se trouvait à l'aile gauche, se mettrait en marche, dès le lendemain, pour se porter dans la direction de Janville et de Toury; que le 17e corps marchant sur ses traces lui servirait de réserve et que le 2 décembre, le 15e, 18e et 20e corps se porteraient à leur tour, sur Pithiviers, par un mouvement concentrique (1). »

Dans quelles conditions se trouvait notre armée, au moment d'aborder le grand-duc de Mecklembourg, qui venait d'arriver à proximité d'Orléans, et le prince Frédéric-Charles

(1) *La deuxième armée de la Loire.* CHANZY.

qui n'était pas homme à rester inactif et n'était pas à une grande distance de ce dernier?

La ligne française, occupait une étendue de près de quatre-vingts kilomètres. Le 16e corps était à gauche du chemin de fer de Paris, vers Saint-Peravy. Le 15e corps avait deux subdivisions à cheval sur la route de Paris, l'une à Gidy, l'autre à Chevilly, tandis que la première était à dix lieues de là, vers l'est, avec le général Martin des Pallières, lui-même. Les 18e et 20e corps étaient plus loin encore, à Bellegarde, en arrière de Beaune-la-Rolande, dans la direction de Montargis. Le moindre choc un peu sérieux pouvait percer cette ligne démesurément étendue. Voilà dans quelles conditions, le gouvernement de la défense nationale, par l'intermédiaire d'un ingénieur des mines, pour lequel la science militaire était absolument inconnue, décidait, le 30 novembre au soir, qu'on marcherait à l'ennemi, coûte que coûte.

Pithiviers étant le premier point à enlever, la 1re division du 15e corps, qui était à Chilleurs-aux-Bois, devenait le pivot d'une conversion, dont le 16e corps formait l'aile marchante, à l'extrême gauche, entraînant à sa suite le dix-septième corps.

A ce moment c'est-à-dire le 30 novembre, il était évident pour tout le monde, qu'une grande bataille se préparait dans la direction d'Arthenay, point vers lequel convergeaient toutes les forces du prince Frédéric-Charles, dont le projet était d'anéantir l'armée de la Loire. Le 17e corps devait subordonner ses mouvements à ceux du duc de Mecklembourg, qu'il fallait empêcher de déborder notre gauche, tout en le laissant maître d'occuper la forêt de Marchenoir.

C'est dans la reconnaissance de Charsonville qu'on voit apparaître, pour la première fois, les éclaireurs algériens du colonel Goursaud. Ce secours apporté, à la France en détresse, par une nation vaincue, que nous tenions sous le joug depuis quarante ans, était un spectacle touchant : c'était la manifestation généreuse d'une race qui retrouvait sa fierté pour défendre l'honneur français, devenu le sien propre.

Quel prestige il faut que notre beau pays, si décrié par nos ennemis, ait exercé sur le monde, pour que cette nation africaine vienne verser son sang pour ses vainqueurs. Peu de peuples peuvent se vanter d'avoir jeté assez d'éclat autour d'eux, pour éblouir même les nations qu'ils ont jeté à terre. Rome seule offre dans l'histoire un semblable exemple, lorsque l'empire, jetant les dernières étincelles de sa puissance envoyait ses armées combattre les barbares du nord et de l'est, du monde connu. On vit alors, comme avec les légions romaines, les descendants de Jugurtha, prêter leur concours, aux citoyens dégénérés de l'empire. De tels rapprochements rendent orgueilleux du passé, mais jettent sur l'année fatale de 1870, une teinte noire de tristesse. L'heure de la générosité des amis est aussi l'heure du malheur. Elle ne sonne que lorsque s'obscurcissent les rayons de notre propre grandeur.

Le 1er décembre, au matin, le général Chanzy, d'une main énergique et sûre, pousse ses troupes en avant, l'infanterie à travers champs, l'artillerie sur les routes et les chemins. Le terrain est blanc d'une couche de neige durcie par le froid; la marche se fait avec entrain et beaucoup de gaieté.

Ces troupes avaient à s'élever à la hauteur de Janville et de Tours, pour de là se rabattre sur Pithiviers; peut-être auraient-elles à disputer, pied à pied, le terrain aux Bavarois et aux forces qu'amenait le grand duc de Mecklembourg.

Arrivé à Patay, Chanzy apprend que l'ennemi occupe les positions de Gommiers et de Guillonville. Il les fait enlever par la division de l'amiral Jauréguiberry et la cavalerie du général Michel. L'ennemi se concentre sur Terminiers, Faverolles et Villepion. Mais le temps pressait, la nuit commençait à venir, l'amiral Jauréguiberry, pour en finir, faisait emporter par un coup de vigueur, ces deux localités, puis le château et le parc de Villepion où s'était concentrée la résistance et où on faisait une centaine de prisonniers. On avait gagné du terrain, on restait maître des positions; Chanzy avait le droit de croire à un succès et télégraphiait le soir même au ministre de la guerre :

« ..... J'évalue à vingt mille hommes et à quarante

ou cinquante canons, les forces contre lesquelles a lutté le 16e corps, de midi à six heures du soir..... Partout, nos troupes ont abordé l'ennemi, avec un élan irrésistible. Les Prussiens ont été délogés des villages qu'ils occupaient, à la baïonnette. Notre artillerie a été d'une audace et d'une précision que je ne puis trop louer. Nos pertes ne paraissent pas sérieuses; celles de l'ennemi sont considérables. On recueille des prisonniers. Les honneurs de la journée sont à l'amiral Jauréguiberry. L'ennemi s'est retiré dans la direction de Loigny et du château de Cambrai. Je le suivrai demain, sur Janville et Toury.»

Gambetta répondit à cette dépêche, en nommant Chanzy, grand officier de la Légion d'honneur. C'était en effet, inaugurer les mouvements de l'armée de la Loire, par une brillante action, d'autant plus que par un retour heureux de la fortune, l'armée de Paris venait d'accomplir la veille sa fameuse sortie du 30 novembre, que les bulletins du gouvernement de la défense nationale faisaient passer pour une éclatante victoire de Trochu et de Ducrot.

Aucune hésitation n'était plus dès lors possible. Du général au soldat, tout le monde était électrisé, et le général d'Aurelles de s'écrier dans un ordre du jour devenu célèbre : « Marchons avec l'élan dont l'armée de Paris nous donne l'exemple. Je fais appel aux sentiments de tous, des généraux comme des soldats... En avant! Sans calculer le danger... »

Il nous fallait un Turenne, un maréchal de Villars, pour tirer le pays de la situation critique dans laquelle il se trouvait, et la France avait malheureusement choisi un avocat doublé d'un ingénieur qui n'entendaient rien aux choses de l'armée, confondaient le nord et le midi, Epinay-sur-Seine avec Epinay-sur-Orge ; le général Vinoy qui commandait au sud de Paris, avec l'amiral La Roncière-le-Noury qui commandait à Saint-Denis, prétendant l'un et l'autre que ce dernier était à Longjumeau,avait enlevé la position d'Epinay et s'avançait sur Orléans. Pour des hommes qui avaient la prétention de conduire une guerre comme celle qui nous était faite, ces fausses indications couvraient de ridicule le personnel du gouvernement de la défense nationale, et les erreurs que nous venons de signaler, vont coûter la vie à des milliers d'hommes.

III

BATAILLE DE LOIGNY (2 décembre)

La marche commencée le 1er décembre, se continue le lendemain sous l'impression des avantages obtenus à Villepion. Le 16e corps ne tarde pas à s'apercevoir qu'on ne marchera pas ce jour-là, aussi aisément que la veille. A peine est-il mis en route, qu'à chaque pas, il est arrêté par une résistance qu'il ne soupçonnait même pas. Il a devant lui, un ennemi renforcé et bien plus nombreux que la veille : les bavarois de Von der Thann, toute l'armée du grand duc de Mecklembourg, la 17e division d'infanterie (général de Schimmelmann), la 22e division Hessoisse (général-major de Wittich),les 4e et 6e divisions de cavalerie (prince Albert de Prusse et général-major de Schmits,) dont les troupes donnent successivement toute la journée.

Il est sept heures du matin, lorsque Chanzy monte à cheval. Le temps est clair mais glacial. Dès le début, de vifs engagements ont lieu au delà de Villepion, conquis la veille par ses troupes : mais la véritable bataille s'engage au village de Loigny qu'il faut enlever à tout prix. Malgré tous ses efforts, malgré l'énergie de l'amiral Jauréguiberry et du général Barry, le 16e corps n'avance pas, ou s'il avance, c'est pour reculer presqu'aussitôt. Bientôt, sa droite est désorganisée ; sa gauche dispute péniblement le terrain et son centre ne peut plus tenir à Loigny : La situation devient critique. C'est alors que Chanzy fait appeler le 17e corps qui est encore derrière lui, et ne peut arriver sur le champ de bataille que vers quatre heures de l'après-midi. Une suprême tentative est faite alors pour reprendre Loigny.

A ce moment, l'attaque du 16e corps s'est concentrée sur la ferme de Beauvilliers et le château de Goury, où le général Von der Thann tient ferme. La division Barry enlève, par deux fois, le parc et le château; mais écrasée par les batteries de Bauvilliers, elle ne peut s'y maintenir et évacue la position.

C'est alors que le 17e corps (général de Sonis) s'avance sur Loigny, sous une grêle d'obus, semant la route de ses morts. Dans cette offensive, le général est atteint d'une blessure grave qui le met hors de combat; le colonel de Charette a un cheval tué sous lui, enlève ses hommes, arrive jusqu'aux jardins de Loigny et est blessé à son tour. Il tombe au bord d'un chemin, encourageant ses zouaves de la voix et du geste. La lutte devient impossible. La mort fauche cette belle jeunesse guerrière qui ne ne compte plus que soixante hommes, sur trois cents (1).

Cette héroïque charge des zouaves pontificaux, n'avait servi à rien. La bataille était perdue. L'ennemi changeant brusquement son ordre de bataille, se porte sur la gauche française avec l'intention de la tourner. La situation devient poignante. La ligne française était perçée et le mouvement de l'ennemi se dessinait d'heure en heure, de façon à intercepter toute communication entre tout ce qui refluait sur Orléans et ce qui restait de nos troupes, en dehors de ce cercle. Le 16e corps ne pouvait plus rentrer à Orléans ; n'avait pour s'abriter que les dernières batteries établies autour de cette ville, et, pour continuer la lutte, il ne lui restait que des troupes exténuées, découragées par deux jours de luttes héroïques. Le 3e bataillon de chasseurs, le 39e régiment d'infanterie, et le 75e mobile des Côtes-du-Nord, décimé, avaient échoué dans leurs attaques réitérées contre les murs crénelés du parc de Goury, La nuit était alors très noire, et le champ de bataille n'était éclairé que par l'incendie de Loigny, auquel les obus de l'ennemi avaient mis le feu. Le général de Morandy, après de vains efforts, s'était replié sur Trogny et Huêtre ; la division de cavalerie avait repris ses positions de la veille, à Mazelles.

Le terrain sur lequel a combattu le 16e corps est particulièrement triste et dénudé. C'est une plaine peu ondulée

(1) Voir le *Général de Sonis, 1 volume in-8° ill.* Tolra, Editeur.

d'environ quinze-cent mètres d'étendue, qui s'étend de Villepion à Loigny. Au delà de cette plaine,se trouve un petit bois, long de deux à trois cents mètres et profond de vingt à trente. A droite de celui-ci, le chemin de Faverolles à Loigny et sur ce chemin, la grosse ferme de Villours. Au delà du bois le terrain s'élève en pente douce pendant trois cents mètres environ jusqu'à Loigny, gros village entouré de jardins, véritable position défensive que les Allemands avaient renforcée de deux batteries, à droite et à gauche sur le plateau.

Vaincu sur tous les points, grâce aux présomptions et aux fanfaronades des membres du gouvernement de la défense nationale, le général d'Aurelles comprit que si l'on voulait échapper à un dernier désastre, il n'y avait plus qu'à songer à évacuer Orléans, dans quelques jours ; parti extrême, douloureux, mais inexorablement imposé par les circonstances.

En attendant, Chanzy gagna le 3 décembre, au soir, le village de Terminiers, où il établit son quartier général, afin d'être au centre de ses divisions, dont l'une. — celle de l'amiral Jauréguiberry, — couchait sur ses positions de la veille, à Faverolles et à Villepion.

Telle a été dans son ensemble la bataille de Loigny en ce qui concerne le 16e corps. Le soir, Chanzy envoyait à d'Aurelles cette courte dépêche :

« Je ne sais ce qu'est devenu Sonis. Le général Deplanque (1) a été blessé; presque toutes mes munitions sont brûlées; je redoute une attaque pour cette nuit ou demain matin... Je ferai tout pour reprendre l'offensive; mais, dans ce cas, un secours m'est indispensable. »

Dans la nuit, au conseil de guerre, tenu au quartier-général du 16e corps et auquel assistaient tous les généraux du 17e, il fut convenu qu'aucun effort sérieux ne serait tenté avant que les troupes ne fussent reposées et réapprovisionnées, que le seul parti à prendre serait de se défendre, si l'ennemi attaquait, en attendant les instructions du général en chef. Mais, avant le lever du jour, arrivait l'ordre de battre en retraite.

(1) Colonel du régiment étranger avant la guerre.

Ce retour sur les positions de la veille fut éclairé par la lueur sinistre des incendies allumés par l'ennemi sur tous les points qu'il occupait. Pendant bien des nuits désormais, nous devions avoir le triste spectacle de l'incendie de nos villages, indiquant la ligne sur laquelle l'ennemi s'arrêtait chaque soir.

IV

RETRAITE SUR LE LOIR

L'armée de la Loire était rejetée dans le camp retranché d'Orléans et la forêt de Marchenoir. Dans ces conditions, le 17e corps devait gagner rapidement les bois de Bucy-Saint-Liphard pour se concentrer et s'établir solidement aux Barres et aux Ormes, avant que l'ennemi en marche sur Boulay n'y arrivat lui-même. Car si les mouvements de ce dernier réussissaient, nous pouvions être coupés d'Orléans par le corps ennemi qui s'établissait avant nous dans la forêt de Bucy. C'est, en effet, ce qui arriva le lendemain.

Le 3 décembre, les 16e et 17e corps auraient pu manœuvrer par la droite des bois de Bucy. Ne l'ayant pas fait, ils étaient obligés, le 4, de se rapprocher d'Orléans, par la gauche de ces bois, et ils étaient devancés par l'ennemi sur tous les points où leurs colonnes se présentaient. Ce résultat tient, non pas à un fait stratégique isolé, mais à une méthode pratiquée plusieurs fois par le général Chanzy, et suivie toujours des mêmes résultats. En principe, si on abandonne une ligne, on en choisit une seconde en arrière, sur laquelle on se porte aussi rapidement que possible, se bornant à défendre les points intermédiaires pour empêcher l'ennemi d'inquiéter sa marche rétrograde. Cette méthode, que Chanzy appliqua plus tard dans sa retraite sur Le Mans, n'était pas alors celle qu'il préconisait. Il mettait toutes ses forces en ligne pour contenir et observer l'ennemi et ne quittait chacune de ces positions intermédiaires que lorsqu'une manœuvre stratégique de son adversaire compromettait ou menaçait ses flancs et ses communications. Disputer le terrain pied à pied s'appelle faire une retraite honorable, et sous ce rapport le caractère de Chanzy s'est vigoureusement montré dans ces opérations, et il en a gardé la réputation d'une âme énergique et fortement trempée. Mais à la guerre le mérite du commandement se mesure aux résultats, et dans le cas dont il s'agit, la perte d'Orléans fut le résultat de cette manœuvre; et les jours suivants l'application de la même méthode stratégique rendit impossible le passage des 16e et 17e corps sur la rive gauche de la Loire, et commença leur séparation d'avec les 15e et 18e corps. Le 5, l'armée de la Loire était coupée en trois tronçons, dont deux suivaient des directions divergentes; de là la nécessité de la division en trois fractions, bientôt réduites à deux, sous les ordres de Bourbaki. La première armée allait comprendre dorénavant les 15e, 18e et 20e corps groupés dans la direction de Bourges; la deuxième commandée par l'ancien chef du 16e corps comprenait les 16e, 17e et 21e corps, ce dernier dirigé sur Marchenoir par la délégation pour couvrir Tours.

Le 6 décembre, au soir, l'armée de la Loire n'existait plus. Chanzy, livré à lui-même, s'était replié successivement sur Beaugency et Marchenoir. De Lorges à Beaugency s'étend, le long de la Loire, une bande de terrain de onze kilomètres environ, très accidentée et parsemée de nombreuses fermes faciles à occuper; c'est le passage obligé d'une armée marchant d'Orléans sur Tours.

C'était un vrai soldat que Chanzy. Etranger à la politique, animé du plus pur patriotisme, il ne voyait que la patrie. Jusqu'à présent, il a déployé les ressources d'un chef habile, la décision, le coup d'œil, l'expérience militaire. Il rallie ses soldats dans la défaite, défend ses positions pied à pied, tient tête à l'ennemi. Plein de fermeté dans la bonne comme dans la mauvaise fortune, il ne se laisse ni déconcerter, ni décourager par des déceptions sans cesse renaissantes, et dès le 5, écrit à la délégation de Tours : « Pour reconstituer les 16e et 17e corps, j'ai pris le parti de venir occuper la ligne qui s'étend de Lorges à Beaugency... Je tiendrai sur cette ligne jusqu'à ordre contraire... » Ce terrain était tout indiqué pour l'instant comme la dernière limite du mouvement de retraite, et comme le théâtre d'une nouvelle tentative de résistance, si elle se présentait.

Pour la deuxième armée, la situation était particulièrement grave le soir du 5 décembre. Au 16e corps, la 1re division (Jauréguiberry) était établie à l'est de Lorges; les 2e et 3e divisions (généraux Barry et Morandy), considérablement affaiblies, battaient en retraite sur Mer et sur Blois. Le 17e corps occupait l'espace compris entre Lorges et Poisly, à l'angle sud-est de la forêt de Marchenoir. Enfin, trois divisions du 21e corps gardaient cette dernière; la 4e (général Gougeard) était à l'ouest de Saint-Calais. Toutes ces positions formaient une ligne à peu près continue qui s'étendait de la forêt de Marchenoir à la Loire.

La deuxième armée ne pouvait songer à continuer à battre en retraite dans la situation morale où elle se trouvait; c'eût été l'exposer à une dissolution complète. Chanzy, avec une grande justesse de vue, prit le parti le plus sage et, en même temps le plus énergique; il décida qu'on tiendrait tête à l'ennemi, en appuyant la gauche de son armée à la Loire et sa droite à la forêt de Marchenoir.

« La vaste plaine légèrement ondulée qui s'étend au nord du fleuve entre Orléans et Blois, présente peu de positions défensives d'une certaine étendue, Chanzy fixa son choix sur celle qui va de Poisly à Beaugency, perpendiculairement à la Loire, et prolongeant la lisière est de la forêt de Marchenoir. Son front occupé par la forêt était difficilement abordable; les deux vallons qui aboutissent à Beaugency étaient parsemés de hameaux, de villages ou de fermes constituant de bons points d'appui, sur un terrain aussi découvert; enfin, le sol planté de vignes, dans les parties de la Loire orientées au midi, rendaient difficiles les mouvements de l'artillerie et de la cavalerie ennemies (1). »

* * *

COMBAT DE MEUNG : *6 décembre.* — Le 6 décembre dans

(1) LA HAUTECOURT. *Études sur la campagne de la Loire.*

On faisait une centaine de prisonniers (page 153).

la matinée, les troupes de Chanzy occupent les positions suivantes. Une colonne mobile partie de Tours, sous les ordres du général Camô, ancien colonel, commandant la place de Marseille, arrive à Meung où elle laisse le 1er régiment de gendarmerie à pied; le 27e mobiles (Isère), le 88e mobiles (Indre-et-Loire) et les francs-tireurs de l'Ain, s'arrêtent à Messas; le 16e bataillon de chasseurs à pied de Marche, se trouve au Mée, sur la route de Beaugency à Châteaudun. Le 59e de marche est à Beaumont. Cinq batteries sont réparties entre ces différents points. Enfin, les 4e lanciers et 3e hussards, occupent les Monts, au nord-ouest de Meung; les 3e chasseurs, 7e cuirrassiers de marche et le 1er régiment de gendarmerie à cheval, sont à Beaumont. Quatorze mille hommes environ occupaient un espace de 8 kilomètres; ce front était d'une étendue trop considérable à garder, pour un aussi faible détachement que celui que commandait le général Câmo.

Au 16e corps, la 1re division à Lorges, établissait la communication entre les 17e et 21e corps; la 2e division qui s'était retirée au delà de Blois, n'avait dans la soirée du 6, que des débris ramenés sur Mer et sur Beaugency; la 3e division, plus démoralisée que la première ne put arriver à temps pour prendre position de la ferme Garaimbavilet à Grand-Bonnevalet, par Pierre-Couverte, derrière la gauche de Camô. En ce qui concerne le 17e corps, la 1re division s'étendait de Loynes à Villemarceau; la 2e occupait Villejouan, Origny et Ourcelles; la 3e Le Plessis, Premay et la Cocardière; sa cavalerie était derrière sa droite à Clos-Moussu et à Boynes. Enfin, le 21e corps s'étendait de Morée à Poisly, où se trouvait la cavalerie du 16e corps.

De Morée à Beaugency, l'étendue du front de la 2e armée n'était pas moindre de trente-deux kilomètres à vol d'oiseau, son point faible est à droite, où la colonne Camô ne saurait être considérée, comme un puissant appui.

Le 6 décembre, la 2e division de cavalerie allemande, renforcée de la brigade des cuirassiers bavarois, d'un bataillon et d'une batterie à cheval s'avance sur Beaugency par la route qui longe la rive droite de la Loire, enlève Saint-Ay, et débouche devant Meung, où le 3e régiment de gendarmerie à pied se laisse surprendre, évacue la ville, et se retire sur Beaugency, après avoir subi d'assez grosses pertes.

Dès le début de cet engagement, Camô s'est porté avec son gros, dans la direction de Meung et fait occuper Foinard, La Bruyère, Langlochère, de façon à être à cheval sur la route d'Orléans, sa gauche appuyée à Bourie et à Beaumont. Cette démonstration arrête l'ennemi, qui ne croit pas pouvoir se maintenir à Meung, d'autant que la route qui conduit à Foinard se trouve sur un plateau élevé d'environ cent pieds au-dessus de la Loire, et traverse un terrain couvert de vignes, où les mouvements de la cavalerie et de l'artillerie devenaient impossibles.

D'un autre côté, sur la route d'Orléans à Châteaudun, la 4e division de cavalerie allemande atteint Ozouer-le-Marché où elle se heurte aux reconnaissances d'infanterie du 21e corps ce qui l'oblige à se retirer sur Bacon et Charsonville; ainsi nulle part, la cavalerie allemande n'avait pu se maintenir sur la ligne fixée par le grand duc de Mecklembourg.

Ce combat de Meung fit supposer à Chanzy que le principal effort de l'ennemi aurait lieu sur sa droite, de façon à couper sa ligne de retraite sur Tours. Pour parer à cette éventualité, il prescrit à l'amiral Jauréguiberry d'établir sa 1re division, du Grand-Bonnevalet à Villorceau, afin de relier le 21e corps avec la colonne Camô; à la division Barry de s'établir en réserve à l'extrême droite. Pour couvrir Blois également menacé par l'ennemi, il donne l'ordre au général Morandy alors à Mer, d'y porter sa division le 7, dans la matinée, afin de pouvoir défendre simultanément Blois et le parc de Chambord qui couvre cette ville au sud-est.

De même que la veille, Chanzy prescrit que, le 7 décembre au petit jour, les troupes se tiendraient prêtes à combattre, couvertes par une double chaîne de tirailleurs, les batteries, sur leurs emplacements de combat, les convois attelés, engagés sur les routes à suivre, en cas de retraite, et que dans cette éventualité, la 2e armée occuperait une ligne s'étendant de Poisly, au nord-est de Mer, par Lorges et Seris.

*
* *

COMBATS DE LANGLOCHÈRE ET DE MESSAS : *7 décembre.* — Dans la matinée du 7 décembre, Camô faisait prévenir Jauréguiberry qui commandait le 16e corps en remplacement de Chanzy, que les Allemands étaient signalés à proximité de ses lignes. Vers midi ce dernier envoie de Villorceau à Messas, sa 1re division (général Deplanque). Au moment où elle débouchait du Mée, les Allemands, renforcés de la 25e division hessoise, prenaient eux-mêmes l'offensive. L'intention du grand duc était évidemment de tourner la gauche de notre ligne, car sa 17e division d'infanterie occupait Meung, et deux batteries placées à l'ouest de cette ville, ouvraient le feu contre notre ligne pendant qu'un bataillon prenait position le long de la lisière sud de Meung et qu'un autre tournait notre gauche. Nos troupes, conformément aux ordres se retirèrent sur une ligne formée par les hameaux de Langlochère, de La Bruyère, de Foinard et de Baulle, perpendiculairement à la route et à la Loire.

A ce moment, l'artillerie de Camô ouvre son feu; mais elle ne peut arrêter les progrès de l'ennemi, qui s'empare presqu'aussitôt de Langlochère, sans pouvoir toutefois gagner du terrain, à l'ouest, car nous occupions encore la Bourie et la Bruyère sur chacun de ses flancs.

Toute la ligne allemande gagne du terrain, et refoule les troupes de Camô. Peu après, elle dépasse Langlochère de plusieurs centaines de mètres, lorsque se produit l'intervention de la division Deplanque, vers Messas. Camô peut alors jeter le 59e de marche et le 88e mobiles sur Langlochère, qui est repris avec un plein succès. Mais à notre droite les progrès s'arrêtent à l'apparition de la 1re division bavaroise.

Il est trois heures de l'après-midi, lorsque la division Deplanque se déploie entre Messas et Beaumont. Pour appuyer ce mouvement offensif, Chanzy fait porter en avant la division Roquebrune (1re du 17e corps), du Grand-Châtre à Beaumont, de façon à menacer le flanc droit des Bavarois.

La 1re brigade du général von der Thann est alors obligée d'exécuter un changement de direction face au nord-ouest. Un violent combat s'engage sur toute la ligne. Les bataillons de Roquebrune soutiennent résolument le choc de l'ennemi qu'ils repoussent même à la baïonnette. Enfin, après plusieurs alternatives de succès et de revers, les Bavarois se mettaient en retraite sur Bacon, poursuivis par nos troupes jusqu'au Grand-Châtre.

Chanzy ne jugea pas prudent de laisser Roquebrune sur les positions conquises. A sa droite, la division Camô et une partie de la 1re division du 16e corps, avaient dû se porter en arrière.

Ce mouvement rétrograde entraînait celui des autres troupes de Jauréguiberry. D'ailleurs, il se faisait tard, et des surprises étaient à craindre la nuit. Roquebrune reçut l'ordre de se replier le soir sur ses positions du matin, et Camô ramena ses troupes à l'est du ravin de Vernon, en avant de Beaugency où elles passèrent la nuit.

Tandis que la droite de la deuxième armée de la Loire, résistait ainsi aux attaques allemandes, son centre et sa gauche étaient peu ou point engagés. Deux divisions du 21e corps restaient inactives à Poisly et à Lorges; la troisième n'avait eu à repousser qu'une simple reconnaissance ennemie.

Ainsi, pendant la journée du 7, on s'était battu sur toute la ligne à Saint-Laurent-des-Bois, à Beaumont, à Messas. Sur quelques points, le feu avait été des plus violents, les Allemands n'avaient pas cependant gagné de terrain; Chanzy restait sur ses positions, et le soir, il pouvait écrire à la délégation de Tours, avec une confiance virile : « Il se peut que nous soyons attaqués demain; je compte que nous nous en tirerons comme aujourd'hui... »

*
* *

Bataille de Villarceau : *8 et 9 décembre.* — Les instructions données par Chanzy, pour la journée du 8 décembre, sont les suivantes : Au petit jour, les troupes seront prêtes à prendre les armes; la cavalerie des 16e et 17e corps et les éclaireurs algériens pousseront des reconnaissances vers le nord-est; l'infanterie sera poussée le plus en avant possible, tout en se masquant aux vues de l'artillerie allemande. Dès le matin, la division Camô réoccupera les positions de Messas à la Loire, éclairée par deux escadrons du 17e corps établis à Cravant. Le général Michel commandant la division de cavalerie du 16e corps aura un poste d'observation à Villermain, et fera pousser ses reconnaissances jusqu'à Binas et Ozouers-le-Marché. Plus au nord, le général Jaurès fera occuper Autainville par un bataillon et une batterie. En cas d'attaque, l'amiral Jauréguiberry aura son quartier-général à Villarceau, et aura sous son commandement la colonne Camô, les 1re et 2e divisions de son corps d'armée et la 1re du 17e corps. Le général Barry servira de réserve à la droite de l'armée, et prendra position le plus près possible de Beaugency. Derrière lui, le lieutenant-colonel Baille, du 38e de marche (1), placé à Mer, avec quelques centaines d'hommes défendra le pont de la Loire, et le détruira, s'il est absolument nécessaire.

En cas de combat, chaque division placera derrière elle, un rideau de cavalerie pour arrêter les fuyards et les amener au grand quartier général. Cette recommandation, jette un jour fâcheux sur le moral de cette armée, organisée si hâtivement; déjà nos soldats ne sont plus ce qu'ils étaient à Coulmiers.

Dans la matinée du 8 décembre, par un brouillard assez épais, la 22e division d'infanterie prussienne descend d'Ozouers-le-Marché sur Cravant, lorsqu'en débouchant de Mézières, sa tête de colonne est arrêtée par un feu violent venant des abords de Poisly. Ce sont nos éclaireurs algériens placés à Cravant et nos cavaliers de Villermain qui signalent l'approche de l'ennemi. A neuf heures, l'artillerie de la division Colin (2), 2e du 21e corps), ouvre le feu sur lui du sud-ouest de Poisly, et le combat s'engage, de ce côté, avec une grande vivacite.

(1) Ancien major du 42e.
(2) Ancien colonel du 4e de ligne.

Jaurès, prévenu à Marchenoir, de l'attaque dirigée sur Poisly, accourt avec sa réserve et vers quatre heures de l'après-midi, toute la droite ennemie se met à battre en retraite. De ce côté, la journée se résumait, en somme, en un échec pour la droite allemande. Pendant que cette action se déroulait à notre gauche, la 22e division d'infanterie prussienne continuait sa marche sur Cravant, et vers midi, la division d'infanterie bavaroise marchait de Beaumont sur Villechaumant, et la 17e division d'infanterie prussienne de Foinard sur Beaugency, cherchant visiblement à percer la ligne française, à séparer les divisions de la deuxième armée de la Loire, pour les déborder et s'ouvrir la route de Tours.

Dès le commencement du combat sur Poisly, la division Deflandre (3e du 17e corps) s'était mise en marche de Prenay sur ce village, lorsqu'on lui signale de fortes colonnes ennemies, se dirigeant de Villermain sur Cravant. Immédiatement, les troupes de cette division, exécutent un changement de front à droite et se déploient sur deux lignes, face à Cravant et à Layes.

La droite de la division Deflandre se maintint énergiquement devant Cravant, sous le feu écrasant de l'ennemi. « Jamais plus bel exemple de calme et d'obéissance, ne fut donné par de vieilles troupes. » Le général s'y fait blesser, ainsi que son chef d'état-major, un américain, Bûrr-Porter (1), qui meurt, quelques jours après, des suites de sa blessure. Repoussée, notre première ligne se replie vers Prenay, où elle est recueillie, sans trop de désordre, par la seconde.

Devant Layes, la gauche de la division Deflandre est plus heureuse ; elle s'empare de ce hameau et menace Beauvert.

En ce moment, Chanzy, remarquant l'existence d'une trouée dans la ligne allemande, entre la 22e division et le 1er corps bavarois, veut y lancer la division de cavalerie du 17e corps, une série de dépressions de terrain, allant du

(1) Ancien chef-d'état-major d'Omer-pacha en Crimée, ayant pris une part active à la guerre de la Sécession, Chef d'état-major de la division Deflandre, depuis le 3 décembre seulement.

Après plusieurs alternatives de succès et de revers, les Bavarois se mettaient en retraite... (page 166).

château de Serqueu au moulin de Cernay, pouvant permettre de s'approcher de l'ennemi, sans être vu par lui. Mais ses éclaireurs algériens lui signalent des masses importantes d'infanterie et d'artillerie ennemie, entre Cravant et Beaumont : c'est la 2e division bavaroise qui vient du Grand-Châtre. Obligé de modifier ses dispositions, Chanzy, pousse la 2 division du 17e corps, en avant de Cernay.

Vers la fin de la journée, après quelques alternatives de succès et de revers, un mouvement de recul sensible se produit ; les 2e et 3e divisions du 17e corps, occupent une ligne presque perpendiculaire à leur front primitif, de Villechaumont, au nord de Prenay.

L'intervention du 1er corps bavarois avait donc suffi pour changer notre situation, bonne au début. Aiguillonné par les difficultés de toutes sortes, qui suspendaient sa marche, Von der Thann ne pouvait, ni ne voulait s'arrêter, se sentant piqué au jeu. De ce côté, l'action, depuis neuf heures du matin, jusqu'au soir, se concentra autour et en avant de Villarceau, dans les positions de Cernay et de Beaumont, que Français et Allemands se disputèrent avec une égale tenacité. Jauréguiberry, chargé de toute la défense de l'aile droite, tient intrépidement tête à l'ennemi, si bien qu'à la nuit tombante, au prix des plus grands efforts, on s'était maintenu partout, excepté au Mée qui restait au pouvoir de l'ennemi ; de sorte que Chanzy, sous la première impression de cette journée, pouvait encore écrire à Tours : « Attaqués de nouveau sur tout notre front, nous avons tenu toute la journée. Mes trois corps d'armée ont été engagés de Saint-Laurent-des-Bois, jusqu'à Beaugency. Nous couchons sur les positions de cette nuit.... »

Malheureusement, le commandant de la deuxième armée de la Loire ne savait qu'une partie de la vérité, quand il écrivait ce bulletin, le 8 décembre, à dix heures du soir.

Chanzy avait donné l'ordre à Camô, d'occuper fortement, avec sa division, l'intervalle compris entre Messas et la Loire et surtout le ravin de Vernon, en avant de Beaugency, à l'extrême droite de l'armée. Inquiet de ne recevoir aucune nouvelle de ce côté, il avait expédié deux de ses officiers sur Beaugency, à l'effet d'aller aux renseignements. Rentrés au quartier général de Josnes, vers onze heures du soir ceux-ci, font connaître que le général Camô n'était plus sur ses positions du matin, et que Beaugency avait été évacué, sur un ordre du ministère de la guerre, apporté par un capitaine du génie, envoyé exprès pour celà. Ni le commandant en chef, ni l'amiral Jauréguiberry n'avaient été prévenus, de sorte que la droite de la deuxième armée de la Loire était découverte, et à onze heures et demie du soir, Chanzy rédigeait cette seconde dépêche qui fut envoyée immédiatement à Tours : «..... Je viens seulement d'apprendre que le général Camô, contrairement à mes ordres et prétendant obéir à ceux que vous lui aviez adressés directement, par un capitaine de génie, s'était retiré dans l'après-midi, de Beaugency qui a été occupée, à la nuit, par une troupe mecklembourgeoise se glissant le long de la Loire. Je regrette vivement cet incident qui ternit le succès de la journée.»

Beaugency perdu, il ne restait plus à la deuxième armée de la Loire qu'à se replier dans des positions nouvelles pour y continuer une lutte pleine d'angoisses et de péripéties. L'intrépide Chanzy ne se décourage pas; il est décidé à ne céder le terrain qu'à la dernière extrémité. En définitive, les Allemands usaient leurs forces dans des attaques stériles; la fortune leur devenait rebelle; ces attaques partielles repoussées par nos troupes, redonnaient de la confiance aux soldats. Ce *sursum corda* de la deuxième armée de la Loire était le fruit de l'activité de Chanzy. Devant un tel résultat, la foi se raffermit, l'audace entre dans les cœurs. Un dernier effort peut-il sauver le pays ? Le commandant en chef pense que oui. C'était peut-être une illusion? Mais pour ne pas la concevoir, il aurait fallu que son esprit ne fût pas doué au même degré de la volonté qui seule, peut accomplir de grandes choses; que son tempérament ne laissât pas à l'enthousiasme la faculté de voiler le moindre repli d'une situation précaire, mais non désespérée. Peu d'hommes possèdent, en équilibre parfait, l'élan et la réflexion. Ce qui domine dans Turenne et dans le maréchal de Saxe, c'est la réflexion ; dans Condé, dans Ney, c'est l'élan. L'homme qui, poursuivant un but et apercevant le succès devant lui, aurait la faculté de calculer exactement l'importance des résultats à obtenir, serait un homme de génie. La Providence en est avare, elle a fait une fois, près de cette même ville d'Orléans, un miracle pour sauver la France. Mais en 1429, Jeanne d'Arc, l'héroïne de ce miracle, en relevant les courages de la noblesse française, ne se souciait ni d'un nom, ni d'une réputation, ni d'une ambition ; elle ne subissait, à aucun degré, l'influence d'une situation, et l'esprit ne s'appartient que lorsqu'il est entièrement libre des attaches de telle ou telle personnalité.

La France patriotique était du reste avec Chanzy ; nous n'en voulons pour preuve que les quelques vers suivants, dûs à la plume d'un juge de paix de Nantes, M. Jean-Marie Limon, mort depuis, et qui n'ont jamais été publiés (1). C'était encore un illusionné, celui-là. Car si les régiments bretons bien encadrés, ont rendu quelque service à Paris, le 31 octobre, à l'armée de la Loire pendant les journées de Coulmiers et de Loigny, les mobilisés bretons, mal habillés, mal équipés, mal armés, ont été à la bataille du Mans, bien inférieurs à leur vieille réputation.

Ces vers, les voici :

Napoléon trois, rêvant de conquête,
Disait à l'armée : en avant ! au Rhin !
La Prusse à la lutte était déjà prête,
Traînant, par milliers, des bouches d'airain,
Des soldats sans nombre, un troupeau d'esclaves...
Un instant vaincus, les fils des Gaulois
Demain, à Versailles entrant fiers et braves,
Iront à Guillaume, imposer des lois.

Sous les étendards de la République.
Voyez-vous, tyrans, le peuple irrité
Qui, le glaive en main, lutteur énergique,
Veut pour la Patrie, Ordre et Liberté ?

(1) Nous devons ces vers à l'obligeance d'un ami.

Le géant se lève et brise sa chaîne,
Sa bouche vomit l'imprécation ;
Il rugit, brûlant d'assouvir sa haine ;
Tremblez ; nul n'échappe aux dents du lion.

Du bon droit, du Juste, immortelle épouse,
Si digne, si noble, aux temps des revers,
France, il t'en souvient, en quatre-vingt douze,
Quand les rois ligués te forgeaient des fers,
Tu leur opposais nos quatorze armées,
Tu vois les Prussiens sur ton sol sacré
Foulant nos cités mornes, alarmées ;
Qu'un autre Iéna leur soit préparé !

Vingt départements pillés et ruinés,
De sang inondés, plongés dans le deuil.
Sedan, Strasbourg, Metz, pris par la famine
Ou par trahison..... quels sujets d'orgueil
Pour des conquérants, sans pudeur, sans honte !
Oh! si l'infortune a troublé nos cœurs,
Pour le châtiment ayons la main prompte :
Volons au combat, *nous serons vainqueurs !*

Orléans repris. Von der Thann en maître
Y jette à sa horde, argent et butin.
Pour nous affranchir au joug de ce reître,
Bretons, résistez aux coups du destin.
Hier on vous louait, *soldats de la Loire;*
Nous applaudissions votre heureux début,
Songez que la France, avide de gloire,
A les yeux sur vous : marchez droit au but.

De Moltke, dit-on, voudrait que son maître
Entrât dans Paris pour signer la paix.
Le succès l'enivre ; il se rit peut-être
De nos forts armés, des remparts épais ?
Oh ! que la province accoure aux murailles
De Lutèce ; alors cruels oppresseurs,
Nous verrons, au jour de vos funérailles,
Comment Dieu punit les envahisseurs.

Bismarck, de la ruse aurait-il la palme
Si, par la discorde ou la faim surpris,
Réduit aux abois et perdant son calme,
Trochu s'abaissait à livrer Paris ?

Ne sais-tu donc pas, lâche diplomate,
Que prêts à mourir et de gloire épris,
Nous gardons la France, où nul autocrate
Ne saurait trôner que sur ses débris ?

Ils ont profané, détruit, dans leur rage,
Temples, monuments, chefs d'œuvres des arts ;
Leurs noirs tourbillons, pareils à l'orage,
Ont fait fuir enfants, femmes et vieillards.
Au front des Caïns, sceau brûlant des crimes,
Deuil des survivants, ombre de nos morts,
Sang des innocents, plainte des victimes,
Soyez des bourreaux, l'éternel remords.

Jurons, citoyens, soldats, camarades,
A la France, amour : haine à l'étranger !
Farouche uhlan, fais trève aux bravades :
Nos frères sont morts ; il faut les venger !
Traquons, écrasons le Teuton sauvage
Pour qui les lois de l'honneur sont en jeu.
Sauvons nos foyers voués au pillage :
Il reste aux vaincus le fer et le feu ! ! !

Faut-il pour la France, un suprême effort ?
A nous, les Bretons d'affronter la mort !

Ces strophes ne sont-elles pas, comme le reflet des pensées qui agitaient la France patriotique à cette époque tourmentée ?

* * *

Chanzy avec son tempérament de soldat, est résolu de pousser droit à l'ennemi. L'imagination aidant, les succès de Josnes font illusion au revers de Chambord. Il se contente de rectifier les dispositions de ses troupes, leur droite sur les hauteurs qui s'étendent de Toupenay à Poisly, faisant occuper le ruisseau et le village de Tavers, et construire des épaulements en arrière du ravin, de façon à battre le terrain dans la direction de Beaugency et la rive gauche de la Loire, et à se tenir prêt à repousser toute attaque.

Ces changements s'exécutèrent, le 9, tout en combattant.

Dès huit heures du matin, de fortes lignes de tirailleurs appartenant à la colonne Camô, débouchaient de Pierre-Couverte sur Vernon, et comme il s'agissait de reprendre Beaugency, l'amiral Jauréguiberry avait prescrit au lieutenant-colonel Bariller du 59e de marche (1), de coopérer à une tentative contre Beaugency que dirigeait le général Tripard (2) avec une partie de la colonne Camô.

En même temps, Chanzy donnait l'ordre à l'amiral de porter en arrière la 1re division du 16e corps, de façon à combler le vide qui existait entre elle et les troupes du général Tripard. Dès le début de cette journée, la 2e armée de le Loire, va donc encore s'étendre de la Loire à Poisly, par Topenay, Origny, Ourcelle et La Motte.

Du matin au soir, on est aux prises avec l'ennemi, sans qu'il y eût un désavantage sensible pour nos troupes qui se maintiennent presque partout.

Pour masquer le mouvement du général Deplanque, la division Roquebrune s'était portée vers les cinq heures du matin, de Villarceau sur Villevert; vers sept heures, elle dépassait ce point, et menaçait le Mée. Mais les Bavarois déployés au sud-ouest du Mée arrivaient eux aussi à Villevert, en forces très considérables.

En ce moment, (huit heures du matin) la division Deplanque battait en retraite par échelons, sur Boynes; une demi-heure après, la division Roquebrune, suivait le mouvement, et à dix heures et demie, les Bavarois s'emparaient de Villarceau, en dépit d'une résistance opiniâtre qui nous coûtait une centaine de prisonniers. Nos troupes essayèrent de reprendre Villarceau et le Petit-Bonnevalet; vains efforts. Les troupes allemandes de von Treskow purent s'avancer de Clos-Moussu et de Boynes, vers la ferme de la Feularde. Mais le général Tripard occupait le ravin de Tavers et une partie de la série des dépressions de terrain qui se prolonge vers Toupenay, dans la plaine fortement ondulée qui s'étend de Beaugency à Blois. Les Allemands furent bientôt arrêtés, et

(1) Ancien major au 81e de ligne.
(2) Ancien colonel du 6e lanciers.

Les Bavarois s'emparaient de Villarceau en dépit d'une résistance opiniâtre (page 146).

repassèrent le ravin, en se repliant vers le Grand-Taupanne et la Pierre-Tournante, où ils s'arrêtèrent à la nuit.

Ainsi, sur cette partie du champ de bataille, la journée du 9 se terminait heureusement. Mais, il n'en était pas de même du centre de la 2e armée de la Loire.

Ici, c'est le 21e corps qui eut à supporter, à l'aile gauche, les plus vigoureux efforts de l'ennemi. Dès les premières heures du jour, la 1re division, qui était repartie de Saint-Léonard à Viévy-le-Rayé, sur la lisière sud-ouest de la forêt de Marchenoir, avait quitté ses positions pour se porter au soutien de la 3e, établie de Saint-Laurent-des-Bois à Poisly, ayant la cavalerie du corps d'armée à sa gauche. La 2e division du 21e corps était rangée de Poisly vers Cernay. Averti de la concentration des Allemands vers Cravant, le général Colin (2e division du 21e corps) détache sa première brigade à Villermain et sa seconde à la ferme de la Villette.

En ce moment, des fractions de la 2e brigade bavaroise, venant de Launay, entraient en ligne et ouvraient le feu contre Beauvert. De ce côté, pendant que, sur la rive droite de la Loire, la plus grande partie de la 2e armée de la Loire opposait une résistance vigoureuse à l'ennemi, la division Morandy (3e du 16e corps) subissait un échec complet à Chambord, sur la rive gauche.

Entre Orléans et Blois, le terrain a le caractère général du pays de la Touraine : plaines coupées de cultures dans lesquelles la vigne domine; nombreuses plantations d'arbres, des amorces de forêts, des fermes un peu partout. Si un tel terrain offre quelques avantages, il offre aussi l'inconvénient de rendre les mouvements de troupes difficiles.

Le matin du 9 décembre, Morandy, croyant Beaugency menacé, avait prescrit à la brigade Marty de se replier sur Blois, en laissant la garde du parc aux francs-tireurs de Paris. Ceux-ci se laissèrent surprendre et, au milieu du désarroi général, accru encore par l'obscurité de la nuit, les Hessois nous enlevèrent cinq pièces, douze caissons, deux cents hommes et soixante chevaux.

Chanzy, malgré ces contre-temps et ces défaites partielles, n'en avait pas moins accompli ce tour de force, d'arrêter brusquement la marche d'une armée victorieuse. Habile à choisir ses positions, il se bornait à se défendre et se défendait avec une suprême vigueur.

Sur ces entrefaites, la délégation quittait Tours le 9, à minuit. Chanzy en fut informé le même soir par Gambetta qui arrivait à Josnes, l'engageant à ne plus se préoccuper de couvrir Tours. Dans ces conditions, Chanzy n'avait plus à considérer l'état de son armée, avant de décider la conduite à tenir. Une retraite sur le Loir ou sur la Sarthe s'imposait. Cependant, avant de s'y résigner, il tient tête encore une fois à l'ennemi, et c'est ici que commence la troisième journée du combat de Villarceau.

Les instructions données à la 2e armée, pendant la soirée du 9 décembre, portent : le 17e corps reprendra Origny le 10, à la première heure ; la cavalerie reconnaîtra Beaugency, Villarceau, Cernay, Cravant, Villermain et Binas. Si l'ennemi garde la défensive, les troupes les plus avancées du 21e corps se retireront sur la ligne Poisly-Lorges-Briou ; la cavalerie du 16e corps, établie vers Villemuzard, reliera le 21e corps au reste de l'armée qui demeurera immobile. Notre front dessinait ainsi un angle obtus, dont le sommet était à Briou, près du saillant sud-ouest de la forêt de Marchenoir.

Du côté des Allemands, leurs avant-postes occupaient la ligne Beaugency — Clos-Moussu — Origny — Cernay, se reliant à ceux de la 1re division bavaroise, prolongés eux-mêmes de Montigny à Ozouers-le-Marché, par ceux de la 4e division de cavalerie. De plus, des renforts leur arrivaient d'Orléans.

De ce qui précède, il est aisé de conclure que la journée du 10 décembre ne pouvait pas être plus décisive que les précédentes.

L'attaque ordonnée par Chanzy commence à sept heures du matin. Le général Guépratte (1), qui commande provisoirement le 17e corps d'armée, charge sa 2e division de reprendre Origny et Villejouan. Cette opération, très bien conduite par le général Jouffroy d'Abbans (2), fit tomber

(1) Ancien colonel de cavalerie, au service de la remonte.
(2) Ancien lieutenant-colonel d'état-major.

presque de suite les villages d'Origny et de Villejouan entre nos mains, tandis qu'à l'extrême gauche, un bataillon d'infanterie de marine s'emparait du château de Coudray (2e division du 21e corps, général Colin) et que le général Rousseau (1re division du 21e corps) s'avançait jusqu'à Vallière.

Dans l'après-midi, vers quatre heures, les forces combinées des 17e et 22e divisions prussiennes se réemparèrent de Villejouan; mais toutes leurs tentatives demeurèrent infructueuses devant Origny qui restait en notre pouvoir. La nuit venue, les 2e et 3e divisions du 17e corps bivouaquèrent en arrière d'une ligne allant de Prenay à Origny, par le Plessis et Ourcelle; la 1re division s'était maintenue à Toupenay, légèrement en retraite sur les deux autres.

La journée, du 10, nous était donc favorable encore, malgré nos pertes. Nous restions maîtres de nos positions après avoir combattu jusqu'au soir avec un grand acharnement, sur un front qui ne mesurait pas moins de douze kilomètres.

Cette résistance de la 2e armée de la Loire démontre ce qu'aurait pu faire la 1re armée autour d'Orléans, si le gouvernement de Tours s'était abstenu de tracer des plans d'opérations au général d'Aurelles.

On était au dixième jour d'une lutte sans trêve, ni merci, et l'ennemi, rien que dans les combats autour de Josnes, avait perdu plus de quatre mille hommes, dont une centaine d'officiers. Cette courte campagne sur la ligne de la Loire à Marchenoir prouve ce qui aurait pu être tenté autour d'Orléans, si, au lieu de lancer les généraux dans une marche offensive très dangereuse, on les eut laissés libres dans leur mouvement, d'attendre l'ennemi dans des positions préparées à l'avance, et où ils s'étaient retranchés. Mais ce qui était possible, il y a huit jours, à Orléans, devenait impossible à Josnes, où l'on était à bout de ressources. En épuisant l'ennemi, Chanzy s'épuisait lui-même; d'heure en heure, sa position s'aggravait. Un danger sérieux le menaçait.

Les Allemands, néanmoins, s'inquiétaient de cette résistance qu'ils n'avaient pas prévue, et un correspondant qui était dans leur camp, d'écrire au journal *Le Times* : « C'est singulier, les Français reparaissent partout plus nombreux; ils viennent de combattre pendant huit jours sur dix, et des troupes de nouvelle formation qui accomplissent de tels prodiges contre des vétérans, sans être défaites, le dixième jour, ont tout droit d'espérer que la chance tournera, en leur faveur, en un moment donné. »

*
* *

Resté seul au combat, sans ressources, sans espoir d'un secours demandé avec instance, au milieu d'un réseau de forces ennemies, dont les mailles se resserraient de plus en plus, Chanzy n'avait plus qu'un parti à prendre : subir la nécessité d'un recul, et se retirer du terrain qu'il disputait à l'ennemi depuis cinq jours. Ce mouvement rétrograde, le général commandant la 2e armée de la Loire l'avait prévu.

Dès le 10 décembre au matin, il avait prescrit que, si un mouvement en arrière devenait nécessaire, son armée pivoterait autour de sa gauche, jusqu'à la ligne Poisly, — Lorges — Briou, — La Motte-Potain, — Concriers, — Villegonceau, — Avaray, de façon à s'établir obliquement à la Loire; les convois et les parcs s'engageraient à l'avance sur les voies ferrées de Vendôme; le général Tripard tiendrait à Mer assez longtemps, pour permettre l'évacuation des approvisionnements qui y avaient été réunis. Chanzy avait donc choisi comme ligne de retraite la ligne du Loir et Vendôme, avec la pensée, — s'il y était contraint, — d'aller s'appuyer plus tard sur la Sarthe et au Mans.

Ces dispositions, prévues, pour le cas d'une retraite, pour le 10, n'ont pu être exécutées, la journée ayant été employée à combattre. Mais le général en chef les maintint pour la journée du 11, les complétant par l'indication de la direction générale à suivre pour la retraite qui se ferait par Freteval, pour le 21e corps, Oucques pour le 17e, et Pontijon, — Solommes, — Vendôme pour le 16e.

Ces mouvements rétrogrades s'accomplissaient, le 11 au matin, couverts par de fortes arrière-gardes, les troupes marchant à travers champs, par bataillons en colonne, à distance de déploiement, sur un terrain détrempé par le dégel.

Ce n'était pas chose facile que de tromper un adversaire aux aguets, en lui dérobant la marche des troupes ; que de se tenir en garde du côté de la Loire, et se prémunir contre tout mouvement de l'ennemi qui, en dépassant la forêt de Marchenoir, par le nord, pouvait aller nous devancer sur la route d'Orléans au Mans. Il fallait autant de dextérité que d'énergie pour réussir dans cette entreprise.

Les Allemands ne virent absolument rien. Ce n'est qu'à Midi qu'ils purent s'en apercevoir, et ce n'est que dans la nuit du 11 au 12 que le grand duc de Mecklembourg apprit le mouvement rétrograde de Chanzy. Il se mit alors à sa poursuite; mais trop tard, Chanzy était déjà loin. Trois jours après, ce dernier était sur le Loir, après des marches pénibles, par un temps affreux, sous des pluies torrentielles, à travers des chemins, où hommes et chevaux, avaient de la peine à se tenir debout.

Le 11 décembre, le grand quartier-général de la deuxième armée de la Loire, depuis le 5 décembre, déménagea sur le château de Talcy. Le général Barry qui était à Blois, fit évacuer le matériel sur Vendôme.

Le lendemain 12, Mer fut évacué au jour, et Blois pendant la nuit. A six heures du matin, la colonne mobile de Tours, sous les ordres de Camô partant d'Avaray, se dirigeait sur Annay, où la rejoignirent les fractions des troupes venant de Mer, puis sur Pontijon où elle gardait à la fois la route de Blois à Châteaudun et le chemin de Maves.

Une heure plus tard, la 1re division du 16e corps quittait Villegonceau, se dirigeait sur Villexanton, Villiers, la Blanchonnière et s'établissait entre la route de Blois et de Châteaudun et celle de Pontyon à Ozoues-le-Marché, à hauteur de la ferme de Bois-Brûlé.

A huit heures, la 1re division du 17e corps se dirigeait de Seris sur Morey et Manvoy, pour aller bivouaquer entre le Melleret et la ferme de Bordebure. La 2e division, partie de Concriers, à la même heure, marchait sur Talcy, la Madeleine et Villedamblin, et prenait position à la nuit, le long de la route de Blois à Châteaudun, sa droite à Villeneuve-Frouville. La 3e division, mise également en marche à la même heure, par Villiers, Bourichard, la Vacherie, la Coudraie et Marcou, allait s'établir le long de la même route, son centre à Nuisement. La cavalerie du 16e corps, partie de Bourichard, — toujours à la même heure, se portait sur Rhodon, par Sermaise, — Bois-Brûlé et Conie; celle du 17e corps allait à Oucques.

Au 21e corps, la 2e division partie de Roches, venait prendre position entre Pagerie et Lorry, la 1re se dirigeait sur Viévy-le-Rayé, par Marchenoir et Saint-Léonard.

Pendant l'exécution de ces mouvements, la cavalerie poussait des reconnaissances le plus loin possible vers Binas, Verde, La Ferté-Vineuil, de façon à parer à un mouvement offensif de l'ennemi, d'Ozouers-le-Marché, sur la ligne de Morée à Cloyes.

Au point du jour, les éclaireurs algériens reconnaissaient également les positions allemandes vers Josnes et le château de Serquen, puis ils se repliaient sur Sermaise, en couvrant la retraite du 17e corps. A droite, le général Tripard faisait également éclairer en amont de la Loire, par sa cavalerie, pendant que l'amiral Jauréguiberry poussait la sienne vers la droite, pour retarder la marche de l'ennemi sur Blois, qui ne devait être évacué par le général Barry, que dans la nuit du 12 au 13, et encore s'il y était forcé. Ce dernier avait l'ordre de se retirer alors sur Amboise, en ralliant successivement toutes les troupes dispersées dans le val de la Loire.

Ainsi, le 12 au soir, la deuxième armée de la Loire, après avoir de nouveau pivoté sur sa gauche, était établie obliquement à la Loire, le long de la route de Châteaudun à Blois.

Le 13 décembre, la marche en retraite continuait, de manière à aller prendre position sur le Loir. La colonne Camô et la 1re division du 16e corps, mises en marche à sept heures du matin, suivirent les directions de Villeberfol, Villegrimont, Villemardy, Périgny, Conan, Rodhon, Solommes, pour se diriger ensuite sur Vendôme, et occuper au sud-est de cette ville des positions défensives s'étendant du ravin de Chanteloup à celui de la Houzée, par Sainte-Anne

Lecture aux troupes de l'ordre du jour de Chanzy (page 189).

et le sud du bois de Peseries. La cavalerie du 16e corps, partie à 11 heures et demie, flanquait ce mouvement à gauche, par Budan, Villamoy, la route de Blois à Vendôme, Crucheray, la route de Château-Renault à Vendôme, où elle a l'ordre de cantonner au nord-ouest de cette ville (hameau de Courtiras).

Au 17e corps, le mouvement de retraite commença à huit heures; la 1re division suivit la direction de Boisseau, le Bouchet, Villarceau, Coulommiers, Meslay, et elle s'établit le long de la route de Vendôme à Châteaudun, des Tuileries à Poirier. Sa 2e division suivit la ligne Villeneuve, — Trouville, — Saint-Gemmes, — Noyen, —Faye; passa le Loir à Saint-Firmin, et alla prendre position le long de la route de Châteaudun, son centre à Haye-de-Champ. Sa 3e division partie d'Oucques, marcha sur Beauvilliers, Pezon, où elle franchit le Loir, appuyant sa gauche à ce dernier village et reliant sa droite à la 2e division. La cavalerie se dirigea d'Oucques sur les Ronces, Lignières, le Pont de Pezon et alla s'établir en arrière de la 3e division.

Enfin, le 21e corps se porta de Viévy-le-Rayé sur Fréteval, à l'exception des détachements laissés au nord-est de la forêt de Marchenoir, qui se dirigèrent sur Morée, pour passer le Loir à Saint-Hilaire.

Le soir du 13 décembre, la deuxième armée de la Loire était établie à proximité du Loir, sur une ligne de défense naturelle derrière laquelle Chanzy espèrait renouveler les vigoureux efforts des journées précédentes.

Le choix de Vendôme et de la ligne du Loir étaient deux excellentes positions. Le commandant en chef de la deuxième armée menaçait ainsi les Allemands, s'ils s'enfonçaient trop avant dans le sud de la France; il restait à portée de Paris qui était toujours son objectif, et, en cas de nécessité, sa retraite était ouverte vers le Mans. La ligne du Loir, vallée étroite et bordée de mamelons assez élevés offrait de précieux moyens de défense; Vendôme était en outre un point de communication important à garder; un nœud de croisement de routes allant d'Angers à Châteaudun; de Blois au Mans, par Saint-Calais; de Tours à Chartres, par Château-

Renault, Clayes et Bonneval, sans parler du chemin de fer qui relie Tours à Paris, par Châteaudun et Dourdan. Néanmoins, ce point stratégique utile à conserver est difficile à défendre contre une attaque venant de Blois, en raison de sa situation en partie, sur la rive gauche du Loir; il est dominé par des hauteurs que l'artillerie ne peut protéger efficacement des monticules de la rive droite. Chanzy ne devait pas tarder à s'en apercevoir.

Malgré le contact immédiat des Allemands qui suivaient de très près ses arrière-gardes, le commandant de la deuxième armée de la Loire avait parcouru en neuf jours, du 5 au 14 décembre, une distance de soixante kilomètres, combattu pendant six jours consécutifs, perdant à peine de terrain, tentant à maintes reprises,des retours offensifs souvent heureux, exécutant l'une des opérations les plus difficiles dont fasse mention l'histoire des guerres : une retraite, avec des troupes jeunes, démoralisées, affaiblies par des échecs successifs,dans des conditions matérielles et morales d'une dificulté inouïe,et cela en présence d'un ennemi victorieux, arrogant, possédant toutes les supériorités, même celle du nombre. C'est là certainemeut une des plus belles pages de notre histoire militaire, et Chanzy, en l'écrivant du bout de son épée, a donné un bel exemple de tenacité, qui suffit à lui seul pour rendre son nom impérissable.

V

VENDÔME

La deuxième armée de la Loire, éprouvée depuis le 1er décembre par le feu de l'ennemi, les fatigues, les privations, des marches pénibles dans la boue et dans la neige, en était arrivée à cette heure de détente dangereuse, trop souvent la compagne obligée de trop violents efforts. Les traînards, les découragés, ceux qui ne pouvaient suivre, encombraient les chemins, se dispersaient dans les fermes isolées, où ils se laissaient prendre par les reconnaissances ennemies, et allaient ainsi grossir le nombre des prisonniers français, dont les Allemands se glorifiaient. L'ordre se relâchait partout. Chanzy voyait le mal ; il ne négligeait rien pour en arrêter les progrès ; témoin l'ordre du jour suivant, qu'il fit paraître, en arrivant à Vendôme : « Des soldats, même des officiers n'ont pas rallié leurs corps depuis les derniers engagements. Le commandant en chef est décidé à traduire devant des Cours martiales, tous ceux qui sont en absence illégale ; et des ordres sont donnés pour qu'ils soient recherchés sur les derrières de l'armée et arrêtés immédiatement. Tous les refus d'obéissance seront déférés aux tribunaux militaires ; il importe de faire immédiatement des exemples et de rétablir, dans la deuxième armée, la discipline à laquelle elle a dû ses succès, dans la deuxième partie de la campagne (1) ».

Malgré tout ce qu'il y avait de critique dans la situation de cette armée qui n'avait plus que des forces diminuées et singulièrement ébranlées, Chanzy, dès son arrivée à Vendôme, ne s'en décidait pas moins à résister, et à cet effet, disposait ses troupes de façon à s'assurer une retraite vers le Perche et à se préparer à recevoir une attaque venant par la route de Blois. Lé 21e corps, sur la rive droite du Loir, s'échelonnait de Busloup à St-Hillaire, par Fréteval point essentiel à défendre contre une offensive du Grand-Duc de Mecklembourg. Les meilleures troupes des 16e et 17e corps, appuyées par de la cavalerie étaient sur le plateau de la rive gauche, en avant de Vendôme, surveillant la route de Blois, occupant Bel-Essort et gardant les approches du village de Saint-Anne. Enfin, le général Barry, était à Saint-Amand, à cheval sur le chemin de fer de Tours à Vendôme. C'était une aile droite bien faible pour une armée formée d'éléments si incohérents, si disparates.

La grande préoccupation de l'état-major allemand était d'en finir au plus vite avec la résistance de cette armée de Chanzy, dont les éléments un peu épars, se trouvaient partout, et ne laissaient pas que d'inquiéter le quartier général en-

(1) Chanzy, p. 287.

nemi. De nouvelles troupes furent donc envoyées de Versailles à Orléans pour permettre au prince Frédéric-Charles de marcher avec toutes ses forces sur Vendôme ; en même temps une division de cavalerie était détachée de l'armée d'investissement sous Paris avec quelques bataillons de Landwehr, et dirigés vers l'ouest, du côté du Mans, de sorte que Chanzy allait se trouver plus que jamais menacé, avant d'avoir pu reconstituer son armée, même à demi.

Les 14 et 15 décembre, la lutte s'engageait de nouveau sur les bords du Loir.

***

Bataille de Vendôme. (*14 et 15 décembre*). — Le lendemain de son arrivée à Vendôme, Chanzy est attaqué sur sa gauche, à Morée et à Fréteval par le duc de Mecklembourg qui dirige l'aile droite allemande, sous les ordres du prince Frédéric-Charles.

Le général Rousseau est assez heureux pour arrêter les Allemands au village de Morée. Mais l'engagement est plus sérieux à Fréteval, où les troupes du Grand-Duc se heurtent contre le 21e corps. Un bataillon d'infanterie de marine qui occupe seul ce point, ne peut le reprendre, malgré les renforts envoyés successivement à son secours, malgré une défense désespérée, et une nouvelle tentative d'attaque exécutée dans la soirée par le colonel du Temple, qui commande la 2e brigade de la division Jaurés. Le commandant Collet, un des vigoureux officiers de l'infanterie de marine se laisse entraîner par son ardeur, devance le moment de l'attaque, en s'élançant sur le village avec quatre compagnies seulement, — celles qu'il a sous la main. Il y pénètre, mais écrasé par le nombre, et par un feu d'artillerie des plus nourris, il est obligé de se replier sur sa réserve, en se défendant comme un lion. Mais il perd la vie, ainsi que son adjudant-major. Dès lors, les Allemands se tiennent sur leurs gardes, et le colonel du Temple rentre à la nuit dans ses lignes.

Cette première affaire est le prélude de celle qui doit s'engager le lendemain. Chanzy prend ses dispositions en conséquence, et afin d'éviter toute indécision de la part des chefs de corps, il prescrit que « toutes les troupes prendront les armes, le 15, à huit heures du matin, se porteront sur leurs emplacements de combat, et y resteront jusqu'à la rentrée des reconnaissances ». Puis, il dicte à ses officiers d'ordonnance l'ordre du jour suivant, qui est lu aux troupes, le 15, au matin, pendant cette prise d'armes :

« Officiers et soldats de la deuxième armée de la Loire,

« Depuis quinze jours, nous n'avons pas cessé de combattre. Vous avez lutté héroïquement contre la principale armée allemande, commandée par le prince Frédéric-Charles, et, si vous n'avez pas chaque jour, comme à Vallière, à Coulmiers, à Villepion, complètement battu l'ennemi, vous n'avez jamais subi de défaite, puisque chaque soir, vous avez couché sur vos positions, disputées avec acharnement, de l'aube à la nuit. Pendant cinq jours, la deuxième armée appuyant sa droite à la Loire, sa gauche à la forêt de Marchenoir, s'est maintenue dans ses lignes, en avant de Josnes ; et les batailles des 7, 8 et 9 décembre ont été aussi glorieuses pour vous, que funestes à l'ennemi qui, de l'aveu de ses prisonniers, a subi des pertes considérables, surtout en officiers de tous grades.

« Des considérations stratégiques vous ont ramenés sur les positions que vous occupez actuellement. Vous les conserverez quels que soient les nouveaux efforts de l'ennemi, qui s'acharne sur vous parce qu'il comprend que vous êtes pour lui l'obstacle et la résistance.

« Ce que vous venez de faire, malgré des privations forcées, des fatigues incessantes, le froid, la neige, la boue de vos bivouacs, vous le continuerez, puisqu'il s'agit de sauver la France, de venger notre pays envahi par des hordes de dévastateurs.

« Pour nos nouveaux efforts, il faut l'ordre, l'obéissance, la discipline ; mon devoir est de l'exiger de tous : je n'y faillirai pas. La France compte sur notre patriotisme et moi, qui ai l'insigne honneur de vous commander, je compte sur votre courage, votre dévouement et votre persistance.

Le général en chef :

Signé : CHANZY.

*
* *

Le 15 décembre, les 16e et 17e corps recevaient à Vendôme, le choc des premières colonnes du prince Frédéric-Charles. Il s'agissait surtout d'empêcher l'ennemi de passer le Loir à Fréteval, sur le pont en bois qui relie les deux bords de la rivière. L'amiral Jaurès reçut l'ordre de le reprendre et d'y mettre le feu ; opération difficile qui s'exécuta très brillamment, sous le feu de l'ennemi. Mais il n'en fut pas de même sur la droite où se déroulait l'action principale.

La mêlée devint un instant très sérieuse, en avant de Vendôme. Mais tout calculé, cette malheureuse armée qui était toujours au feu, avait assez énergiquement résisté pour ne pas s'avouer vaincue, puisqu'elle passa la nuit sur le plateau qu'elle occupait depuis la veille. Elle avait, en définitive, repoussé l'attaque ennemie. Cependant, on avait perdu l'excellente position de Bel-Essort. Le commandant Prudhomme qui commandait, en ce point, un bataillon de zouaves, avec une batterie, s'y était laissé déborder par une division du 3e corps prussien, et cet échec rendait la défense de Vendôme aussi périlleuse que délicate. Prudhomme, qui est aujourd'hui général de division, n'a cédé le terrain, il est vrai, qu'après avoir reçu plusieurs blessures dont un éclat d'obus à la tête. Refoulé sur Meslay et Ancines, il a pu s'arrêter sur la rive droite du Loire, brûlant derrière lui, le pont de Meslay qu'il abandonnait.

Que faire ? Les Allemands maîtres de Bel-Essort, pouvaient y établir des batteries destinées à prendre en écharpe celles des Français établies en avant du faubourg du Temple, à Vendôme. Chanzy attendrait-il un second combat pour le lendemain ? Peut-être, car il ne veut abandonner sa position

Les autres formaient une masse incohérente de fuyards, de traînards... (page 198).

qu'à la dernière extrémité. Le 15 au soir, il télégraphie donc au Ministre de la guerre qui a transféré sa résidence à Bordeaux :

« .... Nous résisterons demain, mais, si nous y sommes forcés, toutes nos dispositions sont prises pour nous diriger sur le Mans... Je ne le ferai qu'à la dernière extrémité, persuadé que notre meilleure chance est dans la résistance et que tout mouvement de retraite peut être le signal d'un désastre. Je regrette de plus en plus qu'aucune démonstration ne vienne nous aider à sortir d'une position difficile. »

Chanzy sentait, en effet, que son armée succombait sous le poids des fatigues, et, que si l'ennemi recommençait avec des nouveaux renforts, il n'avait que des bataillons épuisés à lui opposer. Il le voyait, et ses chefs de corps les plus énergiques, ne lui laissaient aucune illusion à ce sujet, quand ils lui disaient : « Nos hommes sont à bout, non de courage, mais de forces; il ne faut plus compter sur eux, qu'après quelques heures de repos. Tout ce qui lui avait été possible de faire jusqu'à présent, il l'avait fait sans hésiter. Aller au delà, lui paraît impossible. Il fallait cependant se décider à prendre un parti, car le temps pressait : « Quelle abominable guerre! s'écriait-il à part lui. — Ne pouvoir jamais compléter une victoire ; avoir des succès indécis; victorieux ou battu; reculer sans cesse .... N'importe, nous ferons notre devoir. » Et le commandant de la 2e armée de la Loire, donnait des ordres, le 15 au soir, pour repasser le Loir, et commençer la retraite sur le Mans, en arrière de la Sarthe, le lendemain avant le jour.

VI

RETRAITE DE CHANZY DERRIÈRE LA SARTHE

Tous les parcs et réserves de l'armée avaient été disposés dans ce but dès la veille, et le 16 décembre, les premiers mouvements commencèrent, protégés par le brouillard du matin, et purent être ainsi dérobés à l'ennemi, pour la première fois pendant cette désastreuse campagne d'hiver. Les ordres, du reste, avaient été admirablement donnés ; successsivement, les corps se repliaient, s'écoulaient à travers Vendôme et passaient la rivière. Chaque chef de corps s'y prêta de son mieux, suivant la nature des chemins, et quand le brouillard se fût dissipé, vers les neuf heures du matin, et que les Allemands s'aperçurent de cette sorte d'évasion, en apparaissant tout à coup sur la rampe du Temple et sur

Le matériel, l'artillerie, s'embourbaient dans les fondrières des chemins... (page 197).

les crêtes de la rive droite de la rivière, l'armée française était déjà loin ; les ponts venaient de sauter : un tourbillon de fumée et quelques explosions successives leur firent connaître que nous échappions à leur étreinte.

Restait à Chanzy une dernière inquiétude, une grande et douloureuse préoccupation. Il fallait aussi sauver par le chemin de fer les malades, les éclopés, l'immense matériel de guerre, et les approvisionnements de toutes sortes accumulés dans la ville de Vendôme. Un convoi considérable avait été formé. Malgré l'activité déployée la veille, comment pouvait-il échapper à l'ennemi ? Ne pouvait-il pas être atteint par les projectiles ennemis, ou capturé avant de pouvoir se mettre en route. Lui aussi put partir, sans encombre. L'énorme convoi traîné par deux puissantes locomotives soufflant à toute vapeur, disparut à l'horizon, comme nos troupes, sans être inquiété par l'ennemi, et put gagner Tours, et de là être dirigé sur le Mans.

Ainsi, on quittait Vendôme, et la ligne du Loir, après une halte de deux jours, si on peut appeler halte les deux combats qui s'y étaient livrés. On s'en allait vers le Mans, par toutes les routes du Perche, région accidentée et touffue, favorable à une guerre de partisans, mais non à une armée battant en retraite en toute hâte pour échapper à l'ennemi ; le 21e corps se dirigeant vers la vallée de l'Huisne par Droué et Vibray, les 16e et 17e corps s'acheminant vers la Sarthe, par Montoire et Saint-Calais. Le matériel, l'artillerie s'embourbaient dans les fondrières des chemins, et on avait bien de la peine à les en retirer.

Le 17 décembre, le grand quartier général de Chanzy était à Saint-Calais. La journée ne s'y passa pas sans incidents. La division Goujeard du 21e corps qui avait passé toute une nuit à se débattre contre les difficultés d'un terrain extrêmement boueux, n'arrivait à Droué que le 17 au matin, après douze heures de marche. C'était une perte de temps qui faillit lui coûter cher, car l'ennemi était sur ses talons, et à peine allait-elle se remettre en route, après quelques heures de repos, qu'elle se trouvait tout à coup assaillie par l'ennemi qui se jetait à l'improviste sur le village. L'énergie du général Goujeard évita un désastre. Cet intrépide marin, ramena au feu ses soldats prêts à se débander; les Allemands furent repoussés, et l'aile gauche de l'armée fût sauvée. Les mobilisés de Bretagne eurent dans cette affaire quatorze tués et trente-cinq blessés, dont l'aumônier. Le 17e corps avait eu à soutenir aussi un combat d'arrière-garde, sur la route de Saint-Calais à Epuisay. Mais les Allemands exténués, comme nous, par des marches incessantes, mettaient peu d'ardeur à la poursuite.

Le 18, le grand quartier général de Chanzy était à Ardenay et le 19, au Mans. Ce n'est que le 20 décembre que la deuxième armée de la Loire, arrivait enfin sur la Sarthe, échappant à sa propre désorganisation, autant qu'à la poursuite de l'ennemi.

Ces quatre jours de retraite étaient assurément une cruelle épreuve, au lendemain d'une série de combats qui n'avaient pas été sans gloire; et, pendant ces quatre jours, Chanzy s'efforce de lutter contre la désorganisation de ses troupes.

Quant aux Allemands, le grand quartier général prussien était resté à Suèvres, jusqu'au 16 décembre. Dans la soirée de ce jour, le prince Frédéric-Charles rentrait à Orléans, avec les 3e et 9e corps, laissant le soin de poursuivre le général Chanzy au grand duc de Mecklembourg. Ils avaient grand besoin eux-mêmes de reprendre haleine, de reconstituer leurs forces, et pendant quelques jours, nous allons assister de part et d'autre, à une sorte de trêve, durant laquelle, les deux armées vont se préparer à des luttes nouvelles.

*
* *

AU MANS. — Les soldats de la Loire et de Vendôme, en arrivant au Mans, le 20 décembre, n'étaient déjà plus une armée. Les uns, arrivaient en détachements groupés sous les ordres de leurs officiers, et allaient prendre des positions qui leur étaient assignées, dans les cantonnements; les autres formaient une masse incohérente de fuyards, de traînards, arrivant à la file les uns des autres, sans ordre, sans discipline. Il n'y avait pas à s'y tromper; c'était une armée à reconstituer entièrement. Aussi dès son arrivée au Mans, Chanzy écrivait-il au gouvernement de Bordeaux : « Je trouve ici un encombrement tel qu'il me faut quelques jours, pour remédier à cet état de chose; je prépare un projet de réorganisation de l'armée; je vous demande donc instamment que je vous soumette ce projet, avant de prendre des dispositions qui pourraient augmenter les difficultés, au milieu desquelles je me trouve. J'ai tout intérêt à avoir au plus vite, une belle et bonne armée. Autorisez-moi à agir pour obtenir ce résultat.....»

Par le fait, le Mans devenait, pour la deuxième armée de la Loire, une nouvelle base d'opération, sur laquelle voulait s'appuyer le commandant en chef, pour prendre l'offensive, ou s'y défendre, s'il était lui-même attaqué. Au point où la France en était réduite, nul ne sentait mieux que lui le prix du temps, et pour mener à bien l'œuvre de reconstitution de son armée, il lui fallait, — tout le monde le comprendra, — une certaine liberté d'action, pour ne pas être gêné par des décisions importunes, qui ne pouvaient qu'ajouter à ses embarras.

La première difficulté à vaincre, était dans la nature des forces dont Chanzy disposait. Ces armées de province, elles faisaient sans doute de leur mieux ; mais ce qui leur a toujours manqué : c'est l'organisation. Les soldats dont elles se composaient, n'avaient ni l'esprit militaire, ni le sentiment de solidarité, ni l'habitude de l'obéissance et de la discipline, qui font les bonnes armées.

Ayons donc le courage de le reconnaître. Les rhéteurs, les orateurs en chambre, les préfets à proclamations retentissantes, ont pu taxer nos soldats de héros, et ne voir que des traîtres dans nos généraux ; l'écrivain impartial doit rétablir les faits, et si nos aînés ont pu, en de certains moments, faire preuve de dévouement et de bonne volonté, le pays le doit certainement aux chefs qui les commandaient.

En réalité, qu'eût été la deuxième armée de la Loire, sans le général Chanzy? Les faits seuls répondent à cette question. C'est grâce à son chef, qu'elle tient pendant huit jours, autour d'Orléans ; qu'elle se rallie sur le Loir, sans se laisser entamer ; qu'elle combat deux jours à Vendôme, et échappe à une dissolution complète, par une retraite sur le Mans, habilement dissimulée aux yeux de l'ennemi ; et c'est grâce à lui, que nous allons la voir se reconstituer sur la Sarthe, tout en prenant ses emplacements de combat, en prévision d'une attaque prochaine. En quelques jours, Chanzy parvint à remettre de l'ordre dans ses divisions et dans tous les services, à réorganiser les corps qui avaient le plus souffert, et à les répartir autour du Mans, dans des positions choisies par lui, avec autant de tact que de discernement et à les protéger par des travaux de défense.

Le Mans, centre stratégique de la plus haute importance, en raison des cinq routes qui y aboutissent et rayonnent sur Paris, Strasbourg, Brest, Angers et Tours, est bâti sur la rive gauche de la Sarthe, et au confluent de l'Huisne, son principal affluent. Dominé à courte distance et presque de tous les côtés, par des collines, qui enserrent les vallées de ces deux cours d'eau, elle n'est pas défendable par elle-même, mais elle peut être protégée par trois plateaux qui la bordent : le plateau de Sargé, au nord, entre la Sarthe et l'Huisne; le plateau d'Auvours, au centre, entre Champagné et Yvré-l'Évêque; le plateau de Pontlieue, au sud, s'étendant de ce village à la route, dite du Chemin-des-bœufs, et traversé par les routes de La Flèche, de Tours et de Vendôme.

Chanzy distribua ses trois corps d'armée sur ces trois plateaux : le 21e corps (Jaurès) occupa celui de Sargé; une partie du 17e corps (général de Colomb) et la division bretonne (Gougeard) furent chargées de la défense du plateau d'Auvours; le 16e corps et le reste du 17e, sous les ordres de Jauréguiberry, gardaient les hauteurs, au delà de Pontlieue.

Certes, le commandant en chef ne pouvait pas épargner à ses troupes, les rigueurs d'un hiver exceptionnel, les misères du bivouac, dans la boue, dans la neige; c'était là des souffrances qu'il fallait subir; mais il en atténue autant que possible, les effets désastreux, en leur faisant distribuer des vêtements susceptibles de les garantir du froid, et de les nourrir le mieux qu'il pouvait. Restait à savoir maintenant ce qu'il ferait de cette armée qui renaissait pour ainsi dire de ses ruines? Ici, apparaissait une autre difficulté; celle des relations entre la délégation de Bordeaux, et les généraux. Chose étrange! Le gouvernement laissait les généraux dans la plus complète ignorance, de ce qui se passait autour d'eux; il les troublait en se mêlant des opérations militaires, dont aucun des membres civils n'avait une idée juste et précise, ne leur faisait connaître que ce qu'il voulait, laissant le général en chef, absolument ignorant de ce qui se passait autour de lui. Chanzy s'en ouvrit à la délégation de Bordeaux, et voici ce qu'il écrivit au ministre de la guerre : « Je vous ferai observer qu'il est indispensable, pour la suite de mes opérations, que je sois tenu au courant des mouvements des autres armées, surtout celles des généraux Bourbaki et Faidherbe. Les renseignements contenus dans vos dépêches, me sont absolument insuffisants. »

C'était, en effet, une nécessité de premier ordre pour les généraux de ne rien ignorer de ce qui se passait dans les autres armées de province, de façon à pouvoir s'entendre et à lier leurs opérations ensemble. L'histoire dira que ce fut là une vérité qu'ils ne purent jamais obtenir, le gouvernement de Bordeaux se prêtant le moins possible à ces communications directes sans lesquelles on ne pouvait agir que d'une manière stérile, sans profit pour l'armée, et par conséquent pour la nation. Il tenait en tutelle le commandant de la deuxième armée de la Loire, le décourageait et neutralisait ses efforts par des tracasseries puériles que la jeune génération ne connaît pas assez et qu'il est bon de lui faire connaître. Témoin ce bizarre incident de la mission du capitaine de Boisdeffre, parti de Paris en ballon (*le Lavoisier*), porteur de nouvelles du général Trochu, et descendu à Montfort (Maine-et-Loire), le 22 décembre, deux jours après l'arrivée de Chanzy au Mans.

Trochu avait, lui aussi, intérêt à connaître ce qui se passait en province, et le capitaine de Boisdeffre, un de ses aides de camp, connu personnellement de Chanzy, puisqu'il avait fait son stage d'état-major au régiment qu'il commandait de 1864 à 1866, était chargé de remettre au commandant de la deuxième armée de la Loire six pigeons voyageurs, avec lesquels il pouvait entrer en communication avec lui, de lui faire connaître verbalement les efforts qu'il tentait à Paris et ceux qu'il attendait du concours de son collègue du Mans. Le préfet de Maine-et-Loire s'empara des pigeons en vertu d'une réquisition, et voilà Chanzy privé de ses moyens de correspondance. Comment se fait-il qu'un préfet se soit cru autorisé de violer un dépôt confié à un officier sûr et prévoyant par le chef du gouvernement de la Défense nationale? En ce moment, aucun intérêt n'était plus grand que celui de la défense. Chanzy s'en plaignit naturellement, demandant qu'on lui rendît quatre pigeons sur six; on lui répondit de Bordeaux qu'il devait commencer par envoyer ses dépêches à la délégation, pour de là les expédier à Paris.

Il n'y avait plus à insister sur les pigeons, faits prisonniers par le préfet de Maine-et-Loire!

Chanzy se le tint pour dit et n'insista pas davantage. Restait la communication verbale du capitaine de Boisdeffre. Le gouverneur de Paris faisait connaître à Chanzy, d'une manière confidentielle, qu'il lui paraissait impossible de faire une trouée sans le secours des armées de province, que la question des subsistances était un danger imminent, et qu'en supposant qu'il pût rompre en un point quelconque les lignes d'investissement, ses troupes manqueraient de vivres et de munitions, etc., à six lieues de Paris, faute de pouvoir se faire suivre par un long convoi de ravitaillement. Trochu fixait même, avec une précision qui n'a été, hélas! que trop justifiée depuis, l'heure où la résistance de Paris devait expirer, si bien que Chanzy pouvait écrire ce qui suit à la délégation de Bordeaux : « En mettant en œuvre toutes ses ressources, Paris ne peut tenir que jusqu'à la fin de janvier. Mais, dès le 20, il faudra traiter, les jours suivants suffisant à peine pour préparer l'approvisionnement de cette nombreuse population...

« Bien que la lutte ne doive pas cesser par suite de la chute de Paris, la situation serait tellement empirée de ce fait, que je pense qu'il y a lieu de faire les plus grands efforts pour l'en empêcher, et je vais y mettre tous mes soins...

« Je hâte la réorganisation de mon armée. Je vais employer toute mon énergie et ma volonté à la mettre en état de remplir au plus tôt le but qu'il nous faut, — je crois, — essayer d'y atteindre à tout prix et vous soumettrai mes propositions à cet égard (1). »

(1) De Mazade, *La Guerre de France* (*Revue des Deux-Mondes*).

Ce langage prouvait qu'il n'y avait pas un instant à perdre; chaque heure perdue était une chance de moins, si on voulait tenter un effort suprême pour délivrer Paris; et le commandant de la deuxième armée de la Loire, n'écoutant que son patriotisme, faisant taire ses ressentiments contre un gouvernement qui ne lui donnait que des instructions inexécutables, prit l'initiative d'un projet d'attaque que nous résumerons ainsi : « La résistance de Paris étant limitée, — écrivait Chanzy à la délégation de Bordeaux, — le moment me semble venu de faire converger vers Paris les trois armées de province. Dans ce but, il me paraît indispensable que l'*armée du Nord*, aux ordres du général Faidherbe, se mette en marche d'Arras pour venir s'établir de Compiègne à Beauvais, ayant sa base d'opération sur les places du Nord et sa ligne principale sur le chemin de fer de Paris à Lille. Que la *première armée de la Loire* se mette en mouvement de Châtillon-sur-Seine, pour venir prendre position entre la Seine et la Marne, de Nogent à Château-Thierry, prenant sa base et sa ligne d'opération sur la Bourgogne, la Seine, l'Aube et la Marne, pendant que la *deuxième armée* partirait du Mans pour venir s'établir sur l'Eure, entre Evreux et Chartres, couvrant sa base et ses lignes d'opération qui seraient la Bretagne et les lignes ferrées d'Alençon à Dreux, du Mans à Chartres.

« Ces trois armées, une fois sur les positions indiquées, se mettront en communication et combineront les efforts de chaque jour avec des sorties de l'armée de Paris, de façon à obliger les troupes d'investissement à se maintenir toutes entières dans leurs lignes. Le résultat sera alors dans le succès des attaques extérieures, et si ce succès est obtenu, si l'investissement peut être rompu sur un seul point, un ravitaillement de Paris peut devenir possible; l'ennemi peut être refoulé et contraint d'abandonner une partie de ses lignes, et de nouveaux efforts combinés entre les armées de l'extérieur et de l'intérieur peuvent, dans la lutte suprême, aboutir à la délivrance de Paris... »

Ce plan était simple, rationnel; il répondait aux exigences de la situation : il ne fut pas suivi. Un jeune tribun d'audience se supplantait à nos généraux, s'improvisait le dictateur d'une nation, donnait des ordres aux chefs militaires, et finalement aboutissait à une campagne désastreuse, fruit de sa suffisance et de son outrecuidance.

Jamais rien d'aussi anormal ne s'était vu en notre pays de France. A quoi servent donc nos écoles militaires, s'il suffit d'un rhéteur en chambre pour tout bouleverser? Pourquoi ces livres écrits par Turenne, par Frédéric II, par Napoléon Ier, pour établir les principes et les règles de la guerre, s'il suffit d'avoir étudié les pandectes de Justinien pour se croire invincible?

Les essais d'un homme de guerre se font avec le sang de ses soldats; ses erreurs coûtent la vie à des milliers de ses semblables. Des entreprises inutiles, des fausses manœuvres font couler des torrents de sang. Si l'histoire admet qu'on improvise un général d'armée comme un orateur; si l'on admet qu'un avocat et un ingénieur sont en état de diriger les généraux d'Aurelles, Bourbaki et Chanzy, il faut à tout jamais renoncer aux études historiques; il faut déchirer les vieux enseignements de notre jeunesse; ceux que nous donnent Hérodote, Thucydide, Xénophon, Elien, Adrien, sur la phalange grecque, il nous faut oublier la retraite des Dix-Mille qui combattaient au cœur de l'Asie, sous le jeune Cyrus; ignorer la milice romaine dont la décadence nous est racontée par Végère, en termes qui nous font comprendre que la décadence moderne est basée sur les mêmes principes.

Etudions nos auteurs anciens; Tite-Live, Florus, Salluste et surtout Polybe, nous apprendrons que l'instruction militaire est indispensable à un chef d'armée, et vaut cent fois mieux que l'enthousiasme.

« Quel que soit l'avenir réservé à notre patrie, — dit le général Ambert, — n'oublions pas les terribles leçons du passé. Ne confions jamais le sort de nos armées à des hommes étrangers au métier de la guerre. Nul ne pourrait affirmer que les généraux, avec des troupes mal vêtues, mal chaussées, sans instruction militaire, eussent sauvé le pays; mais il n'est point douteux que l'intervention de MM. Gambetta et Freycinet, dans les choses militaires, a rendu le salut impossible. La patrie vaincue ne saurait leur pardonner d'avoir conduit nos soldats aux défaites (1). »

*
* *

Bataille du Mans. — En présence des difficultés qu'on lui suscitait, Chanzy n'avait plus désormais qu'à se renfermer dans son rôle de chef de la deuxième armée de la Loire, c'est-à-dire manœuvrer dans l'ouest, pour se porter de nouveau contre l'ennemi, ou à l'attendre dans les positions qu'il s'était choisies autour du Mans, à l'abri desquelles il commençait à se refaire, et qui devenaient ainsi pour lui, ce qu'avaient été celles d'Orléans, pour le général d'Aurelles, dont il n'avait oublié ni les leçons, ni l'expérience. Par les dispositions qu'il avait prises, il se croyait en mesure de garder efficacement la vallée de l'Huisne et les routes du Perche, mais il n'entendait pas, par là, s'interdire absolument toute action offensive à l'intérieur de ces positions, pour tâter l'ennemi, au moyen de reconnaissances incessantes de sa cavalerie légère, appuyée par des colonnes mobiles, formées de ses meilleures troupes. A cet effet, dès le 23 décembre, on entrait de nouveau en campagne. Le général Rousseau, détaché du 21e corps, remontait le long du chemin de fer de Paris, jusqu'à La Ferté-Bernard et Nogent-le-Rotrou, secondé par les francs-tireurs de Lipowsky (2) et de Cathelineau, qui occupaient la forêt de Vibraye. Le général de Jouffroy d'Abbans qui commandait une division du 17e corps, se lançait avec une colonne volante, dans la direction de Vendôme, en plein Perche. Le général de Curten (3), avec quelques troupes réunies à Poitiers, manœuvrait sur le Loir, pour appuyer le général de Jouffroy. Enfin, le général Barry, établi vers Chahaignes et Château-du-Loir, devait seconder la colonne du Loir.

Du 23 décembre aux premiers jours de janvier, ces

(1) *La Loire et l'Est.* — Bloud et Barral, éditeurs.
(2) Ancien lieutenant au 10e bataillon de chasseurs à pied.
(3) Ancien lieutenant-colonel du régiment étranger.

colonnes mobiles étaient en mouvement, rencontrant souvent l'ennemi. Le 27, le général Barry repoussait les Prussiens à Saint-Quentin, près de Montoire. A la fin de janvier, le général Jouffroy paraissait en face de Vendôme, enlevait les Tuileries et le château de Bel-Air, où il faisait environ deux cents prisonniers; le général de Curten culbutait l'ennemi à Villethion, et s'emparait de Saint-Amand. Mais le 5 janvier, la colonne Jouffroy était obligée de battre en retraite derrière la Braye, après avoir vaillamment combattu à Mazangé et aux Roches. L'ensemble de ces opérations avait manqué d'unité. Chanzy crut y remédier, en envoyant le plus énergique de ses lieutenants, l'amiral Jauréguiberry, prendre la direction des opérations sur les rives du Loir. Il était trop tard. Le général Barry se faisait battre, le 9 janvier, à Chahaignes, laissant sur le terrain, près de quatre cents hommes tués, blessés, ou disparus.

A Brives, la colonne Jouffroy accablée par le nombre, reculait sur le Grand-Lucé, laissant une partie de son convoi embourbé dans les ornières des chemins.

Du côté du nord, le général Rousseau après avoir obtenu quelques avantages à Courtalain, le 31 décembre et à La Fourche, le 6 janvier, avait essayé vainement d'arrêter l'ennemi à Vouvray et Thorigné, et finalement s'était repliée sur La Ferté-Bernard, laissant plus de huit cents hommes sur le terrain.

Nos troupes reculaient donc partout. Malheureusement, nos colonnes un peu éparses ne pouvaient se replier sur le Mans qu'en combattant, serrées de près par les masses allemandes, qui étaient signalées, dès le 8 janvier, à St-Calais, et qui d'heure en heure s'avançaient par toutes les routes de Vendôme et de Tours, comme de St-Calais, sous la conduite du prince Frédéric-Charles; par la vallée de l'Huisne, sous les ordres du Grand-Duc de Mecklembourg, si bien que, le 9 janvier, la situation autour du Mans, prenait subitement un caractère des plus graves.

Le bombardement de Paris, venait de commencer; à l'est et à l'ouest, les armées marchaient pour se rencontrer. Le moment décisif approchait.

L'ennemi se montrait déjà à Connerré, à Thorigné, au Grand-Lucé, à Parigné-l'Evêque, chassant tout ce qu'il rencontrait devant lui, et, ce qu'il y avait de plus grave, c'est que nos troupes fatiguées, harcelées, rentraient en désordre dans les lignes du Mans, abandonnant des postes qu'on aurait pu occuper encore, et qui restaient ainsi livrés à l'ennemi.

Chanzy se raidissait avec énergie, contre ces débandades et s'efforçait de réagir contre ce commencement de démoralisation avant la bataille. De là, cet ordre du jour, où perce l'aigreur, autant que la sévérité.

« Nul ne doit songer à la retraite sur le Mans, sans avoir tenu, jusqu'à la dernière extrémité.... La retraite ne mène à rien; elle n'est que le principe d'un désordre que nous devons éviter à tout prix.

« Il faut donc que dès demain, dans toutes les directions et sur tous les points à la fois, on reprenne l'offensive.

« La cavalerie a abandonné, ce soir, les points importants du Grand-Lucé et de Parigné-l'Evêque, sans avoir reconnu les forces qu'elle avait devant elle, sans même avoir essayé la moindre résistance. Le général commandant la cavalerie, fera une enquête sur ces faits, et les officiers qui commandaient sur ces points, auront à en rendre compte.

« Le général Deplanque reprendra cette nuit la position de Parigné-l'Evêque, et se portera demain au jour, sur ce point, avec une brigade de la 1re division du 16e corps.

« La cavalerie se portera sur Le Grand-Lucé...

« Sur la rive droite du Loir, l'amiral Jauréguiberry, tout en protégeant la retraite du général de Curten, dirigera une attaque sur le flanc gauche de l'ennemi qui marche de Chartres sur le Mans.

« Sur la route de Saint-Calais, le général de Colomb attaquera au point du jour et rejettera l'ennemi au delà d'Ardenay.

« Sur l'Huisne, le général Jaurès se portant de sa personne à Pont-de-Gennes, attaquera l'ennemi à Thorigné et à Connerré.

« Le général en chef est informé que de nombreux

fuyards, la plupart des divisions Barry et Jouffroy, ont été rencontrés sur les routes qui aboutissent au Mans; il rend les généraux responsables de ces débâcles que rien ne justifie, que l'énergie et quelques exemples immédiats peuvent arrêter.

« Le général Bourdillon (1) portera demain, dès le matin, les deux subdivisions de gendarmerie sur toutes les routes... Il fera arrêter à quatre kilomètres du Mans, tous les hommes isolés, ou détachements qui se présenteront; les réunira sous le commandement d'un officier, fera établir des listes, assignera à chaque groupe un emplacement et fera rendre compte au général en chef.

« Toute infraction à cet ordre, sera puni avec la dernière rigueur.....

« La cavalerie et les éclaireurs pousseront des reconnaissances incessantes sur tous les chemins, dans toutes les directions, et au moins, à quinze kilomètres au delà des lignes.

« Il n'y a point à alléguer le mauvais temps; il est le même pour tous. Les Prussiens ne s'en préoccupent pas.... »

Ces résolutions émanent certainement d'un homme viril, et Chanzy avait d'autant plus de mérite à garder toute sa fermeté, en ces moments-là, qu'il était malade depuis le 7 janvier, d'une fièvre violente qui ne lui laissait de repos, ni le jour, ni la nuit. Il n'avait pas besoin de s'occuper d'une offensive devenue difficile, avec des troupes comme celles mises à sa disposition, il lui suffisait d'être assuré d'une défense énergique. L'ennemi marchait de lui-même à sa rencontre. Il n'avait donc qu'à l'y attendre.

Pendant toute la journée du 10, on se battit sur l'Huisne, sur la route de Saint-Calais, en avant du plateau d'Auvours, sur le front de Pontlieue. La situation ne changeait pas pour cela, on ne reculait pas, on n'avançait pas; on restait en présence, et le soir même, Chanzy qui, malgré son état de souffrance physique, s'était montré à cheval sur le plateau

(1) Ancien chef d'escadron du service des remontes.

Chanzy, malgré son état de souffrance physique, s'était montré à cheval sur le plateau de Changé (page 208).

de Changé, envoyait à la délégation de Bordeaux, la dépêche suivante qui dépeignait la gravité de la situation.

« Les armées du prince Charles et du Grand-Duc de Mecklembourg ont doublé d'efforts aujourd'hui. Pressées de tous côtés, nos colonnes ont dû battre en retraite sur les positions défensives qui leur avaient été assignées d'avance. L'action a été des plus vives à Montfort, à Champagné, à Parigné-l'Evêque, à Changé, à Jupilles. Nous sommes évidemment en présence d'un effort des plus sérieux de l'ennemi, et d'une ferme volonté de sa part, d'en finir avec la deuxième armée. Nous allons lutter comme à Josnes. J'ordonne partout la résistance à outrance.... Je défends formellement toute retraite.... »

Dans le vrai sens du mot, l'armée de Chanzy, sans avoir perdu ou gagné du terrain, dans la journée du 10, se trouvait tout entière renfermée dans ses lignes autour du Mans. Partout des épaulements avaient été préparés pour les batteries, des tranchées pour abriter les tirailleurs, et des abattis pour couvrir les lignes. La cavalerie avait su tirer de ses dépôts, un renfort assez important de chevaux et d'hommes; l'artillerie avait reçu un certain nombre de batteries nouvelles, et l'infanterie un surcroît d'effectif de dix mille combattants, tirés du camp de Conlie. C'était le nombre, mais ce n'était pas la force dont avait surtout besoin la deuxième armée de la Loire qui, d'un instant à l'autre, allait être assaillie par 80,000 Allemands.

L'armée du Grand-Duc de Mecklembourg descendait la vallée de l'Huisne pour en forcer les passages et menacer de tourner Jaurès. Le IIIe corps prussien appuyé par le IXe marchait sur le plateau d'Auvours. Le Xe corps s'avançait sur notre extrême droite dans la direction de Pontlieue. La défense des positions françaises avait été distribuée entre Jauréguiberry à droite ; les généraux Colombet et Gougeard au centre, et Jaurès sur la gauche, au delà de l'Huisne.

Le choc décisif était inévitable. Il éclata le 11 janvier. Dès le matin, à sept heures, après une nuit d'angoisses et d'insomnie, Chanzy montait à cheval. La neige avait cessé de tomber, mais elle couvrait la terre d'une couche épaisse qui semblait favoriser la défense en paralysant la marche des assaillants. La température était froide, le ciel clair. Prenant le galop malgré des souffrances physiques intolérables pour tout autre que lui, il parcourut le front de son armée, du Tertre-Rouge aux hauteurs d'Yvré, distribuant des félicitations à ceux-ci, encourageant ceux-là. Les Allemands sont si près, qu'on voit leurs sentinelles à travers les éclaircies des sapinières.

A neuf heures, la lutte s'engageait sur quelques points; elle était générale vers midi, et le feu couvrait tout l'arc de cercle qui constituait nos positions.

Sur notre gauche (Jaurès), le Grand-Duc ne put réussir ni à culbuter, ni même à entamer nos lignes, mais à la fin de la journée, il enleva cependant les coteaux de Lombron, à la division Colin qui ne put les reprendre et se retrancha en face dans une position nouvelle.

A l'aile droite, Jauréguiberry se soutint également sans désavantage. Les divisions Jouffroy et Roquebrune, malgré l'excès de leurs fatigues, se battirent de midi à six heures du soir, sans perdre un pouce de terrain.

En définitive, à quatre heures du soir, la bataille n'était pas perdue; mais au centre, l'héroïque et émouvant épisode d'Auvours y mettait fin, après une lutte acharnée entre les légions de Bretagne et les Prussiens du prince Frédéric-Charles. Le plateau d'Auvours, d'une étendue de trois kilomètres, du village de Champagné à Yvré, est formé d'un terrain argileux, coupé de chemins ravinés, que le génie militaire avait utilisés en y construisant trois redoutes, dont le feu commandait la route de Paris. Une brigade affaiblie du 17e corps, battue par l'artillerie allemande, puis assaillie brusquement n'opposa qu'une courte résistance, battit en retraite en désordre dans la direction de l'Huisne, laissant le plateau au milieu des Prussiens. Le général Goujeard qui gardait le pont d'Yvré-l'Evêque, vit tout de suite le danger d'une pareille situation. Comprenant que cette panique pouvait entraîner toute sa division; comprenant surtout que l'ennemi, maître du plateau, allait dominer et menacer tous les alentours, n'eut qu'une pensée : arrêter à tout prix la déroute et reprendre immédiatement le plateau abandonné. Gougeard n'hésita pas. Il fit aussitôt braquer deux canons chargés sur les fuyards, les menaçant de faire feu s'ils ne retournaient pas à l'ennemi. Il rallia un instant ces malheureux, et rassembla à la hâte autour de lui un bataillon d'infanterie, les mobilisés de Rennes, un bataillon de mobilisés de Nantes, les zouaves pontificaux (en tout 2.000 hommes). Prenant alors la direction de l'attaque, Gougeard se retourna, adressant ces simples mots aux zouaves pontificaux : « Allons, Messieurs, en avant, pour Dieu et la patrie! Le salut de l'armée l'exige. » Et tous ces braves gens s'élancèrent sur l'ennemi, au bruit des clairons qui sonnaient la charge. Les Allemands attendaient de pied ferme. On s'en était approché de vingt pas, lorsqu'une formidable décharge abattit les premiers rangs de cette vaillante troupe, sans en briser l'élan. On se battit corps à corps pendant une heure. Gougeard eut son cheval percé de six balles.

En fin de compte, sur le soir, on avait reconquis le placau d'Auvours, et les lignes de Chanzy, n'avaient pas été entamées, malgré les efforts réitérés de l'ennemi.

Telle était la situation vers six heures du soir, lorque le commandant en chef reçut une nouvelle des plus douloureuses. La Tuilerie, qui couvrait à notre droite, le rond-point de Pontlieue avait été abandonnée presque sans combat, par des mobilisés d'Ille-et-Vilaine, venant du camp de Conlie, et n'avait pu être reprise, malgré les efforts de Jauréguiberry, pour y lancer d'autres troupes. Vainement, le général Le Bouëdec essaya de réunir quelques troupes en avant de Pontlieue, et de les enlever avec vigueur. Les compagnies à peine formées se dispersaient; les hommes se couchaient dans la neige. La démoralisation commençait, et avec elle la panique. Que faire cependant? La perte de la Tuilerie découvrait la droite de l'armée de Chanzy. Toute la nuit se passa en efforts infructueux. Les généraux, les colonels, les capitaines ne purent rien obtenir de leurs mobilisés qui n'étaient plus qu'une cohue découragée. A quatre heures du matin, il fit prévenir cette dépêche à l'amiral, dont il connaissait l'énergie : « La situation est grave ; nous ne pouvons nous en tirer que par une vigoureuse offensive ; à l'aube, nos troupes se reconnaîtront et reprendront confiance ; tout peut être sauvé. »

Mais au jour tout était perdu. Impossible aux officiers de rallier les fuyards, et ceux qui restaient, déclaraient formellement qu'ils ne se battraient pas, la position étant imprenable pour eux. Et Jauréguiberry, le cœur navré écrivait à Chanzy : « ... Je suis désolé d'être obligé de le dire ; mais une prompte retraite me semble impérieusement commandée par les circonstances. »

Le coup de main des Prussiens avait été si heureux que la brigade Deplanque qui se trouvait à gauche, le long du chemin des Bœufs, ne s'en était même pas aperçu. Mais l'ennemi arrivait à flots et le général Isnard de Saint-Lorette (1), voisin du général Lalande, abandonnait aussi ses positions.

Ce fut alors que Chanzy fit cette dernière réponse à Jauréguiberry : « Le cœur me saigne, mais puisque vous, sur qui je compte le plus, venez me déclarer la lutte impossible : je cède... » Cette phrase était la dernière de cette dramatique et sombre campagne, et le commandant en chef résumait ainsi les événements de la journée dans un télégramme envoyé, le 12 au soir, à la délégation de Bordeaux :

« Nous avons eu aujourd'hui la bataille du Mans. L'ennemi nous a attaqués sur toute la ligne. Le général Jaurès s'est solidement maintenu sur la droite de l'Huisne. Le général de Colomb, s'est battu avec acharnement pendant six heures, sur le plateau d'Auvours ; le général Gougeard qui a eu son cheval percé de six balles, a montré la plus grande vigueur, et ses troupes de Bretagne ont puissamment contribué à conserver cette position. J'ai annoncé au général Gougeard qu'il était commandeur. Au-dessus de Changé, le général Jouffroy s'est maintenu, malgré la fatigue de sa division et les efforts de l'ennemi ; la division Roquebrune ne s'est

(1) Major du 97e de ligne, avant la guerre.

point laissée entamer sur la route de Parigné. Nous coucherions sur toutes nos positions, sans une panique des mobilisés de Bretagne du général de Lalande (1) qui, cédant sans résister devant un retour offensif tenté par l'ennemi, à la tombée de la nuit, ont abandonné la position importante de la Tuilerie. Le contre-amiral Jauréguiberry, chargé de la défense en avant de Pontlieue, a déjà pris ses dispositions pour reprendre la Tuilerie.

« C'est bien le prince Frédéric-Charles, que nous avons devant nous, et qui n'est nullement parti pour l'Est. Nous avons fait des prisonniers dont j'ignore encore le nombre ; tous l'affirment, citent les divisions de son armée, de celle du Grand-Duc de Mecklembourg, et évaluent l'ensemble des troupes engagées et en réserve, à 180.000 hommes. Le combat n'a cessé qu'après la nuit venue, je sais déjà que trois de nos colonels sont grièvement blessés; je crois à des pertes sensibles, mais j'espère en avoir infligé de cruelles à l'ennemi. »

Chanzy avait beau se raidir contre la fatalité d'une retraite, il lui fallut bientôt se ranger à l'évidence, quand il apprit à n'en plus douter que la démoralisation gagnait son armée de proche en propre. A son extrême droite, le général Barry, adressait à Chanzy, cette dépêche d'un laconisme effrayant : « Toute l'artillerie partie à cinq heures pour le Mans et Laval. Grand nombre de mobilisés décampent. On ne tiendra pas une demi-heure. » Au centre même, le général Gougeard rendait compte que les troupes qui la veille, avaient pris les hauteurs d'Auvours, les rendaient à l'ennemi et repassaient l'Huisne sur les ponts d'Yvré-l'Evêque.

Vaincu par la fatalité, Chanzy n'avait plus autour de lui que le quart de ses effectifs. C'est alors que le 12, vers huit heures du matin, il écrivait à Jauréguiberry :

« Préparez tout pour la retraite ; qu'elle se fasse lentement et avec le plus d'ordre possible. Faites tout pour dé-

(1) Chef d'escadron d'artillerie, commandant l'arrondissement de Saint-Malo, avant la guerre.

truire le pont de l'Huisne, dès qu'il ne vous sera plus nécessaire. Mais, disputez, je le répète, le plus longtemps possible, l'entrée du Mans, à l'ennemi. Il faut que nous ayons le temps de sauver les autres corps d'armée. »

Ceci fait, il faisait prévenir les généraux Jaurès et de Colomb, de la décision qu'il venait de prendre, et télégraphiait à Bordeaux, au délégué à la guerre :

« Notre position était bonne hier soir. La panique des mobilisés de Bretagne vient d'être le signal de la débandade, sur toute la ligne de l'Huisne. Toutes les troupes se dispersent ou refusent de combattre.

« Le vice-amiral Jauréguiberry déclare que la retraite est impérieusement commandée. Sur les autres points, les généraux me déclarent qu'ils ne peuvent plus tenir. Je suis contraint de céder. »

Ainsi, après plus d'un mois d'efforts et de combats; après s'être replié successivement d'Orléans sur Josnes, de Josnes sur Vendôme, de Vendôme sur le Mans, il fallait se replier encore et boire le calice jusqu'à épuisement. Après la Loire, le Loir, la Sarthe, il fallait aller sur la Mayenne, et battre en retraite de nouveau.

Chanzy aurait voulu se rejeter vers Alençon pour rester à portée de Paris en s'appuyant sur les lignes de Cherbourg. Le gouvernement de la défense nationale, ne le voulut pas, et lui imposa la retraite sur Laval.

VII

LA RETRAITE SUR LAVAL

Le 12 janvier, Chanzy formule les instructions suivantes :

« La retraite du Mans, nécessitée par les défaillances qui se sont produites cette nuit, ne saurait être la perte de la deuxième armée de la Loire, sur laquelle la France compte encore; elle doit se reconstituer le plus vite possible et dans les meilleures conditions, pour faire oublier les tristes événements de cette journée et reprendre son rôle.

« En conséquence, l'armée ira s'établir entre Prez-en-Pail et Alençon; sa gauche à la Sarthe, appuyée au 19e corps qui doit arriver à Alençon et sa droite, à Prez-en-Pail.

« La marche s'effectuera en quatre jours, avec une moyenne de quatorze à seize kilomètres par jour.

« La cavalerie de chaque corps d'armée sera répartie : le gros précédant d'une étape le corps d'armée, sur les routes et les chemins suivis, de façon à arrêter les fuyards, les grouper, les ramener. En même temps, elle reconnaîtra les cantonnements. Le reste de cette cavalerie couvrira la retraite, pour surveiller les mouvements de l'ennemi.

« Pendant la marche, on constituera, en arrière de chaque colonne et avec les meilleures troupes, une arrière garde chargée de protéger la retraite et de défendre le terrain pied à pied. Ces arrière-gardes, en se retirant, achèveront les coupures commencées sur les routes, pour retarder la marche de l'ennemi. A cet effet, on laissera à l'arrière-garde tout le génie et les outils nécessaires.

« Le matériel roulant sera toujours engagé sur les routes à suivre, et assez longtemps d'avance, pour ne pas retarder la marche des troupes, et n'avoir rien à craindre de l'attaque de l'ennemi.

« Les vivres distribués, les réserves des sacs et les ressources des convois divisionnaires devront suffire pendant huit jours au moins.

« Chaque commandant de corps d'armée prendra ses dispositions en conséquence. »

Le 12, à deux heures du matin, le général en chef surveillait du haut d'un mamelon, le mouvement de retraite de son armée, tandis que les avant-gardes prussiennes, pénétraient déjà dans la ville du Mans. La neige ne cessait de tomber; le froid était excessif, les soldats se laissaient tomber sur les routes, épuisés de fatigues. On s'en allait donc par un effroyable temps de verglas, non sans avoir eu à repousser l'ennemi, qui serrait nos colonnes de très près. Jauréguiberry et Jaurès furent les héros de cette retraite, en soutenant de leur fermeté cette nouvelle marche en arrière, contenant tout à la fois l'ennemi et leurs soldats, qui poussaient le découragement et le trouble jusqu'à se faire renverser ou tuer par les cavaliers qui s'opposaient à leur passage. L'amiral Jaurès écrivait à Chanzy : « On a tué deux soldats qui refusaient de s'arrêter, et cet exemple n'a rien fait sur les autres. Depuis trente neuf ans que je suis au service, je ne me suis jamais trouvé dans une position aussi navrante pour moi. » Et Jauréguiberry qui venait d'avoir son chef d'état-major tué à ses côtés, et son cheval tué sous lui, pendant un combat qu'il soutenait avec son arrière-garde, écrivait à son tour, le désespoir dans l'âme : « Je trouve autour de moi, une telle démoralisation, que les généraux de corps d'armée m'affirment qu'il serait très dangereux de tenir ici plus longtemps. Je suis désolé de battre encore en retraite. Si je n'avais avec moi un matériel de guerre considérable qu'il faut essayer de sauver, je m'efforcerais de trouver une poignée d'hommes déterminés et de lutter, même sans espoir de succès.... »

Ces vaillants hommes de guerre échangeaient entr'eux, leurs confidences d'une tristesse virile. Depuis un mois, sans trêve, ni repos, ils luttaient contre l'invasion, lui disputaient le terrain pied à pied, intimidant quelquefois l'ennemi, fortifiant leurs soldats contre leurs propres défaillances. Le 17 Janvier, la deuxième armée de la Loire achevait de passer la Mayenne, en coupant les ponts derrière elle, et occupait les positions suivantes : le 16e corps à cheval sur la route et le chemin de fer de Laval à Vitré, sa gauche à Changé, son centre à Saint-Berthevin; le 17e, le long de la route de St-Ouen, son centre à Saint-Germain, le Fouilloux, observant tout le cours de la Mayenne, jusqu'au pont de Montgiroux; le 21e corps, sa gauche à la ville de Mayenne, sa droite à Contest, se reliant par sa cavalerie, à la gauche du 17e corps; les convois et les parcs à l'abri derrière les lignes de chaque corps d'armée.

Chanzy venait de sauver ses troupes encore une fois, conservant à la France sa dernière armée. Une fois sur la

Mayenne, on ne pouvait plus rien de longtemps ; c'était le premier dénouement des trois dramatiques et sanglants épisodes de la guerre de France, en 1870. Le 29 janvier, la nouvelle de l'armistice signée par le gouvernement parvenait à l'armée de la Loire.

Un écrivain de talent, observateur judicieux et militaire de premier ordre, le général Ambert, a résumé en un langage coloré la moralité des événements que nous venons de rappeler. Nous ne saurions mieux faire que de reproduire ici, en guise de conclusion, quelques-unes de ses réflexions.

« Chanzy pendant toute cette campagne s'est multiplié, conservant dans les périls, cette attitude calme et ferme qui impose la confiance. Soutenu par le sentiment du devoir, il s'élève pour ainsi dire au-dessus de lui-même, prévoyant tout, sans trouble, encourageant les généraux par un langage clair et ferme... Ses ordres du jour, sont de véritables modèles. Dans les retraites, il prend à chaque instant l'offensive, parce qu'il sait bien que quand nos troupes ne voient plus l'ennemi, leur retraite se change en déroute.

« Les armées improvisées ne savent ni réparer ni supporter un échec. La gloire du général Chanzy a été de n'avoir jamais désespéré de la France, et d'avoir, avec une armée de jeunes soldats et des cadres insuffisants, tenu tête à de véritables troupes victorieuses. Il s'exprime assez clairement sur le compte des membres de la délégation du gouvernement de la défense nationale, pour que nous ne rappelions pas avec insistance sa déposition devant la commission d'enquête après la guerre.

« ... Les armées de province, — dit-il, — ont été mal dirigées ; les efforts mal combinés, et désunis au lieu d'être simultanés. Nous avions des forces dans le Nord, d'autres dans l'Est, une armée sur chacune des rives de la Loire. Il est évident que, tous ces corps manœuvrant isolément, sans plan d'ensemble, pouvant être successivement attaqués par l'armée prussienne, placée au milieu d'eux, ne se prêtant aucun appui.... ne pouvaient également lutter avec avantage, contre les armées solides et groupées des Allemands. Nos efforts ont été constamment décousus, nous nous sommes présentés successivement à l'ennemi et nous avons été battus.....

« On a envoyé de Paris en province, muni de pleins pouvoirs, un homme que je ne connais que pour l'avoir vu deux fois dans ma vie, M. Gambetta; il n'entendait rien à la direction générale de la guerre. A côté de lui se trouvaient des gens qui imposaient leurs plans, entr'autres, M. de Freycinet. Peut-être a-t-il rêvé qu'il était un Carnot, je n'en sais rien; toujours est-il qu'il faisait des plans, les imposait et n'acceptait pas ceux qu'on lui proposait. « ... Les plans de la campagne n'ont donc pas été discutés; ils ont été imposés... »

Ainsi après des défaites sans précédent dans l'histoire, et des pertes inouïes, au milieu de ruines accumulées de désastres se renouvelant sans cesse, le sentiment patriotique, poussé au plus haut degré, inspire encore Chanzy et le soutient. Il a confiance et croit encore le salut possible. Il avait raison, et un écrivain militaire d'une réelle valeur, M. P. Lehautecourt, le démontre victorieusement dans son histoire de la *Campagne de la Loire : Josnes — Vendôme — Le Mans* (1).

« Sans doute, — dit-il, — un peuple qui ne veut pas mourir trouve, dans son désespoir, des forces inépuisables. Les Espagnols l'ont victorieusement prouvé en résistant, de 1808 à 1814, à plusieurs de nos armées et au plus grand capitaine des temps modernes. Mais, pour une pareille résistance, il faut la presque unanimité de tout un peuple; il faut tout au moins que la majorité des citoyens soit disposée à tous les sacrifices pour chasser l'ennemi du sol national. L'intérêt du pays est d'ailleurs le plus souvent d'accord avec les impulsions de la fierté nationale. On peut même dire que le parti de la guerre à outrance eût été le plus sage en 1871. Quand on tient compte des désastres de la Commune, du paiement de l'indemnité de guerre, des sacrifices de tout genre entraînés par l'état de paix armée, dans lequel nous vivons depuis vingt-deux ans, on est

(1) Editeur Berger-Levrault et Cie.

entraîné à croire que Chanzy avait raison, et que mieux aurait valu combattre jusqu'à notre dernière cartouche que de signer la paix dans les conditions imposées par l'ennemi.

« Mais la grande majorité de la nation ne voulait pas la continuation de la guerre... Le goût du bien-être, la soif des jouissances matérielles, l'absence de toute croyance fortement assise, le dégoût des occupations viriles, avaient, depuis des années, exercé leur influence dissolvante sur la nation. »

Rien n'est plus vrai...

CHAPITRE V

Chanzy pendant l'armistice et les préliminaires de la paix

Février-Mars 1871

'ADMIRABLE retraite en échiquier de Chanzy, de la Loire sur la Mayenne, peut être comparée à celle de Moreau, à travers l'Allemagne, en 1796.

Maurice de Saxe, dans ses *Rêveries*, a fait du général d'armée un portrait qui pourrait être appliqué, en tous points, au caractère tout à la fois tenace, bienveillant et ferme de Chanzy.

« Je me fais du général d'armée une idée qui n'est point chimérique : la première des qualités est la *valeur*, sans laquelle je fais peu de cas des autres puisqu'elles deviennent inutiles; la seconde est l'*esprit*, pour être courageux et fertile en expédients; la troisième est la *santé*.

« Un général d'armée doit être *doux;* n'avoir aucune espèce d'humeur; ne sçavoir ce que c'est que la haine; punir sans miséricorde les mauvais sujets, surtout ceux qui lui sont les plus chers, mais sans se fâcher jamais; être toujours affligé de se voir dans la nécessité de suivre avec rigueur les règlements militaires et avoir toujours, devant les yeux, l'exemple de Manlius. Avec ces qualités, il se fait aimer, se fera craindre et sans doute obéir.

« Les parties du général sont infinies : l'art de *sçavoir* faire subsister une armée, de la ménager; celui de se placer de façon à n'être obligé de combattre que lorsqu'il le veut; de choisir ses postes; de ranger ses troupes; de *sçavoir* profiter du moment favorable qui doit décider du succès de la bataille. Toutes ces choses sont immenses et aussi variées que les lieux et les hasards qui les produisent.

« Pour les voir, il faut qu'un général d'armée ne soit occupé de rien autre chose, un jour d'affaire. L'examen des lieux et celui de l'arrangement des troupes doit être prompt comme le vol d'un aigle. Cela fait, sa disposition doit être courte et simple comme qui dirait : la première ligne attaquera, la seconde soutiendra..., ou tel corps attaquera, un tel soutiendra.

« Il faut que les généraux sous ses ordres soient des gens bien bornés s'ils ne *sçavent* pas exécuter cet ordre et faire la manœuvre qui convient, chacun à sa division. Le général d'armée ne doit ni s'en préoccuper, ni s'en embarrasser; car s'il veut faire le sergent de bataille et être partout, il fera précisément comme la mouche de la fable qui croyait faire marcher un coche.

« Je veux donc qu'un jour d'affaire, le général d'armée ne fasse rien. Il en verra mieux, se conservera le jugement plus sain, et sera plus en état de profiter des situations où se trouvera l'ennemi pendant la durée du combat, et quand il voit faiblir une partie de sa ligne, il doit baisser la main, se porter au galop dans l'endroit défectueux, prendre les premières troupes qu'il trouve à sa portée, les faire avancer rapidement et payer de sa personne : je ne dis point où, ni comment cela doit se faire, parce que la variété des lieux et

On s'en allait donc par un effroyable temps de verglas.... (page 217).

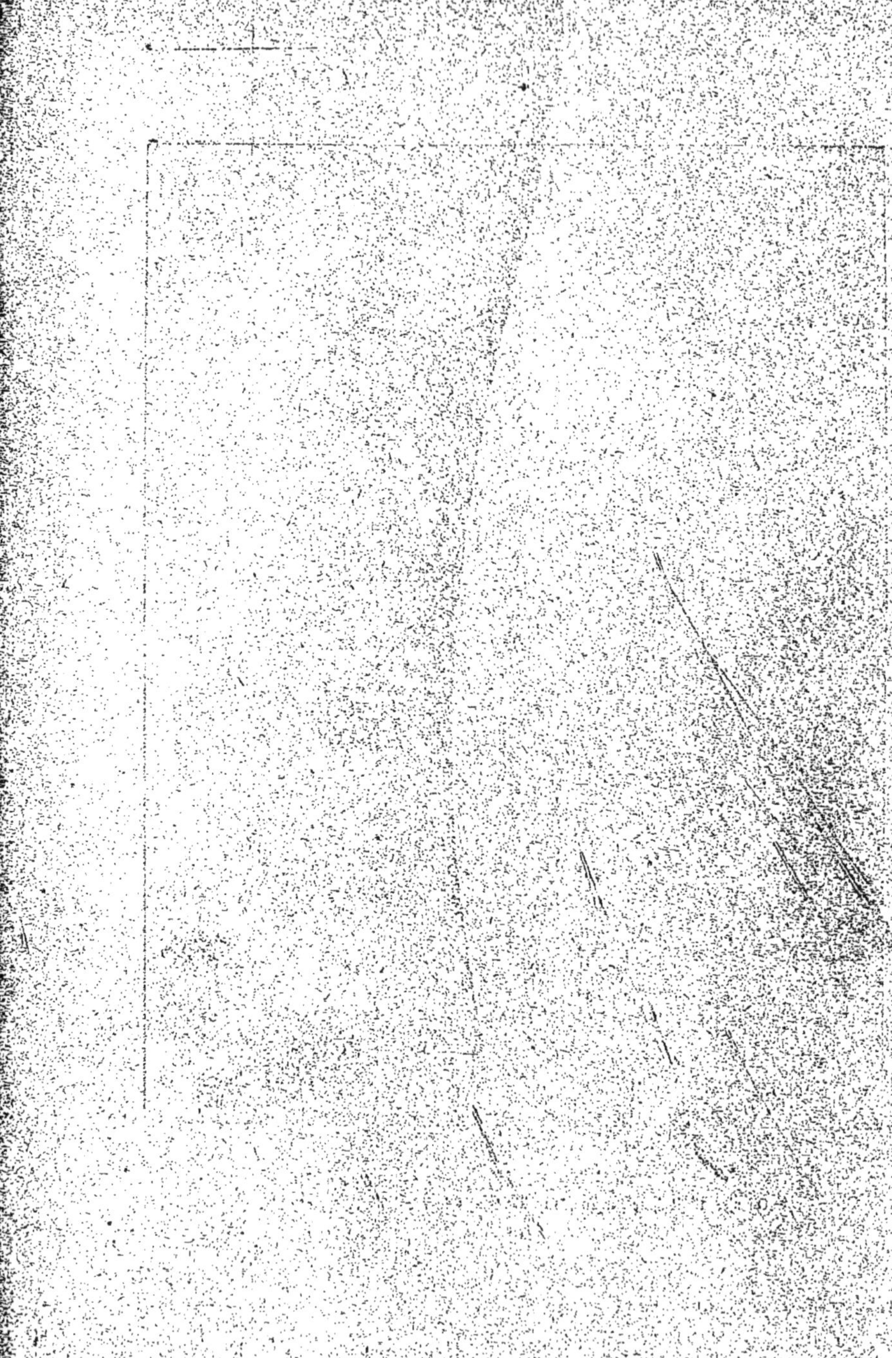

celle des positions que le combat produit doivent le démontrer. Le tout est de le voir et de *sçavoir* en profiter.

« Si un homme n'est pas né avec le talent de la guerre, il ne sera jamais qu'un général médiocre. Il en est de même de tous les arts; il faut être né avec le talent de la peinture pour être un excellent peintre; avec celui de la musique pour en composer une bonne; avec celui de la poésie pour faire de beaux vers... Toutes les choses qui visent au sublime sont de même; c'est pourquoi, l'on voit si rarement des hommes qui excellent dans une science. Il se passe des siècles sans en produire. L'application rectifie les idées; elle ne donnera jamais l'âme, c'est l'ouvrage de la nature. »

On voit, par ce simple exposé, combien les membres de la délégation de Tours et plus tard de Bordeaux ont été coupables de donner à nos généraux des instructions au rebours de celles que dictaient le bon sens, la logique et surtout le savoir de vieux officiers tels que Bourbaki, d'Aurelles de Paladine et Chanzy.

Mais, revenons à ce dernier dont l'armée établie sur la Mayenne se fortifie sur un espace de trente kilomètres, de Laval à Mayenne, de façon à se mettre à couvert des surprises de l'ennemi et à y attendre les événements. Gambetta y arriva le 19; il fallait prouver à la Bretagne, si chatouilleuse au point de vue de ses revendications sociales, que la guerre était faite dans l'intérêt de la patrie, et non en vue d'une république. Lipowsky, Cathelineau et Charette, trois royalistes ardents, furent nommés généraux de brigade au titre auxiliaire, avec mission de défendre la Bretagne, et Chanzy, le 24 janvier, envoyait à Bordeaux la dépêche confidentielle que voici :

« Toujours préoccupé du danger que pourraient courir la Bretagne et la Loire-Inférieure, si je quittais mes positions actuelles, et sentant néanmoins qu'il me faut être libre pour reprendre les opérations actives qui seules peuvent amener un résultat, je propose la solution suivante susceptible de concilier tous les intérêts : donner au général de Colomb la mission de défendre la Bretagne, de couvrir Rennes et Nantes en groupant sous ses ordres, autour de ses divisions, les forces de Bretagne sous trois ou quatre chefs, dont Cathelineau et Charette, ayant chacun dix à quinze mille hommes et une zone de pays à protéger; concentrer immédiatement les forces de Bretagne sur les positions à prendre pour la défense et me porter avec les 16e, 17e et 21e corps, formant l'armée active, en avant de Caen, me reliant par ma gauche jusqu'à la Seine et être ainsi prêt à me porter sur Paris, dès que Faidherbe sera en mesure de reprendre l'offensive. »

Ces dispositions agréées, Chanzy retrouvait sa liberté d'action, et pendant que de Colomb prenait le commandemant d'une nouvelle armée, dite *armée de Bretagne*, et couvrait l'ouest de la France, la deuxième armée de la Loire qu'on avait crue détruite, était prête à se porter de nouveau en avant.

C'est au milieu de ces préparatifs que la nouvelle de l'armistice signé par le gouvernement, parvient à l'armée de la Loire, le 29 janvier.

Les hostilités sont immédiatement suspendues, et ce ne fut pas sans difficulté que put être fixée la ligne de démarcation entre les deux belligérants, le long de la Mayenne et en Normandie, où les chefs d'escadrons d'état-major Senault et Robert-le-Fort (1) eurent mailles à partir avec les officiers allemands : le colonel d'artillerie Witche et le capitaine d'état-major, chargés de s'entendre sur les points en litige, entr'autres Argentan et Lisieux, laissés en dehors des lignes prussiennes.

Chanzy devait à son pays et à l'armée qu'il commandait d'affirmer hautement devant l'ennemi, l'innébranlable patriotisme de la France, c'est ce qu'il fit le surlendemain, dans un admirable ordre du jour dont voici le texte.

« Officiers et soldats de la deuxième armée :

« Un nouveau coup nous frappe, mais ne doit, ni ne peut nous abattre. Après une lutte héroïque qui a duré près de cinq mois, après des souffrances et des privations noblement

(1) *Le Duc de Chartres.*

supportées, alors que toute ressource est épuisée dans Paris, le gouvernement de la défense nationale a dû conclure avec l'ennemi, à Versailles, le 28 janvier, une convention, dont la conséquence est un armistice de vingt et un jours, expirant le 19 février.

« Quelque pénible que soit pour vous, la situation que crée cette mesure, alors que confiant en votre bon droit, animés par votre patriotisme, vous alliez tenter de nouvaux efforts, la parole du gouvernement engagée doit être loyalement respectée ; les hostilités sont suspendues.

« Une assemblée est convoquée ; elle saura affirmer que la France entend que son honneur reste intact, comme son territoire.

« Le devoir, pour vous, est de mettre ce repos forcé à profit pour vous préparer à reprendre la lutte, si des prétentions orgueilleuses rendent une paix honorable impossible. Sans autre idée que de sauver la patrie, vous resterez l'armée de l'ordre et de la défense nationale, prête à tous les sacrifices, animée d'un seul désir, celui de combattre à outrance, jusqu'au triomphe ; d'un seul sentiment, celui de la vengeance, si le but de l'Allemagne est de nous opprimer, de nous réduire et de nous humilier.

« Au grand quartier général de Laval, le 31 janvier 1871.

« *Le général commandant la deuxième armée*,

« Signé : CHANZY. »

Cet ordre du jour patriotique et d'un langage si élevé, devait nécessairement plaire aux troupes et tous les services firent de leur mieux pour seconder le général en chef. En vue d'opérations ultérieures, l'instruction des troupes fut poussée activement ; les travaux de défense furent repris avec une activité fiévreuse. Jusqu'au dernier moment, la politique entrava ces préparatifs militaires qui étaient une mesure de précaution des plus utiles, pour ne pas se laisser surprendre par les événements, s'il fallait reprendre la lutte.

En février, le général de Colomb réclamait encore des armes annoncées depuis longtemps et qui n'arrivaient pas, le gouvernement mettant toutes les entraves possibles pour ne pas armer la *nouvelle armée de Bretagne* ; le préfet du Maine-et-Loire, Engelhard, interdisait l'entrée de son département à Cathelineau et à son armée. C'est au milieu de ces difficultés sans cesse renaissantes, que Chanzy est obligé d'intervenir pour ne pas mêler la politique à l'intérêt supérieur de la patrie. Chef de la dernièree armée française susceptible de tenir encore la campagne, il est résolu, malgré tout, à la tenir prête à toutes les éventualités.

« — Il ne faut pas se le dissimuler, — écrivait-il, le 10 février, au général Le Flô, ministre de la guerre, — les troupes dont nous disposons, n'ont encore ni une cohésion suffisante, ni une assez grande habitude de la vie militaire, pour constituer une armée susceptible de manœuvrer et de lutter avec tenacité contre celles que l'ennemi va pouvoir leur opposer en nombre au moins égal, si la guerre reprend. Il faut donc éviter les engagements qui peuvent être décisifs. Le but à atteindre est d'affirmer l'idée de la résistance et de la produire sur tous les points à la fois, de façon à forcer l'ennemi à se disperser, d'obliger l'Allemagne à entretenir en France une armée de 500.000 hommes ; de lui imposer des sacrifices qui finiront par la lasser, et d'atteindre ainsi le moment où, solidement organisés, nous pourrons, par un suprême effort, entreprendre, dans de bonnes conditions, de refouler l'ennemi.

« Ce que les Allemands redoutent le plus, c'est la guerre de partisans, la défense du sol pied à pied, la résistance derrière tous les obstacles. C'est ce qu'il faut obtenir des populations. Les armées, les corps francs ne doivent être que des points d'appui, des moyens aménagés pour profiter habilement des fautes de l'ennemi, de ses échecs et de ses dispersions. Il faut donc organiser partout la défense locale, en faisant appel à tous les gens de cœur, en les groupant autour des personnalités influentes dans leur propre pays, en habituant la nation à l'idée des sacrifices qu'elle doit faire. Il faut qu'après avoir disputé le terrain pied à pied, on le cède à l'ennemi, en faisant le vide autour de lui, en le privant de toute ressource....

« En résumé, organiser partout la défense locale, forcer l'ennemi à se disperser ; éviter les grands engagements avant que l'organisation de nos troupes ne soit complète ; amener la nation à comprendre que, pour sauver son honneur et son intégralité, elle n'a d'autre moyen que le sacrifice de ses intérêts matériels du moment et la résistance à outrance. »

Ce sont là assurément de belles et nobles pensées patriotiques, mais on ne défend pas le sol national avec des fleuves, des montagnes, des obstacles de terrain. Il faut, pour les défendre, des hommes élevés dans l'amour de la patrie ; et en 1870, la Bretagne pas plus que la Vendée n'étaient en mesure de renouveler les exploits de leurs pères, en 1793, en raison des innombrables voies de communications qui les sillonnent actuellement en tous les sens.

La défense à outrance du sol français est donc une utopie, de nos jours, à une époque où le positivisme, le sensualisme font école, et brisent les ailes à cet idéal qui a pour raison d'être la solidarité humaine et l'amour de la patrie.

C'est très joli de faire sonner bien haut le patriotisme, aux seules heures de l'invasion. Ce serait encore mieux de l'aimer aux jours calmes de la paix, et de l'inculquer aux enfants dès le berceau, au foyer domestique, comme sur les bancs de l'école du village et sous la coupole de l'église, en leur faisant comprendre que riches ou pauvres, hommes de science ou ignorants, tous doivent vivre et mourir pour la patrie.

« C'est seulement lorsque l'idée de patrie sera dans tous les cœurs que nous pourrons défendre la France à outrance comme l'aurait désiré Chanzy, depuis les Vosges, jusqu'aux rochers du Limousin, jusqu'aux sommets neigeux de l'Auvergne (1). »

*
* *

Le temps marchait cependant. Les délais accordés pour l'armistice allaient bientôt prendre fin. Une solution s'impo-

(1) *La Loire et l'Est.* — Général Ambert.

sait. Chanzy et les différents commandants de corps d'armée, furent convoqués à Paris, le 10 février, à l'effet de s'entendre sur la question militaire.

Parti de Laval, le 7, Chanzy arrive à Paris dans la nuit du 7 au 8, et assiste à deux séances du conseil des ministres présidées par le général Trochu.

Ce conseil était ainsi composé :

Le général TROCHU, Gouverneur de Paris ;
Le général Le Flô, Ministre de la Guerre;
Le général CHANZY, Commandant en chef la 2e armée de la Loire.
Lieutenant-Colonel CHARRON (1), commandant l'artillerie de l'armée du Nord, réprésentant Faidherbe malade.
Général LOYSEL, commandant la petite armée du Hâvre.
MM. Jules FAVRE, ministre des Affaires étrangères ;
PICARD, — de l'Intérieur;
MAGNIN, — du Commerce ;
DORIAN, — des Travaux publics,
HÉROLD, délégué du ministère de la justice,
CRESSON, Préfet de police,
Jules FERRY, Maire de Paris.
Général VINOY, commandant en chef l'armée de Paris.
Clément THOMAS, commandant les gardes nationales de la Seine.

En tout sept membres militaires et sept membres civils.

Chanzy interrogé sur la situation de son armée et sur ce qu'il en espérait, expose les idées qu'il avait soumises à la délégation de Bordeaux, et conclut en disant avec une certaine crânerie : « Le pays peut se défendre, s'il le veut. Quant à moi, j'ai donné des ordres pour que les préparatifs de guerre continuent dans mon armée, et je me propose, sitôt mon retour à Laval, de passer immédiatement avec les 16e, 17e et 21e corps sur la rive gauche de la Loire, en laissant sur la rive droite, les forces dirigées par le général de Colomb qui est chargé de couvrir la Bretagne. »

Ce langage est explicite et ne laisse aucun doute sur les intentions de Chanzy, qui quitte Paris, le 10, rentre dans la soirée à Laval, donne immédiatement des ordres pour

(1) Ancien chef d'escadron au 15e régiment d'artillerie monté.

faire exécuter cette détermination que le gouvernement de la défense nationale a approuvée et transfère son grand quartier général, à Poitiers.

Ce changement d'emplacement n'était pas une mince besogne, comme on va le voir. L'armistice du 28 janvier avait concédé aux Allemands les département d'Indre-et-Loire, du Loir-et-Cher et du Loiret. Les lignes du Cher, de l'Indre et de la Vienne nous étaient donc enlevées, et l'ennemi avait la faculté de se masser sur l'une ou l'autre rive de la Loire soit pour menacer Nantes et Rennes, soit pour envahir le Sud de la France et menacer Bordeaux.

Il fallait parer à ces deux éventualités. Chanzy s'en acquitta au mieux des intérêts du pays, en disposant ses troupes sur la ligne Saumur — Loudun — Châtellerault — Le Blanc; de façon à donner la main à l'armée du général de Colomb, et au 26e corps (général Billot) qui avait l'ordre de se porter de Guéret sur Châteauroux, ainsi qu'aux troupes du général Lecointe qui venaient d'arriver à Nevers et au 25e corps (général Pourcet) (1), replié sur Bourges, depuis l'armistice.

Le 16e corps était reparti entre Le Blanc et Châtellerault. Le 21e de Châtellerault à Loudun ; et le 17e corps (général Dargent) (2), de Loudun à Saumur, renforcé par la colonne Cleret, qui devait passer la Loire dès que Cathelineau serait en mesure de protéger Angers et les Ponts-de-Cé.

En cas d'attaque, les ordres étaient donnés pour que la deuxième armée resserrât ses lignes, et se portât du plateau de Gatine aux montagnes du Limousin, son centre à Saint-Maixent et Confolens.

* * *

A la suite de l'armistice, des élections ayant eu lieu, en février 1871, pour nommer des députés à l'assemblée nationale de Bordeaux, Chanzy fut choisi, par ses conci-

(1) Général de division, commandant la province d'Alger.
(2) Général de brigade, commandant la subdivision de Constantine.

toyens, pour représenter à l'assemblée le département des Ardennes.

Une seule liste avait été arrêtée dans une réunion composée d'un petit nombre de personnes appartenant à l'opinion conservatrice, et bonne part faite aux représentants de cette opinion. On y admit cependant des républicains modérés, comme MM. Philippoteaux et Toupet des Vignes. Chanzy y fut inscrit à l'unanimité, au triple titre, d'Ardennais, de soldat et de patriote. Il n'était connu personnellement d'aucun des membres de ce comité. Il n'eut ni à accepter, ni à refuser cette candidature qu'il n'apprit que par son élection.

Nul ne pouvait alors se vanter de connaître ses opinions politiques, — ni même dire s'il en avait. — C'était un devoir pour le commandant de la deuxième armée de la Loire de dire la vérité sur la véritable situation de notre armée. Chanzy quitta donc Poitiers, le 13 février, laissant le commandement de la 2e armée et de toutes les forces réunies dans l'ouest au général de Colomb, qui, le 19, transfère son quartier général à Poitiers. A cette date, huit divisions d'infanterie, la cavalerie, une grande partie de l'artillerie et du gros matériel de la deuxième armée étaient déjà de l'autre côté de la Loire, prêts à déjouer les projets de l'ennemi sur le bas fleuve, et à défendre les contrées qu'il nous fallait protéger.

A Bordeaux, Chanzy se fit l'avocat passionné de la résistance, au sein de la commission chargée d'examiner ce qu'il restait de ressources à la France, pour continuer la lutte.

Le discours qu'il prononce à cette occasion est des plus remarquables. En voici, la reproduction, d'après le texte publié par lui, dans son *Histoire de la deuxième armée de la Loire*.

«... On me demande si, dans l'état actuel de nos forces, la résistance est encore possible... Oui, elle l'est, si le pays la veut sérieusement, et en accepte toutes les obligations et toutes les conséquences.

« Je ne puis — vous le comprenez — entrer dans tous

les détails et dans l'appréciation de nos forces actuelles; mais elles sont, — croyez-le bien, — encore de nature à nous donner espoir et confiance. Nous pouvons conserver la tête haute.

« Devons-nous continuer la lutte?... Quand ma pensée se reporte sur les scènes de dévastation, dont j'ai été si souvent le témoin; quand je m'arrête au tableau navrant que j'avais sous les yeux, lors de mon récent voyage à Paris; quand je songe à cette hécatombe de tant de victimes, mon cœur de soldat refoule son indignation pour ne songer qu'aux maux du pays; je comprends alors que la meilleure solution soit la paix, mais la paix honorable, une paix qui, malgré les sacrifices nécessaires, laisse la France debout et ne l'atteigne ni dans son honneur, ni dans son intégrité.

« Toute autre paix, — croyez-le, et que l'Allemagne ne s'abuse pas, — toute autre paix ne serait qu'une trêve, qu'un répit. La France n'en supporterait pas longtemps l'humiliation.

« Si c'est une paix semblable qu'on nous offre, repoussons-la énergiquement. Ne léguons pas à ceux qui nous suivront tout un avenir de haines à assouvir, de hontes à effacer.

« Que la nation, s'habituant à l'idée de nouveaux et cruels sacrifices, s'arme tout entière pour combattre l'invasion. Que la résistance s'organise partout pour la défense du sol, pied à pied. Que le vide se fasse devant l'ennemi. Que tous les gens de cœur prennent un fusil. Qu'au lieu de discuter, d'écrire ou de conseiller, tous les hommes animés du vrai patriotisme agissent et prennent part à la lutte. Il n'est pas besoin d'être soldat pour défendre son pays et son honneur.

« Cette guerre du droit le plus sacré contre la force brutale sauvera le pays. L'ivresse causée à l'Allemagne par son succès inespéré se dissipera, si, cette fois, elle acquiert la conviction que la nouvelle lutte qu'elle engage est pour nous celle du désespoir et de la vengeance; si enfin, cédant à la raison, elle arrive à comprendre qu'elle peut compromettre, dans les chances de nouveaux combats où ses forces finiront par s'épuiser, les résultats qu'elle a obtenus et qui doivent la satisfaire.

« Enfin, le moment n'arrivera-t-il pas où, sortant du rôle d'indifférence ou d'ingratitude dans lequel elles se sont maintenues jusqu'ici, les puissances étrangères, menacées à leur tour par les vues ambitieuses de la Prusse, éprouveront fatalement le besoin de mettre fin à une guerre qui compromet les intérêts de l'Europe et la paix du monde entier...

« Plus d'esprit de parti; plus d'aspirations politiques cherchant leurs satisfactions dans les tristes complications du moment. Soyons tous des Français, et non des hommes appartenant à tel ou tel parti. Rappelons-nous que l'ennemi doit à nos dissensions une partie des succès qu'il a obtenus; ne songeons qu'aux malheurs du pays... Forçons l'ennemi à nous conserver son estime sur le terrain politique, comme nous l'avons forcé à le faire sur le champ de bataille... »

Chanzy avait donc pleine confiance dans un retour prochain de la fortune. Qui donc oserait l'en blâmer?... Il faut toujours admirer ceux qui espèrent, même quand toute espérance est perdue. Il ne réussit pas à convaincre ses collègues de l'Assemblée qui étaient, pour ainsi dire, gagnés à la cause de la paix, quelle qu'elle soit, avant même la convocation de Bordeaux.

Pendant ce temps-là, l'ennemi n'avait pas perdu son temps. Ayant reçu d'importants renforts, il garnissait toutes les positions avantageuses des deux rives de la Loire et semblait prendre ses dispositions pour séparer l'armée de Bretagne de la deuxième armée, en la perçant vers son centre, à Loudun.

Chanzy informé, repart pour son quartier général de Poitiers; il y arrive le 25, visite ses postes avancés, rectifie les positions du corps Jaurès, et fait établir la division Barry au confluent de la Creuse et de la Vienne pour faire échec aux Allemands tout le long de la Creuse, qui servait de ligne de démarcation entre l'armée du prince Frédéric-Charles et la nôtre.

La deuxième armée de la Loire est toute prête à recevoir le choc des soldats de l'empereur Guillaume Ier, lorsque, le 26 au soir, l'ordre arrivait de Paris de s'abstenir dorénavant de tout acte d'hostilité, l'entente sur les préliminaires de paix paraissant assurée. Le lendemain, Chanzy quittait de nouveau son quartier général de Poitiers pour se rendre à Bordeaux et prendre part au grand débat qui allait s'ouvrir au sein de l'Assemblée nationale, relativement à la conclusion de la paix. La nation, lasse d'une guerre qui épuisait ses ressources, voulait la paix. Chanzy fit taire ses propres sentiments, ne répondit rien, mais vota contre le traité de paix du 1er mars 1871, paix honteuse et funeste qui ne résolvait rien, et laissait l'avenir incertain (1).

Ce devoir accompli, Chanzy, profondément attristé, regagna son quartier général de Poitiers, où le rejoignit cette lettre, datée de Bordeaux, le 7 mars 1871.

« Mon cher général,

« Un décret du gouvernement, qui sera au *Moniteur* de demain, dissout toutes les armées ou corps d'armée du territoire, et supprime, par conséquent, tous les états-majors qui y étaient attachés. La deuxième armée de la Loire est naturellement comprise dans cette mesure; votre commandement cessera à dater de demain.

« Au moment où vous rentrez dans la disponibilité, en attendant que des circonstances plus heureuses me permettent d'utiliser vos talents et votre dévouement, je veux vous offrir toutes mes félicitations pour l'honneur que vous vous êtes fait et les vaillants services que vous avez rendus. Dites à votre brave armée, officiers de tous grades et soldats, que je les remercie, au nom du pays tout entier, de leur courage et de leur patriotisme. Si la France avait pu être sauvée, elle l'eût été par eux. La fortune ne l'a pas voulu; résignons-nous momentanément, mais ne désespérons jamais

(1) 107 députés imitèrent la conduite politique de Chanzy en cette circonstance (Voir *Journal officiel* du 4 mars 1871).

de ces grandes destinées que rien, ni personne, ne pourront jamais arrêter.

« Recevez, mon cher général, l'assurance de mes meilleurs sentiments.

« *Le Ministre de la Guerre,*

« Signé : Général LE FLO. »

Le lendemain, en effet, un décret du gouvernement licenciait toutes les armées qui restaient encore sur divers points du territoire : dans le Nord, au Hâvre, à Bourges, à Nevers, à Lyon. Immédiatement, les mobilisés et les gardes-mobiles furent désarmés et renvoyés successivement dans leurs foyers; les troupes régulières, — infanterie, cavalerie et artillerie, — dirigées en partie sur le gouvernement de Paris, afin d'y renforcer la garnison chargée de mettre de l'ordre dans la capitale; en partie sur l'Algérie qui s'était soulevée à la suite du fameux décret Crémieux accordant la nationalité française aux Juifs de la colonie, décret absolument abominable et qui sera une cause de conflit perpétuel entre la nation arabe et la nôtre.

Avant de quitter ses intrépides et infatigables compagnons, Chanzy fait ses adieux à son armée par la voie de l'ordre, dans les termes suivants :

« Officiers et soldats de la deuxième armée.

« Le traité ratifié, le 1er mars, par l'Assemblée nationale met fin à la guerre.

« En m'informant que mon commandement cesse, le ministre de la guerre ajoute :

« Dites à votre brave armée, officiers de tous grades et « soldats, que je les remercie, au nom du pays tout entier, « de leur courage et de leur patriotisme. Si la France avait « pu être sauvée, elle l'eût été par eux. La fortune ne l'a « pas voulu. »

« Je suis heureux de porter à votre connaissance ce témoignage de la satisfaction du gouvernement. Vous pourrez être fiers d'avoir fait partie de la deuxième armée de la

Loire dont les efforts, s'ils n'ont pas abouti au succès que vous avez poursuivi avec tant d'opiniâtreté, ne resteront pas sans gloire pour le pays, dont ils ont contribué à sauver l'honneur. Vous avez tenu tête aux armées les plus nombreuses et les mieux commandées de l'Allemagne. L'histoire racontera ce que vous avez fait; l'ennemi lui-même s'honorera en vous rendant cette justice. Vous allez rejoindre vos foyers : conservez inébranlable votre dévouement au pays. Quant à moi, mon plus grand honneur est de vous avoir commandés, mon plus vif désir de me retrouver avec vous chaque fois qu'il s'agira de servir la France.

« Général CHANZY. »

Chanzy a donc été l'âme de la résistance jusqu'au dernier jour de cette lutte glorieuse de l'armée de la Loire, étonnant même, si l'on compare la disproportion des forces entre les combattants et si l'on songe aux faibles moyens dont disposait le commandant en chef, comme cadres subalternes et soldats peu façonnés à la guerre et mal exercés.

« Le véritable homme de guerre révélé par les derniers événements, disait un jour Gambetta dans ses moments de jactance heureuse : c'est Chanzy.

*
* *

La Commune grondait à Paris, au moment où se discutaient à Bordeaux les préliminaires de la paix avec la Prusse, et moins de quinze jours après, elle éclatait, faisant succéder la guerre civile à la guerre étrangère.

Les fédérés parisiens, craignant de voir Chanzy se retourner contre eux et prendre part à la répression de l'insurrection, en dirigeant les troupes appelées à marcher contre la Commune, avaient l'ordre du Comité central de surveiller le passage de tous les trains, dans le cas où il se hasarderait à Paris, où l'on avait vu plusieurs régiments de son ancienne armée venir de la province pour grossir le noyau de l'armée de Paris.

Le vendredi, 18 mars, à cinq heures du soir, un train venant de Bordeaux, se dirigeait sur Versailles et entrait dans la gare d'Orléans-Ceinture, à Paris. Chanzy y était monté dans la matinée à Rochefort où il s'était rendu pour voir sa famille, après le licenciement de son armée à Poitiers; il traversait donc Paris, sans défiance. Son arrivée avait été signalée, on ne sait comment. Toujours est-il qu'à peine arrêté en gare, le train est immédiatement visité par les gardes nationaux fédérés qui stationnaient sur le quai. Le premier compartiment dans lequel ils pénètrent est un wagon-salon, dans lequel se tient le député Turquet, avec toute sa famille. Le chef de la bande monte sur le marchepied, regarde dans tous les sens, et semble chercher quelqu'un.

« — Que demandez-vous, se met à dire M. Turquet, que cette visite inattendue importunait.

« — Nous cherchons Chanzy.

« — Il n'est pas ici, répond une voix de femme.

« — C'est ce que nous allons voir. »

Et les gardes nationaux continuant leur inquisition ouvrent les portières de tous les compartiments, et finissent enfin par trouver dans le dernier wagon, le général qui cherchait si peu à se cacher, qu'il était en tenue de campagne, portant sur la poitrine, la plaque de la Légion d'honneur.

« — Au nom de la loi, je vous arrête dit le chef des fédérés, en l'apercevant.

« — Au nom de quelle loi, objecte Chanzy.

« — Au nom du Comité central de la garde nationale.

« Je m'incline devant la force et je vous suis, répliqua le général.

Entraîné brutalement par les sbires envoyés à sa recherche, Chanzy descend de wagon.

A ce moment, un certain rassemblement s'était formé sur la voie, M. Turquet s'approcha alors.

« — Je m'associe, — lui dit-il, — aux périls que vous pouvez courir, général. — Je suis député de l'Aisne, au même titre que vous qui êtes le député des Ardennes, et l'on vous arrête, qu'on nous arrête tous les deux.

A ce moment, un certain rassemblement s'était formé sur la voie... (page 240).

« — Non... non... répond Chanzy; je ne suis pas un homme politique. La population parisienne ne saurait avoir aucun grief contre moi. Je m'expliquerai. On verra après.

« Le péril est peut-être plus sérieux que vous ne pensez, mon général; — dans tous les cas, je ne vous quitte pas. On respectera peut-être mieux deux députés qu'un seul. »

Les fédérés les conduisent à la mairie du XIIIe arrondissement. Chanzy et Turquet montent au premier étage; ils y trouvent Léo Meilhet, le futur membre de la commune; et un ouvrier fondeur du nom de Duval, délégué à la guerre par le Comité central.

« Citoyen général, dit ce dernier à Chanzy, au nom des lois de la guerre, je vous fais mon prisonnier.

« — Je suis à vos ordres, répond Chanzy.

« — Et moi aussi, s'écria M. Turquet.

« — Qu'à cela ne tienne! fit Duval. Mieux vaut deux prisonniers qu'un seul. Mais d'abord, qui êtes-vous?

« — Je suis M. Turquet, député de l'Aisne.

« — Je ne puis alors vous arrêter.

« — Mais si, je veux, moi, être arrêté. M. Chanzy est député des Ardennes, vous l'arrêtez bien. Pourquoi, alors, ne m'arrêteriez-vous pas?

« — Oh! lui, c'est différent. Mais puisque vous y tenez, je vous arrêterai au même titre que lui. Vous devez être militaire, puisque vous portez le ruban de la Légion d'honneur. Peut-être êtes-vous l'aide de camp du général.

« — Oui, je suis décoré (1); mais n'ai pas l'honneur d'être aide de camp, si vous voulez bien m'arrêter comme militaire, que ce soit en qualité de sergent-major.

L'ordre d'écrou fut ainsi libellé : le citoyen Gourdin, chef de la maison militaire du 9e secteur, écrouera le citoyen général Chanzy et le sergent qui l'accompagne. »

Ceci fait, Léo Meilhet, conduit les deux prisonniers, non pas à la prison du 9e secteur, qui n'avait ni murailles, ni grilles, mais dans son propre appartement, les installant

(1) M. Turquet, engagé dans les éclaireurs de la Seine (escadron Franchetti), avait été blessé trois fois pendant le siège de Paris et cité à l'ordre de l'armée après le combat de la Malmaison.

dans son salon, et les faisant garder par cinq officiers de la garde nationale, requis à cet effet. La nouvelle de cette arrestation circule bientôt dans le quartier; la foule s'amasse, grossit de minute en minute, et bientôt une population lâche, cruelle, ivre, peut-être, demande à grands cris que le général et son prétendu aide de camp, soient jetés par la fenêtre. A mort, les traîtres! crie-t-on de toutes parts. Léo Meilhet paye d'audace, rassure la foule, en plaçant deux factionnaires de la garde nationale, bien en vue par la fenêtre entr'ouverte, afin que le peuple souverain pût voir et surveiller les prisonniers de la rue.

Il fallait des victimes à cette multitude de curieux assoiffés de sang depuis l'assassinat des généraux Lecomte et Clément Thomas. La maison de Léo Meilhet est envahie. Mais ce dernier, le pistolet au poing, avec quelques officiers de la garde nationale, le sabre au clair, se mettent en travers de la porte pour en défendre l'entrée. « Je puis sacrifier ma vie, dit alors Chanzy, s'adressant à Léo Meilhet, — je la donne volontiers, — mais je tiens à sauver la vôtre. » « Laissez-moi faire, citoyen général »; et entraînant ses deux captifs, le maire du XIIIe arrondissement les conduit d'abord à la geôle du 9e secteur, puis, quelques jours après, à la prison de la Santé.

Voilà dans quelles conditions, s'est faite l'incarcération de Chanzy, par les délégués de la commune de Paris. En arrivant à la prison de la Santé, le général y trouve trois officiers arrêtés comme lui, à la gare d'Orléans-Ceinture: le général de Langourian, le capitaine de Chazelles, du 5e lanciers et le lieutenant Gaudin de Vilaine, du 75e de marche. A ce moment, une foule compacte, hurlant, vociférant, se précipite sur les cinq prisonniers qu'on y amène, Chanzy, qui a reçu force horions, dans la bagarre, perd sa casquette, a le visage ensanglanté, son uniforme déchiré et souillé de boue, ses épaulettes et sa croix arrachées. Quelques pas de plus, et la foule l'entraînait pour le mettre à mort, sans le concours du concierge Villemain, gardien de la prison, qui ferme la grille rapidement, en repoussant les forcenés à coup de crosse de fusil.

Soyez donc un grand guerrier, un citoyen intègre, un homme de bien dans toute l'acception du mot; consacrez votre vie au bien être de vos soldats; abandonnez votre famille et les joies du foyer pour aller secourir votre pays envahi ; travaillez nuit et jour pour assurer le triomphe de nos armes, sur un ennemi féroce, sanguinaire même, pour en arriver à être fusillé contre un mur, par vos propres concitoyens !...

Le libellé d'écrou en ce qui concerne Chanzy est ainsi conçu :

« Ordre au directeur de la prison de la santé, de recevoir, en dépôt, le général Chanzy, jusqu'à ce qu'il en soit ordonné autrement. Le directeur répond, sur sa tête, de la garde des prisonniers.

« Pour E. DUVAL,

« Signé : CAZOT. »

Le héros de la Loire montre, dans la captivité, son énergie habituelle. Il se promène dans le préau qui lui est réservé, ou lit dans sa cellule; et un rédacteur du *Temps* qui le vit à cette époque, raconte que Chanzy amené à lui faire connaître l'histoire de son arrestation, raconte les violences dont il a été victime, « simplement sans ombre de colère, de fiel ou de dépit, mais avec cette netteté et cette précision qui sont le propre des hommes supérieurs, habitués à voir les faits en eux-mêmes, dans leurs causes et dans leur enchaînement; sachant les dégager des impressions ou des préoccupations personnelles : qualité suprême chez un chef d'armée. On eût dit qu'il racontait un fait de guerre... Ils m'ont pris pour un autre, — disait-il, — et ne savaient pas ce qu'ils faisaient. Et puis, il y a toujours des honnêtes gens, dans ces sortes de cohues, ceux qui s'emparaient de moi recevaient eux-mêmes des coups.»

Pendant ce temps-là, les parents et amis du général faisaient des démarches, chacun de leur côté, pour sauver la vie du général et le faire remettre en liberté. Mme Thévenet, belle-sœur de Chanzy, vit Bergeret à l'hôtel-de-ville, mais sans succès. Les capitaines de Boisdeffre et Henry, s'abouchèrent avec Lullier, ancien lieutenant de vaisseau passé à l'insurrection, mais sans succès également. Ils s'adressèrent alors à l'ingénieur civil Aronsohn et à Crémer, ancien aide de camp du général Clinchant, que la guerre avait fait arriver rapidement au grade de général de division et qui finit par obtenir du comité central, l'élargissement de Chanzy. Cet ordre était ainsi rédigé : « Le citoyen Duval mettra immédiatement en liberté le général Chanzy, laissant à Crémer, le soin de l'exécution.»

Et ce même jour, à midi, Crémer accompagné de Babick, un prussien, membre du comité central, se présentait à la prison de la santé,et profitant de ce que les fédérés du poste dormaient,fit signer le certificat d'élargissement par le délégué du directeur. Chanzy, ainsi que de Langourian et Ducausé de Chazelles, revêtirent des habits bourgeois et sortirent de la prison ainsi déguisés (1).

Chanzy rentra chez lui, prit quelques papiers, s'éloigna au plus vite de Paris, en gagnant Versailles à pied, le jour même où s'installait définitivement la commune de Paris, et le 29 mars, le vice-amiral Jauréguiberry, se faisant l'interprète de la France entière, montait à la tribune et prononçait les paroles suivantes :

« Je prie l'assemblée de me permettre d'être l'interprète de la satisfaction qu'elle éprouve, sans aucun doute, en apprenant la délivrance du général Chanzy et son arrivée au milieu de nous. (*Vives marques d'approbation ; applaudissements prolongés*). La joie que vous témoignez, chers collègues,sera partagée par la France entière (*oui! oui!!*), et, je dois ajouter, par toute l'Europe qui, pendant cinq mois, a suivi avec une profonde sympathie, ou tout au moins,avec une très grande estime, les nobles efforts du commandant en chef de la deuxième armée de la Loire. (*Très bien! très bien! Nouveaux applaudissements.*)

(1) Gaudin de Vilaine avait été relaxé le 21 mars, sur les instances de Meslay.

*
* *

Les révolutions, — on le voit, — ont celà de déplorable, qu'elles rendent le peuple inconscient. Et cependant,le cœur de tout homme de bien est sans colère pour ces saturnales, qui rappellent les plus mauvais jours de la terreur de 1793. La pitié et le mépris dominent.

Jamais Chanzy ne vit la mort d'aussi près, qu'au milieu de ces Français ameutés contre lui, qui le traitaient de *capitulard*, le prenant tantôt pour Bazaine, tantôt pour Ducrot, comme si Ducrot avait capitulé, lui qui s'était échappé des mains des Allemands, en grand uniforme, sous les yeux même des sentinelles ennemies qui le gardaient à vue !

CHAPITRE VI

L'homme politique

CHANZY était-il bien un homme politique, lorsqu'il fut nommé député des Ardennes, en février 1871 ? Non; il y était absolument étranger. Très bonapartiste sous l'empire ; il devenait républicain, après nos désastres de Sedan, parce que le pouvoir était entre les mains des républicains; il eût été tout aussi bien royaliste, si la monarchie eût succédé à l'empire, quelle que fût son étiquette, orléaniste ou légitimiste.

Homme du devoir avant *tout*, le gouvernement légal du pays est pour lui, celui qui tient l'ordre entre ses mains. En 1871, on disait partout que la république seule pouvait sauver la France; Chanzy le crut de bonne foi, bien que ne s'étant jamais mêlé de politique avant et pendant la guerre; il se trouva donc républicain, tout naturellement, parce que la république, sous M. Thiers, était, de fait, le gouvernement du pays.

Le mot devoir, revient sans cesse à son esprit, dans ses ordres du jour, comme dans ses allocutions aux troupes. Pour lui, la foi au drapeau et le culte sacré du devoir sont les deux vertus primordiales du soldat.

En 1866, Chanzy, colonel du 48e, visitant les détachements de son régiment, se trouvait le 15 août, à la colonne d'observation de Sebdou, qu'il passait en revue, pour distribuer les récompenses à l'occasion de la fête de l'empereur. Recommandation avait été faite, par le lieutenant-colonel Fraboulet de Kerléadec, aux capitaines d'enlever leur compagnie au cri de *vive l'Empereur!* en passant devant le colonel Chanzy, derrière lequel étaient rangés son état-major, les fonctionnaires du bordj de Sebdou, quelques spahis, et une cohue de *mercantis* espagnols et d'Arabes déguenillés.

Les tambours battent, les clairons sonnent; les deux premières compagnies défilent avec une exactitude parfaite, brillamment entraînée par leur chef, au cri de *vive l'Empereur!* Mais celle qui vient après, reste muette; le capitaine qui la commande, droit, comme un piquet, défile en soldat, et aucun cri n'est poussé par ses hommes qui, comme lui, se bornent à tourner la tête vers le colonel.

Là-dessus, grand émoi, dans le bordj de Sebdou. L'officier dont nous taisons le nom, bien qu'il nous soit personnellement connu, fût mis aux arrêts de rigueur, et c'était justice, puisqu'il avait contrevenu à un ordre formellement donné. Chanzy voulait faire mettre en retrait d'emploi cet officier, dont les tendances républicaines étaient connues; ce furent trois capitaines, trois camarades qui empêchèrent une répression qui allait à tout jamais briser une carrière honorable, en amenant, devant le colonel, l'officier incriminé, pour lui faire crier *vive l'Empereur*, en présence de quelques témoins de la revue du matin.

Chanzy était donc impérialiste avant d'être républicain,et si l'assemblée de Versailles, en 1871, eût rétabli la monarchie, le vaillant soldat plié à la discipline, altéré d'ordre, et patriote avant tout, se serait certainement rangé parmi les plus dévoués serviteurs du roi.

Il n'était donc pas un républicain de vieille date, lorsqu'il est entré dans la vie publique. Ce qu'il avait vu dans la commune,au début de l'insurrection de Paris,n'était pas de nature à le gagner à cette forme de gouvernement qui, pour beaucoup, est le despotisme en haut, et l'intolérance religieuse en bas.

Il cherchait sa voie, lorsque cajolé par les avances du président Thiers, il prit une détermination dans le sens républicain modéré, dont il devint un des chefs. Ce groupe, dénommé le centre gauche était composé des parlementaires, orléanistes par tempérament, mais républicains ralliés par les circonstances et dont les députés Jules Simon et Laboulaye étaient à la tête. Il ne s'y décida que progressivement, la majorité de la chambre qui était alors monarchiste, le croyait absolument des siens.

M. Thiers excellait dans l'art des flatteries dangereuses. Il est douteux cependant que ce soient les menées du vieux politicien qui ait commencé le républicanisme de Chanzy. C'est bien plutôt l'œuvre des relations que le général renoua ou noua dans les Ardennes qui, après l'avoir élu député, l'envoyèrent au conseil général dont il devint le président.

Dans cette assemblée de trente et quelques membres, il y avait deux bonapartistes, autant de royalistes, noyés dans une majorité de républicains centre-gauche, grands propriétaires ou grands industriels. Chanzy subit surtout l'influence de ce milieu qu'il retrouvait à Paris. Il devint républicain par contact avec des hommes honorables qui l'étaient depuis peu, — avec lesquels il se lia d'amitié, —

de l'un desquels, M. Gailly, actuellement sénateur, son fils aîné épousa la fille.

L'ancien commandant en chef de l'armée de la Loire, en est donc arrivé par degrés insensibles à se prononcer en faveur d'un régime d'où l'éloignaient ses instincts de discipline. Le patriotisme seul le poussa dans cette voie, car il possédait à un haut degré, le sentiment de la moralité militaire, et la religion de l'honneur, ces deux principes qui sont comme la préparation unissant les âmes fortement trempées à la pensée du devoir.

* * *

Les débuts parlementaires de Chanzy dépeignent l'homme tout entier. Le 16 mai 1871, il flétrit avec énergie, du haut de la tribune de l'assemblée nationale, la révolte insensée de quelques misérables qui opposent à Paris, à Lyon et à Marseille, la commune au gouvernement légal du pays; révolte que la France renie,que la société réprouve et que la justice doit atteindre.

« Oui — s'écrie-t-il, — dans un langage ému et patriotique, — la commune a été notre plus grande honte!...»

Obéissant à une conviction profonde, Chanzy n'a pas voté les préliminaires de paix du 26 février. Néanmoins, il est de ceux qui veulent que la France tienne loyalement ses engagements quelque durs qu'ils soient, puisqu'elle les a souscrits. En véritable Ardennais, il prend la parole contre ce projet : « Un traité de paix, — dit-il, — est un pacte consenti par les deux partis qui le contractent, un accord établi entre elles, après discussion des intérêts réciproques, en tenant compte des droits de chacun, en ménageant les justes susceptibilités qui peuvent être en jeu. Pourquoi alors ce document nouveau qui contient des exigences nouvelles, des froissements inutiles que rien ne justifie.

« Les terrains convoités par l'Allemagne dans la vallée de la Côte-Rouge de Saulne, d'Herserange et de Moulaine, d'abord; puis dans celles de l'Alzette, et dans les communes de Redange, de Rutzange et d'Aumetz contiennent des minerais de fer d'une grande richesse et d'une épaisseur de cinq mètres. C'est sur la possession de ces gîtes que reposent l'avenir et le développement de l'industrie métallurgique de Longwy qui compte actuellement de grandes usines produisant annuellement 127,000 tonnes de fonte.

« Le territoire d'Anmetz surtout, contient des gisements très considérables de minerais d'alluvion, dits de *fer fort,* indispensables pour certaines industries ferronières des Ardennes et du Nord, et qui ne sauraient être remplacés, car il n'existe sur aucun point du département de la Moselle, ni dans les départements voisins. »

Chanzy fait remarquer combien cette bande de terrain, si elle était cédée, nous serait désavantageuse au point de vue stratégique.

« La zone autour de Belfort, — ajoute le député des Ardennes, — telle que la détermine le premier paragraphe de l'article en discussion, (1 kilomètre autour de la place) suffit pour maintenir à la forteresse, l'action militaire qu'elle doit avoir. Le danger pour elle, n'est pas dans les quelques kilomètres de rayon dont nous nous privons en repoussant l'échange; mais dans les moyens que les Allemands ne manqueront pas d'employer, soit d'un peu plus près, soit d'un peu plus loin, pour atténuer cette action autant qu'ils le pourront.

« La bande de terrain qu'on nous demande a une toute autre valeur stratégique. En la livrant aux Allemands, on les rapproche de Longwy; on leur livre les bois et les plateaux qu'il est indispensable d'avoir à nous, en cas d'opérations militaires de ce côté: on complète la ceinture qu'ils voudraient établir entre nous, et ce pays de Luxembourg dont le cœur bat, comme celui de la France et qui est, pour eux, un de leurs regrets les plus vifs, une de leurs convoitises les moins dissimulées (*applaudissements*).

« De plus, nous nous enlevons par cette cession, toute possibilité de joindre par la vallée de l'Alzette, le chemin de Longuyon à Arlon, au tronçon qui existe déjà d'Esch à

Luxembourg, en exécutant l'embranchement projeté le long du ruisseau de la Croix-Rouge, pour assurer l'exploitation des gîtes de minerais, nos communications directes avec le Luxembourg et un débouché en Allemagne. »

Chanzy conclut en demandant le rejet de la proposition formulée par l'Allemagne, qui n'eût été discutable que si elle nous eût été présentée, comme une compensation. Mais en comparant les désavantages d'un étranglement des abords de la forteresse de Longwy, avec ceux d'une diminution notable du territoire, autour de Belfort, nos législateurs pensèrent que la défense plus étendue de cette dernière serait difficile, si nous ne possédions pas les cantons de Belfort, de Dell, de Giromagny, et la route de Rémiremont par le ballon d'Alsace; malgré le député des Ardennes, l'Assemblée nationale ratifia le complément du traité de paix, en cédant aux Allemands le territoire d'Aumetz, à la majorité de 433 voix sur 531 votants.

Quelques jours plus tard, le 14 juin 1871, à la suite d'un discours filandreux fait par le général Trochu, pour glorifier ses opérations pendant le siège de Paris, Chanzy indique les fautes commises par le gouvernement de la défense nationale qui ne savait pas ce qui se passait en province. « C'est en province, et non dans une ville bloquée, qu'aurait dû se trouver le gouvernement du pays. Ces armées de province qu'on dénigre sans cesse; ce sont celles qui devant Paris, ont dompté l'insurrection : sur les treize divisions de l'armée de Paris, huit venaient des armées de province; sur les trois divisions de cavalerie, deux venaient des armées de province; quant à l'artillerie de campagne, dix batteries venaient des armées de province. Ce ne sont donc pas comme on l'a dit et répété des « tronçons épars, courrant les uns après les autres et n'ayant aucune consistance.

« Alors que le péril grandissait de tous les côtés, que faisait donc à Paris, le ministre de la guerre? que faisait le ministre des affaires étrangères? que faisaient donc à Paris, les membres du gouvernement qui eussent été si utiles en province?

« Si le ministre de la guerre avait été à Tours et à Bordeaux, il est probable que le gouvernement n'aurait pas envoyé en province, et investi de ses pleins pouvoirs, un homme absolument nul en matière de direction militaire. C'est par la direction générale des opérations que les choses ont manqué. »

On le voit, Chanzy s'en explique très clairement. Que d'erreurs stratégiques eussent été évitées, si le gouvernement de la défense nationale, n'eût pas mêlé la politique à l'intérêt primordial de la France : la défense du territoire sans distinction de parti.

Nommé rapporteur de la commission chargée d'examiner la proposition de loi relative à la dissolution et au désarmement immédiat de la garde nationale, Chanzy s'exprime ainsi :

« Sans remonter aux milices bourgeoises du XIIIe siècle, il faut bien reconnaître que la garde nationale est née de la nécessité d'assurer l'ordre à l'intérieur, mais aussi d'une pensée de suspicion à l'égard de l'armée », et après avoir fait l'historique de cette institution, sous les divers régimes qui se sont succédés en France, l'éminent rapporteur conclut nettement, le 20 août, à leur dissolution et à leur désarmement immédiat, en s'appuyant sur la nouvelle réorganisation de l'armée, dont le parlement était saisi, et rappelant les raisons données par Mirabeau à la fin du siècle dernier.

« La garde nationale a fait son temps, — dit-il ; — elle a eu ses moments d'utilité incontestable et de véritable patriotisme, mais il faut, pour être équitable, dire aussi les complications qu'elle a créées, l'impuissance dans laquelle elle s'est trop souvent trouvée de contenir ou de réprimer les agitations nées dans son sein et près d'elle, et reconnaître qu'elle n'a jamais été pour le maintien de l'ordre, un moyen efficace et suffisant...

« Il est essentiel, alors que le suffrage universel donne à tout citoyen le droit d'émettre, par son bulletin de vote, son opinion sur les affaires du pays, qu'une institution qui devient inutile ne lui laisse pas sous la main un fusil auquel il sera tenté de recourir, pour la faire triompher, si elle n'est pas celle de la majorité. Le nouveau projet de loi nous demandera d'ôter le vote à l'armée active. Ne donnons pas, dès lors, les armes aux électeurs, et arrivons par la persuasion et l'habitude à faire comprendre à tous que la force armée ne doit servir qu'à garantir au pays la tranquillité à l'intérieur, le respect au dehors, et que le devoir strict de tout bon citoyen est d'exécuter fidèlement les lois que le pays s'est librement choisies...»

Puis, le général ajoute : « D'ailleurs, la garde nationale est trop nombreuse, pour prendre un esprit de corps; trop intimement liée aux citoyens pour oser jamais leur résister; trop forte pour laisser la moindre latitude au pouvoir exécutif; trop faible pour s'opposer à une insurrection ; trop facile à corrompre pour n'être pas toujours un instrument prêt à servir les factieux... »

Le 25 août, Chanzy défend encore à la tribune les conclusions de son rapport, dont les ruines de Paris rendent la démonstration facile. Mais M. Thiers qui tenait alors à se refaire une auréole de popularité déjà compromise, vis-à-vis des républicains de l'extrême gauche, par suite de la répression qu'il venait d'exercer, il y a deux mois, contre l'insurrection vaincue de cette même garde nationale, chercha un moyen terme et déclara qu'il n'acceptait la dissolution que si l'assemblée le laissait libre de choisir son heure et son jour pour le désarmement, qu'il entendait ne faire que progressivement, lorsque cela lui conviendrait.

De là est né l'amendement Ducrot qui «laissait au pouvoir exécutif le soin de dissoudre les gardes nationales au fur et à mesure que le permettraient les progrès de la réorganisation de l'armée», dont le projet de loi était en discussion depuis le 27 mai dernier.

C'est à la suite de ce débat, que Chanzy laisse insérer son nom, parmi ceux des membres du centre-gauche dont il devenait le président peu après, à une faible majorité : 40 voix sur 78 votants; se faisant illusion sur la possibilité de créer une république conservatrice. L'avenir lui prouva le contraire.

La discussion du projet de loi militaire dura huit jours

Le capitaine qui les commande, droit comme un piquet, défile en soldat... (page 250).

malgré les protestations de Chanzy qui, faisant appel au patriotisme de ses collègues et à la prudence de l'assemblée, demandait de voter sans débat, une loi mûrement étudiée par les hommes les plus compétents, afin de ne pas donner à l'Allemagne, qui nous écoutait, le spectacle de nos divisions intérieures.

L'article qui traîna le plus en longueur, fut celui relatif à la durée du service. L'engagement entre les députés Keller et Sarette n'avaient été qu'une affaire d'avant-garde; mais voici les gros bataillons qui arrivent et le général Trochu monte à la tribune pour préconiser la durée du service de trois ans, estimant qu'un soldat dans sa troisième année de service, entouré d'excellents cadres, et pourvu d'une solide instruction, est et sera le meilleur soldat de l'avenir. Ce n'est pas l'avis du général Ducrot qui lui succède à la tribune, et encore moins celui du général Chanzy, qui parle après ce dernier et fait observer qu'il ne faut pas copier la Prusse, uniquement parce qu'elle a eu du succès, ni tout repousser parce qu'elle nous a vaincus; mais bien profiter des enseignements que nous avons payés si cher, en rendant les perfectionnements possibles, en cherchant un moyen terme qui permette de fixer la durée du service à cinq ans, au lieu de sept.

« En ce moment, — dit-il, — l'expérience des trois ans de service serait dangereuse, d'autant qu'il est imprudent de remanier trop souvent les lois de recrutement, et qu'il faut maintenir la durée de cinq ans au moins, jusqu'à ce que l'organisation qui se prépare nous aît donné la possibilité d'y renoncer sans danger.

« Il est imprudent, au premier chef, de commencer les réformes que le pays attend par une trop forte réduction dans la durée du service... La loi de 1832 qui l'avait fixée à sept ans, nous a donné les admirables soldats des armées d'Afrique, de Crimée et d'Italie, et si elle nous a été fatale en 1870, c'est qu'elle ne nous avait pas donné le nombre. Ainsi cette belle armée restreinte est tombée héroïquement à Wissembourg, à Frœschviller, à Gravelotte, à Saint-Privat; il n'est plus resté derrière elle que des armées improvisées qui, malgré leur courage, n'ont rien su réparer...

« Avec cinq ans de service, on est sûr de faire une belle armée. Serait-ce possible avec trois ans ?... Peut-être plus tard, y parviendra-t-on, avec la préparation, le travail et la force des institutions. Seulement, l'outillage n'existe pas encore. Ne nous occupons donc pas de l'armée de l'avenir dont on vient de faire un si séduisant tableau. Pour le moment, les cadres manquent; les bons sous-officiers sont devenus rares. Notre premier devoir est de les créer. Une nation armée n'est pas une armée de soldats, et ce sont des soldats qu'il nous faut; quant aux questions de sentiments, d'égalité absolue, de démocratie : rien de cela n'est à sa place dans une loi militaire. »

Et le général Trochu dans une de ces digressions subtiles et brillantes dans lesquelles il excelle, de répliquer, faute d'argument sérieux : « cest la fatalité de nos légendes qui a amené nos désastres. »

« — Nos légendes! s'écrie Chanzy avec véhémence; nos légendes sont nos gloires ; c'est encore dans ces légendes que nous puisons les grands exemples, les grandes pensées, les grandes convictions, qui sur les champs de bataille, nous inspirent et nous montrent comment on fait son devoir. N'accusons pas les légendes, mais bien les traditions aveugles. »

C'est alors qu'intervient le président de la république. Comme Ducrot, comme Chanzy, il ne croit pas à la nation armée qui n'est nulle part, sauf chez les sauvages. Partout, c'est une portion de la nation bien choisie, bien exercée, habituée au danger qu'on tâche de rendre aussi énergique que possible, qui constitue l'armée. La commission lui accorde cinq ans. M. Thiers les accepte et l'en remercie. Chanzy a donc la joie cette fois de voir écarter, ou du moins ajourner la durée du service de trois ans préconisé par les esprits turbulents de la Chambre; idée très populaire qui ne fut admise que quelques années après, dans les modifications de notre loi sur le recrutement de l'armée ; mais selon lui, très funeste, et qu'il ne cessa de combattre jusqu'à la fin de sa vie.

*
* *

Chanzy était-il républicain, dans le sens que les énergumènes du parti attachent à ce mot ? Non... sa profession de foi, en prenant possession du fauteuil de président du centre gauche, se résume tout entier dans ce passage. « Nous travaillerons à faire loyalement l'essai d'une république conservatrice, puisque le pays laisse à la république le soin d'effacer la trace de nos désastres ; conservons-la, soutenons-la, si c'est là le salut. Mais pas de république où dominent les envieux, les énergumènes, les déclassés qui se laissent guider par la convoitise, par les utopies, par la haine de la religion et de la société. Ne songeons qu'à la France ; ne nous inspirons que de son patriotisme, pour rendre le gouvernement républicain acceptable par tous....

« Oui, les hommes sensés voient qu'il est impossible à l'heure actuelle de songer à autre chose, sans livrer le pays à de nouvelles secousses. Acceptons donc franchement dans la forme, comme dans le fond, la république, puisqu'elle existe de fait. Nos réunions auront pour but la réorganisation du pays par des institutions libérales et l'essai loyal d'une république conservatrice.

Lorsque après la chute du premier président de la république, le maréchal de Mac-Mahon, fut sur le point de se lancer dans une restitution monarchiste en 1873, les républicains de toutes nuances, publièrent un peu partout, dans leurs journaux, comme dans leur conversation, que Chanzy ne se rallierait jamais à la monarchie. Le président du centre gauche, homme d'ordre, et serviteur de la patrie avant toutes choses, prouva qu'il considérait comme très secondaires les questions de forme de gouvernement, pourvu que ce gouvernement fût honnête et sage, leur fit à tous cette belle réponse : « On se trompe, je me rallierai à tout gouvernement régulier établi par l'Assemblée, quel qu'il soit, puisque l'Assemblée est l'expression l'égale des volontés de la France. »

*
* *

Lorsque l'Assemblée nationale institua avant de se séparer en 1875, un Sénat, réservant 75 sièges inamovibles pour ceux de ses membres les plus en vue, Chanzy accepta d'en faire parti comme sénateur inamovible et y fût nommé au deuxième tour de scrutin, par 345 voix, sur 600 votants. Mais il avait trop le sentiment de l'autorité pour conserver longtemps l'entière confiance des républicains ardents et un jour ou l'autre, il devait exciter les méfiances du parti auquel il s'était rallié plutôt par amour de la patrie, que par instinct.

Au début, les partis se le disputaient afin d'avoir une forte épée à leur disposition, le berçaient de vagues espoirs, vers lesquels le poussait volontiers son instinct de soldat. Aussi en 1879, lors de la réunion de la Chambre et du Sénat pour l'élection d'un nouveau président de la république, en remplacement du regretté Mac-Mahon démissionnaire le 30 janvier 1879, les monarchistes mirent le nom de Chanzy en avant et lui donnèrent 99 suffrages. Sa candidature à la présidence n'a donc été posée ni par lui, ni par ses amis, et nous tenons de source certaine que le sénateur Gailly l'a désavouée à la tribune ; c'est la droite qui voulait faire passer son nom, témoin ces paroles attribuées à deux hommes politiques très en vue; l'un président de la droite de la Chambre et l'autre ancien ministre du 16 mai :

« En votant pour le général Chanzy, nous savions qu'il
« n'était pas candidat. Nous savions aussi qu'il n'était pas
« notre homme. *Mais nous voulions faire une manifesta-*
« *tion en l'honneur de l'armée ; et nous ne pouvions prendre*
« *un nom mieux désigné que le sien.* »

Comme sénateur, Chanzy se tint à l'écart de la politique. Les grandes assemblées qui disposent du sort des peuples, ont un esprit turbulent, voisin de l'intrigue ; le parlementarisme s'y montre inconstant, fait des mesquineries de calculs et de rancunes ; ils sont l'opposé de l'esprit militaire, apanage ordinaire du véritable soldat, généreux, loyal, désintéressé comme l'était l'ancien commandant de la deuxième armée de la Loire. Il y reparut cependant dans deux circonstances que nous ne saurions passer sous silence : le 19 mars 1878, pour défendre son administration en Algérie, dont il était devenu le gouverneur général ; puis le 29 juillet 1882, pour y défendre la discipline militaire menacée par une proposition insensée du major Labordère, qui devait sa carrière politique à un acte d'insubordination dans le service que l'autorité militaire a eu le plus grand tort de laisser impunie.

Au sujet de l'Algérie, il prononce un discours d'affaire, qui est certainement un des meilleurs qu'aucune assemblée ait jamais entendu. Mais cette question algérienne est tellement compliquée qu'il faudrait un volume pour en expliquer toutes les phases ; nous ne retiendrons donc que les dernières paroles prononcées par le gouverneur général, à cette occasion :

« Je suis de ceux, — ajoute Chanzy, qui après s'être rallié bien franchement à la république, en 1872, entendent la servir avec dévouement et la consolider en résistant énergiquement aux ardeurs, aux entraînements, aux utopies ou aux convoitises qui peuvent la compromettre. C'est ce que je m'efforce de faire en Algérie quels que soient les jugements portés sur les mesures que j'ai cru de mon devoir de prendre. C'est la ligne que je continuerai à suivre, aussi longtemps que le gouvernement, qui m'a confié la mission que je remplis, m'en trouvera digne...

« C'est par des œuvres pacifiques que la France entend se relever de ses désastres. Elle convie toutes les nations à l'exposition grandiose qu'elle prépare aux arts, au commerce, à l'industrie, au progrès, à la véritable civilisation. Elle affirmera hautement cette volonté, en inscrivant sur son programme, le développement à donner à l'Algérie. N'est-ce pas là le meilleur moyen de justifier la possession du pays, qu'elle a arraché, il y a bientôt quarante-huit ans, à la barbarie, et d'établir enfin, un grand principe : que les conquêtes n'ont de solidité et de raison d'être, qu'à la condition d'être un progrès pour la civilisation, ce bien pour l'humanité? (*Très bien! Très bien!! Applaudissements prolongés*). »

Au mois de juillet 1882, un officier supérieur du nom de Labordère, déposait sur le bureau du Sénat, une proposition dont voici le texte : « L'obéissance militaire n'étant due qu'aux ordres donnés pour l'exécution des lois, et des règlements militaires, ainsi que pour le bien du service, il n'y a ni crime, ni délit, lorsque ce refus s'applique à un ordre dont l'exécution serait qualifiée crime par la loi, si toutefois il se produit en temps de paix. »

L'auteur de cette proposition s'appuyait par un discours violent, alléguant les droits du citoyen reconnus par les principes de 1789, rappelant le coup d'état de 1851, qui ne réussit que grâce à la défection de certains chefs de notre armée. Chanzy venu tout exprès de Châlons, où il commandait alors le 6e corps, protesta « avec indignation contre ces théories dissolvantes, ces amorces trompeuses au moyen desquelles on cherche à porter le trouble dans les esprits, à introduire la désorganisation dans l'armée et dans le pays. »

Puis il ajoutait : « L'armée restera sourde à toutes ces menées, dont elle apprécie la valeur et le but. Elle saura se maintenir dans la ligne que lui trace ses devoirs, en défendant l'ordre, la loi, la constitution, le gouvernement et le pays, d'où que viennent la menace et le danger. N'appelons pas nos soldats à discuter les ordres qu'ils reçoivent, l'armée cesserait d'être soumise à l'obéissance passive, à la discipline qui fait sa force. Que jamais personne ne croie que dans l'armée, la liberté puisse dégénérer en indiscipline ; l'égalité, en oubli du respect et de l'obéissance aux chefs ; la fraternité, en négation des principes hiérarchiques. Une armée n'est sérieuse que si elle a confiance en elle-même et dans ceux qui ont l'honneur bien grand, mais parfois bien lourd de la commander. Une nation n'est forte et respectée que si elle est capable de composer une armée sur laquelle elle compte en toutes circonstances. C'est cette confiance réciproque qu'il s'agit de conserver entière, et que ne pourrait qu'amoindrir, la discussion à la tribune du Sénat, devant l'armée, devant le pays, de la proposition qui vous est soumise. Quant à moi, je voterai contre. »

Le Sénat applaudit cette courte, mais énergique réplique. Le général Billot, ministre de la guerre, donna l'appui de sa parole au général Chanzy, remercia et félicita l'orateur, de l'énergie avec laquelle il avait soutenu l'honneur de tous ceux qui portent l'uniforme, et la proposition Labordère fut repoussée à une immense majorité.

Ce fut là le dernier acte politique du général Chanzy. A partir de cette date, il ne devait plus parler dans une assemblée délibérante; il n'avait plus que six mois à vivre. Pour un soldat comme Chanzy, aimant la patrie par dessus tout, c'était bien finir que de clore une carrière aussi bien remplie que la sienne, en faisant triompher le respect de la discipline dans l'armée et le culte du drapeau.

Au camp de Bou-Khranifis.
(D'après les photographies de l'auteur.)

CHAPITRE VII

Chanzy gouverneur général de l'Algérie

NOMMÉ par M. Thiers, le 1er septembre 1872, au commandement du 5e corps d'armée à Tours, qui comprend les troupes stationnées dans les 15e, 16e et 18e divisions militaires, Chanzy n'y reste que quelques mois et est appelé le 18 juin de l'année suivante au gouvernement général de l'Algérie, *à titre temporaire*, disait le décret d'investiture signé par le maréchal de Mac-Mahon, sur la proposition du duc de Broglie, président du conseil des ministres. Son prédécesseur, l'amiral de Guesdon, n'avait eu que le commandement des forces de terre et de mer, le régime civil ayant été implanté *ex abrupto* dans la colonie, lors de l'arrivée au pouvoir du ministère Olivier, le 19 janvier 1870. L'héritage des Bugeaud, des duc d'Aumale, des Cavaignac, des Changarnier, des Mac-Mahon, etc..., devenu une fonction civile. Quelle amère dérision!... Mac-Mahon, devenu président de la République, se connaissait en homme de valeur; il réunit sur la tête de Chanzy ces deux natures d'attributions, et n'eut pas lieu de le regretter, ainsi que nous le verrons plus loin.

Ce n'est pas d'aujourd'hui qu'on prétend que la France n'a pas le génie colonial. On le croirait vraiment si on en juge par l'insouciance avec laquelle elle a perdu autrefois ses grandes conquêtes de l'Inde et de l'Amérique, et si l'on en juge aussi par le peu de souvenir qu'elle a conservé de ses grands conquérants, tels que les Labourdonnaye, les Dupleix, les Montcalm, les Malouet, etc. Quelle que soit l'opinion de quelques sectaires sur l'armée, tous ceux qui ont le souci de la grandeur de notre belle France n'oublieront pas qu'une nation n'est digne de sa prospérité que si elle garde la mémoire de ceux à qui elle la doit; ils rendront un perpétuel hommage à cette vieille armée d'Afrique qui nous a acquis une nouvelle France, en y installant notre domination par la puissance des armes, en faisant triompher notre civilisation jusqu'aux limites les plus reculées du Sahara algérien.

Un publiciste éminent n'a-t-il pas dit un jour : « Alger, c'est Marseille prolongé?... »

Alger, lorsqu'on y arrive par mer, apparaît au voyageur comme une ville endormie le long d'une colline, calme et insouciante, au milieu des campagnes verdoyantes qui l'entourent. C'est là une nonchalance toute apparente; car à peine a-t-on mis le pied sur les quais que l'on s'aperçoit bien vite de l'activité qui règne dans la ville basse tout entière livrée à une véritable fourmillière cosmopolite ; partout l'activité, l'énergie, l'espérance : celle du travail. Le silence et le repos, le calme et la gravité musulmanes se sont réfugiés dans les hauts quartiers depuis nombre d'années.

Chanzy, gouverneur général de l'Algérie, se trouve dans

son élément; il est tout à la fois le chef d'une armée et d'une administration à laquelle il va imposer une impulsion nouvelle, fruit de son expérience et de son labeur quotidien. Le voici installé pour plusieurs années dans ce magnifique palais mauresque, habité autrefois par les deys d'Alger, et dans lequel il n'avait fait, pour ainsi dire, que passer, en 1849, comme officier d'ordonnance du gouverneur général Charron.

« J'étais loin de songer que j'y reviendrais un jour, — disait-il, en recevant les autorités civiles et militaires venues pour lui offrir leurs souhaits de bienvenue le jour de son installation. — Je connais l'Algérie, et elle me connaît; c'est dans les camps et dans les bureaux arabes que j'ai gagné tous mes grades jusqu'à celui de général de brigade; si elle en arrive à m'aimer comme je l'aime, une ère de véritable bonheur s'ouvre devant nous. »

Il y avait, en effet, beaucoup de bien à faire dans notre belle colonie, lorsque Chanzy en prit le commandement et la direction. Deux grands partis s'y étaient formés, ayant chacun leurs adeptes et leurs adversaires : celui de l'autonomie et celui de l'assimilation. Chanzy était un partisan résolu de cette dernière, et son programme, daté de Tours du 23 septembre 1872, en fait foi : « Nous travaillerons, — disait-il aux Algériens, — à la complète assimilation de la colonie à la métropole, en tenant compte, bien entendu, des difficultés relatives aux différences d'origine et de mœurs des populations qu'il s'agit de transformer et d'agréger, de façon à leur donner la physionomie unique d'une société liée par les mêmes sentiments de sympathie réciproque et de patriotisme », et, dès le 3 décembre, à la séance d'ouverture du conseil supérieur de l'Algérie, il exposait ses vues et ses principes, en termes qui ne laissaient aucun doute sur la direction qu'il prétendait donner à ses travaux. Pour lui, la grande assemblée algérienne était un conseil et non un parlement; chaque année, le gouverneur général lui présenterait, dans un compte rendu clair et substantiel, l'exposé de la situation coloniale, s'éclairant de l'expérience de ses membres, comparant, puis décidant et agissant suivant ses propres inspirations, sans consulter les députés et encore moins les journaux qui, en Algérie, sont tous tournés vers le radicalisme plus ou moins accentué. »

*
* *

La question de la colonisation algérienne est une de celles qui, de tous temps, a le plus préoccupé l'opinion publique en France. Depuis près d'un demi-siècle que nous sommes en possession de cette riche contrée, bien des théories ont été émises, bien des systèmes se sont succédés, sans jamais produire des résultats décisifs. On peut même affirmer que si la colonisation algérienne n'a pas marché d'un pas plus rapide et plus sûr, la faute en est surtout aux fluctuations perpétuelles occasionnées dans la direction des affaires, par suite des trop fréquents changements de personnes.

Pour y remédier, l'Assemblée nationale de 1874 avait nommé une commission chargée d'étudier la grave question des réformes à introduire dans notre grande colonie et de lui présenter un projet de loi destiné à mettre fin aux incertitudes et aux variations qu'entraînait l'arrivée de chaque nouveau gouverneur.

Ce projet venait d'être déposé quand le comte d'Harcourt eut l'heureuse idée de demander au rapporteur si la commission avait pris l'avis du gouverneur général de l'Algérie ; on n'y avait même pas songé ! D'un avis unanime, l'Assemblée renvoya le travail du rapporteur à la commission pour qu'il pût être soumis au gouverneur général qui substitua son projet à celui de la commission et eut la bonne fortune de rallier le gouvernement à ses idées.

Les principales dispositions du projet Chanzy étaient les suivantes :

1° Administration civile de plusieurs communes actuellement soumises à l'autorité militaire;

2° Création, sur la limite du Tell, de villages fortifiés destinés à étendre la zone des terres cultivées et pouvant, sinon prévenir, du moins arrêter les insurrections périodiques.

3° Remaniement complet des bureaux arabes militaires et du bureau politique.

4° Occupation effective de certains points avancés, tels que Tuggurth et Ouargla;

5° Augmentation du personnel de la gendarmerie, et création de brigades aux points extrêmes;

6° Extension du service des postes, et création de bureaux, dans les localités du sud;

7° Extension du réseau des chemins de fer et des voies de communication;

8° Formation de colonnes mobiles dans le sud, pour assurer la sécurité des routes sur certains points.

Le caractère froid et conciliant du général Chanzy, sa profonde connaissance de la colonie, lui avaient fait éviter les écueils de ses prédécesseurs, là où les systèmes trop radicaux, eussent infailliblement sombré.

Les bonnes réformes, — écrit Montesquieu, — celles qui sont destinées à durer, doivent tenir compte du passé, et ne progresser que peu à peu. L'homme pratique ne saurait oublier que tout ce qui est violent ne dure pas; il recherche surtout les moyens de transition, traits nécessaires entre le régime de l'avenir et celui du passé. Une erreur malheureusement trop générale parmi tous les faiseurs de systèmes, est de peu se préoccuper du personnel qui est cependant le seul moyen de faire sortir une création du domaine de la spéculation, de donner la vie au système qu'ils préconisent, de le faire marcher. Une administration nouvelle ne saurait se créer du jour au lendemain, car, ici, il faut tenir compte de la situation et des mœurs particulières des Arabes. Sous ce rapport, pour réussir à développer la colonisation algérienne, il faut, avant tout, être un éclectique, choisir le bien, parmi tous les systèmes mis en essai jusqu'à ce jour, et s'en rapporter plus à l'expérience acquise qu'à de brillantes théories inapplicables dans l'espèce.

Le caractère distinctif du projet Chanzy, est précisément l'éclectisme, son but étant la substitution du régime civil au régime militaire, dans un temps plus ou moins rapproché, mais sans à coup, de façon à ne froisser, dès le début, aucune des habitudes, aucun des intérêts de la colonie. La preuve en est facile à faire.

Chanzy, par son système, renoue la chaîne depuis longtemps brisée des généraux colonisateurs : Bugeaud et de La Moricière.

Soldat laboureur, subordonnant tout à la noble profession d'agriculteur, Bugeaud n'admettait pas que la colonisation fût possible autrement que par l'armée. A l'exemple des colonies romaines, il créait des villages exclusivement composés d'anciens soldats. Toutes les ressources nécessaires au développement de l'agriculture et de l'industrie, il les demandait à l'Etat. A ses yeux, l'Algérie n'était qu'un vaste camp que, seule, l'autorité militaire était en mesure d'exploiter. A cette époque, la période de la conquête n'était point achevée ; la Kabylie point soumise; à tout instant, il fallait réprimer des soulèvements partiels. La responsabilité du commandement exigeait surtout qu'on s'occupât d'assurer les conquêtes faites, et les colonies militaires étaient alors l'appui indispensable de notre système de défense contre les Arabes.

Tout autre était La Moricière. Se plaçant à un point de vue plus élevé, c'était l'avenir plutôt que le présent qu'il voulait assurer; devançant son temps, — comme cela arrive presque toujours aux natures exceptionnellement bien douées, — il voulait fonder la colonisation, par l'extension du régime civil, et par un appel aux capitaux de l'industrie privée.

Or, la création, sur la limite du Tell, de villages fortifiés est une mesure empruntée au système Bugeaud; le transfert de plusieurs centres du régime militaire au régime civil, l'occupation de certains points tels que Tuggurth et Ouargla, en sont d'autres empruntées au système de La Moricière, sur l'utilité desquelles tous les esprits sérieux sont depuis longtemps fixés.

Dès l'année 1876, Chanzy expose la situation de l'Algérie au conseil supérieur du gouvernement, dans un travail élaboré avec un soin remarquable et dont nous allons analyser les points saillants.

Vue d'Alger.

Plus porté, par sa nature réfléchie, à se confier à la méthode historique qu'au mirage trop souvent trompeur des systèmes purement spéculatifs, le gouverneur général de l'Algérie ne bouleverse rien, n'innove rien.

« Bien des systèmes ont été essayés, — dit-il; — les uns émanés de théories spéculatives que l'expérience a forcé d'abandonner, les autres imités de méthodes employées dans des pays qui n'ont aucune analogie avec celui-ci. C'est donc en envisageant les difficultés telles qu'elles sont, avec la volonté de les vaincre, qu'il nous faut chercher la solution du problème. *Ce qui existe actuellement n'est plus un système; c'est la mise en pratique de ce qui a paru bon dans tous ceux précédemment employés.* »

Ainsi Chanzy nous donne le consolant spectacle d'un de ces hommes, trop rares aujourd'hui, qui arrivés au pouvoir, n'abandonnent pas les principes qu'ils avaient professés jusqu'alors. Il ne suit pas le triste exemple de tant d'hommes d'état qui, décentralisalisateur à outrance, lorsqu'ils étaient dans l'opposition, ne savent faire voter que des lois aggravant notre centralisation excessive, une fois qu'ils sont ministres; il reste fidèle à la décentralisation, qui est un de ses principes, en matière d'administration. Il inflige à nos gouvernants une leçon dont ils feront sagement de profiter, quand il ajoute :

« Le principe qui nous guide dans les mesures à prendre pour perfectionner successivement notre organisation administrative est celui de *la décentralisation qui seule permet de résoudre promptement les questions, en les dégageant de lenteurs et de formalités inutiles.* Si nous ne sommes point encore arrivés au but, nous y marchons aussi rapidement que possible, en tenant compte des difficultés de la route. Ce n'est pas hésitation; c'est prudence. On ne gagne rien en avançant trop vite pour reculer ensuite; avec de la précipitation, on n'arrive qu'à troubler le présent, en compromettant l'avenir. Les différents services fonctionnent bien; les progrès accomplis en sont la preuve. Est-ce à dire qu'il n'y ait aucune modification à y introduire? Nous sommes tous d'accord pour chercher à perfectionner le mécanisme. Mais, je le répète, ces modifications ne doivent se produire que successivement, quand elles sont justifiées et opportunes.»

Le principe de la décentralisation une fois posé, le général Chanzy expose ses vues en ce qui concerne l'assimilation qu'il considère comme un devoir de poser nettement afin d'éviter à l'Algérie «ces théories dangereuses qui se dissimulant sous le titre d'une autonomie favorable aux intérêts particuliers, ne tendent rien moins, il faut le reconnaître, qu'à briser successivement les liens qui doivent rattacher la colonie à la patrie commune, dans ses malheurs, comme dans sa prospérité.»

L'étude de chaque branche de l'administration nous montre ensuite, comment le général Chanzy, entend en faire partout l'application. Ainsi, à propos de l'exploitation des forêts, nous lisons dans le rapport que nous avons sous les yeux : «j'aurais voulu vous annoncer la décentralisation complète de certaines parties du service forestier, tout en laissant la direction générale mener à bonne fin, par des moyens prompts et uniformes, la solution des questions importantes de reconnaissances, de délimitation, de règlementation des droits d'usage et de répartition du personnel, dont l'ensemble constitue l'organisation sérieuse de l'administration forestière. Les choses n'ont pas marché aussi vite que je l'eusse désiré.»

Ici quelques mots d'explications.

En Algérie tous les bois, — sauf quelques exceptions telles que le Thuya, le chêne-liège, les bois de teinture, les écorces du Tan, — n'ont aucune valeur commerciale. Les autres essences, telles que le chêne vert, le chêne *Zein*, le pin d'Alep, le lentisque, le Tamarin, le genévrier, l'olivier sauvage, le cèdre ne constituent que des bois de chauffage ; l'orme, le caroubier, le frêne, l'*eucalyptus* n'existent qu'isolément et l'expérience prouve que si quelques uns de ces bois sont employés par le génie militaire, la plupart se pourrissent au bout d'une dizaine d'années, malgré le soin que l'on prend de les recouvrir d'une couche de chaux ou de peinture ; ce qui fait que les entrepreneurs préfèrent toujours pour leurs constructions les bois de provenance étrangère à ceux de l'Algérie.

Ce n'est donc qu'au point de vue de l'exploitation des bois de chauffage et au point de vue climatérique, que la conservation des forêts doit être assurée en Algérie.

La question se présente sous des aspects différents, suivant le point de vue auquel on se place et du service auquel on appartient.

Les indigènes réunis en tribus, ont, en Algérie des droits d'usage, que l'on pourrait appeler des droits à l'existence, droits énumérés et réservés par le décret du 31 octobre 1868. L'hygiène des troupeaux et la richesse des Arabes en dépendent.

C'est dans les forêts que les tribus prennent le bois nécessaire à la cuisson de leurs aliments, à la construction de leurs charrues et de leurs gourbis. C'est dans les forêts que le bétail trouve un abri contre la chaleur en été, contre le froid en hiver et en tous temps la nourriture, alors que les plaines sont brûlées par le soleil ou couvertes de neige. C'est dans les forêts que se trouvent, le plus souvent, les puits, les sources nécessaires aux populations indigènes et à leurs troupeaux. Si les agents forestiers appliquaient rigoureusement l'article 78 du Code, ils exciteraient, de la part des tribus, de justes revendications, des haines violentes, et ce ne serait pas sans danger qu'ils essaieraient d'entraver l'estivage, en privant les tribus d'une partie des ressources que nous venons d'énumérer.

L'administration peut délimiter les cantons dans lesquels la présence des indigènes est un danger pour le reboisement; qu'elle leur en interdise l'accès, si elle le veut; mais elle doit tolérer et même admettre le libre parcours des tribus, dans tous les groupements de forêts où se trouvent des enclaves labourables, des silos, des cimetières, etc. Et souvent ces enclaves sont immenses et si considérables qu'il n'est pas possible d'évaluer exactement, la superficie boisée de l'Algérie, même dans les tribus où le sénatus-consulte de 1863, a été appliqué; même dans les communes où le cadastre est terminé. Sur ce point encore, les articles 65 et 70 du Code forestier sont inapplicables en Algérie, et déposséder les tribus des droits qu'ils pratiquent depuis des siècles serait faire de la colonie, une Irlande, où les haines sociales viendraient s'ajouter à la haine religieuse si vivace en pays arabe.

Quelques-unes de ces enclaves sont *melk* (propriétés particulières), mais beaucoup sont *arch'* (terres de parcours) ou *Sabega* (terres collectives ou domaniales). Or, l'autorité forestière, dans la crainte des incendies, interdit aux indigènes le campement dans leurs *melks*, du 1er juillet au 1er novembre de chaque année, c'est-à-dire, sur les Hauts-Plateaux, lorsque la moisson et le repiquage ne sont pas encore terminées, et que les labours commencent à peine.

Les Arabes ne cultivent pas, tous les ans, les terres dont ils sont propriétaires, soit individuellement, soit collectivement. Comme ils campent souvent fort loin de leurs terres de labour, ils ne les fument qu'en faisant coucher le troupeau autour de leurs tentes, et en laissent une partie en jachère, de sorte que lorsque les tribus viennent deux ou trois années après labourer les terrains qu'ils ont laissés reposer, elles sont obligées parfois d'opérer un véritable débroussaillement, auquel l'administration des forêts s'oppose. Pourquoi? Cette défense porte atteinte aux droits de propriété des indigènes et violent des coutumes que le peuple arabe applique depuis des siècles. Ce sont là de véritables vexations et pour s'y soustraire, il n'est pas rare de voir les Arabes, vendre leurs *melks* à vil prix, aux Européens qui obtiennent facilement les autorisations refusées aux indigènes, pour défricher. Il y a là deux poids et deux mesures, car, pourquoi accorder à ceux-ci ce que l'on a refusé à ceux-là.

De là, deux inconvénients qu'il serait facile d'éviter avec une administration plus tolérante et moins tracassière.

Les tribus sans terre *melks*, sans propriétés particulières, deviennent nomades, sont difficiles à surveiller et font défection à la première occasion. En résumé, les tribus souffrent de l'application rigoureuse du Code forestier et de la loi du 17 juillet 1874. C'est une erreur de croire cependant qu'elle sont hostiles à la conservation des forêts; elles ne réclament que contre le régime forestier tel qu'il est appliqué, et ne protestent que contre les agents subalternes du service forestier qui les traquent et les accablent de procès-verbaux.

Le bétail des tribus arabes se compose de moutons, de chèvres, de bœufs et de chameaux. Le mouton et le bœuf constituent la nourriture pour les villages et les postes de la colonie. La chèvre fournit à l'indigène le lait dont il se nourrit, la peau dont il fait des *mezoued* (sacs) et des *guerba* (outres), le poil dont il fait des cordes. Le chameau est le seul moyen de transport pour l'armée et les tribus dans le sud.

La présence des troupeaux dans les forêts, est évidemment une cause de dégât. Mais le dommage causé est-il supérieur à la somme que rapporte annuellement l'impôt *zekkat* (de production) ? Evidemment non. Il suffit, pour s'en rendre compte, d'énumérer ce que paie à l'état un *fellah* (cultivateur) quand il a quelques animaux à son service et des terres à lui.

Un chameau paie annuellement.......	4	fr.	»
La paire de bœufs pour traîner la charrue paie annuellement........................	6	fr.	»
Deux chèvres (mâle et femelle).........	»	fr.	50
Deux moutons (id.)	»	fr.	40
La culture de ce qu'on appelle un *zekka* (dix hectares), produit comme *achour* (terre de labour), année moyenne....................	22	fr.	»
Centimes additionnels (0,22 par franc)....	7	fr.	04
Quatre journées de prestations (deux en nature) deux en argent)......................	3	fr.	»
	42	fr.	94

Un cultivateur arabe verse donc annuellement dans la caisse du receveur 43 francs en argent monnayé.

Joignons à ce total la *diffa* et l'*halfa*, pour les représentants de l'autorité en territoire militaire. On voit de suite que le bétail représente, en somme, le vrai revenu de l'Algérie, et que défendre l'entrée de toutes les forêts aux indigènes pour les besoins de leurs troupeaux, c'est évidemment réduire le nombre des têtes du bétail et par conséquent diminuer le commerce et l'impôt *zekkat*.

Tous les militaires qui ont fait la guerre en Algérie, savent ce que sont les immenses steppes boisés, indiqués sur les cartes, sous le nom pompeux de forêts. Sauf, dans les bois où croissent le cèdre et l'olivier, l'aspect des forêts est broussailleux; on y rencontre des plantes fourragères de toutes sortes, telles que le sainfoin qui atteint jusqu'à trois mètres de hauteur, les Oygées, les Stypes, les arômes, les alpistes, les pâturins, les féluches, les dactyles, les bromes, le mil, les lupins, les vesces, gosses, treffes, orobes et autres plantes parasites. Il en résulte que les hautes herbes qui encombrent le sol, sont une des causes de l'aspect rabougri de la plupart des agglomérations d'arbres,elles étouffent et empêchent les arbres de haute futaie de s'élever du sol.

D'autres causes influent aussi sur l'assèchement du sol et le dépérissement des forêts algériennes; ce n'est pas ici, le lieu d'en rechercher les causes physiques, qui ont amené la siccité de l'atmosphère, abaissé l'altitude à laquelle sourdaient les sources, et changé le régime des eaux. Mais nous pouvons, du moins, constater aujourd'hui que les immenses forêts de cèdres qui couronnent les monts Aurès disparaissent peu à peu, non parce qu'elles sont détruites par la main des hommes, ou par les animaux, mais par une loi physique encore inconnue.

Les lignes qui précèdent font connaître les besoins des tribus, les moyens d'éviter à la colonie un surcroît de dépenses, au moment où le déficit du budget de l'Algérie se chiffre par une différence de plusieurs millions sur les recettes.

L'exploitation des forêts a été une des grandes préoccupations de Chanzy, pendant la durée de son administration, comme gouverneur général de l'Algérie. Son libéralisme ne se borne pas seulement à décentraliser les services. Il fait plus, à l'instar de Cavaignac et de Lamoricière, il ne cesse de développer, d'étendre l'action du pouvoir civil. Il fait ériger en sous-préfecture de 1re classe, les commissariats civils de

Bougie, d'Orléansville, de Guelma et de Sidi-bel-Abbès; mesure qui a pour but de décharger les préfets de questions secondaires qui absorbent une grande partie de leur temps, et les empêchent de parcourir leur département aussi souvent que cela est nécessaire.

« Partout où cela a été possible, les *douars* (1) ont été annexées à des communes de plein exercice, de façon à réaliser l'assimilation complète de l'élément indigène, à l'élément européen, en les plaçant tous les deux sous le régime du droit commun, et en 1875, 19.037 indigènes répartis sur 71.580 hectares, ont reçu l'organisation municipale.

« Quant aux autres douars campés en dehors de la zone d'action des communes de plein exercice déjà organisées, on a dû transitoirement les constituer en communes mixtes administrées, d'après les règles ordinaires et les principes du droit commun, par des fonctionnaires civils assistés de commissions municipales, dans lesquelles figurent l'élément européen qui initie au progrès et les représentants des intérêts indigènes qui viennent se préparer à la vie municipale. »

Dans la province de Constantine, sept douars étaient ainsi rattachés au territoire civil de Guelma, dès le 1er janvier 1876; dans celle d'Oran, la remise d'une partie du Dahra, au commissariat de Mostaganem, rendait possible la suppression du bureau des affaires indigènes que le commandement avait dû maintenir jusqu'ici dans cette dernière localité.

Un arrêt du gouverneur général en date du 9 novembre 1875, supprimait la commune de Tlemcen, et rattachait les diverses sections de Sebdou, Daya, Lala-Marghrnia et Nemours, aux communes mixtes du même nom; agrandissait la section de Saïda de douze douars détachés de la commune indigène; Frendah et Geryville, devenaient le centre de deux communes mixtes. Dans les provinces d'Alger et de Constantine, les communes mixtes de l'oued-Foddah et de Duquesne, étaient remises à l'autorité préfectorale, et dans la province d'Alger, les communes mixtes de Boghar,

(1) Réunion de tentes.

de Teniet-el-had, de Drah-el-Mizan, étaient appelés à s'administrer elles-mêmes.

« Les grands intérêts des diverses localités, qu'elles relèvent de l'administration civile ou du commandement, se trouvent ainsi réunis sous la même action et sous la même garantie. Les indigènes verront, dans l'avenir, une preuve nouvelle que nous entendons les traiter comme les enfants de la France, et non les parquer en dehors des institutions qui sont les bases de notre état social, lequel doit devenir le leur. »

En ce qui concerne l'*instruction publique*, Chanzy comprend que là est peut-être le lien puissant qui doit opérer le rapprochement des deux races, et plus tard, leur fusion. Dans cet ordre d'idées, il encourage par tous les moyens possibles l'étude de la langue arabe : « Le 14 mai 1875, un décret élève le taux des primes accordées aux jeunes Français qui justifient de la connaissance de cette langue ; en retour, l'enseignement du français fait partie des cours suivis dans les *Medersah* (1) d'Alger, de Tlemcen et de Constantine, pour les jeunes indigènes qui se préparent aux emplois publics qui leur sont réservés, par le décret du 21 avril 1866.

« Le but poursuivi, dit l'exposé. — est de rapprocher les indigènes des Européens, en les groupant les uns et les autres, dans des écoles mixtes. Certains collèges arabes ont donc été supprimés, et leurs élèves répartis dans des institutions françaises, et je fais étudier dans ce moment-ci la création d'établissements, où les jeunes gens du pays, — Européens et Indigènes, — apprendront à devenir de bons cultivateurs et de bons ouvriers.

« Un des grands moyens de fusion est de pouvoir se comprendre dans toutes les circonstances qui amènent des relations, entre les différentes parties de la population. S'il est indispensable d'initier les indigènes à notre langue, il ne l'est pas moins pour nous de comprendre la leur. »

(1) Ecoles arabes.

Arrivons maintenant à la partie capitale du rapport, à celle qui résume tous les efforts faits et qui est comme le thermomètre des progrès accomplis, des résultats acquis, de la prospérité, de la richesse de l'Algérie : la colonisation.

Comme La Moricière, le général Chanzy, préconise la supériorité de l'initiative privée, sur l'action du gouvernement.

Quand tout est à créer, loin de favoriser l'engourdissement résultant de la confiance dans l'intervention de l'autorité, il surexcite l'initiative privée. Il faut, en effet, convaincre les habitants que, placés sur les lieux, combattant pour leurs intérêts, ils sont bien mieux placés pour agir, que des bureaux indifférents aux causes qu'ils traitent et trop souvent ignorants des conditions particulières à chaque localité.

« Je n'ai jamais cru, — dit le général à un système unique et infaillible en matière de colonisation ; il serait d'ailleurs bien difficile de le déterminer, au milieu des théories si diverses que chacun expose ou discute, en se plaçant le plus souvent à un point de vue particulier, tandis que cette grande question doit être envisagée dans son ensemble. »

Aussi le général Chanzy a-t-il raison de dire :

« Je compte sur le concours de tous et je fais appel à l'initiative privée. Déjà, une société à laquelle se trouvent plusieurs conseillers généraux du département d'Alger a entrepris de peupler le village de l'Arbatach. Je désire vivement que cet exemple soit imité et que de nouvelles sociétés nous aident à amener dans les nouveaux centres, une population sérieuse à laquelle elles peuvent faciliter l'installation par des moyens analogues à ceux que propose d'employer l'entreprise dont je viens de parler. »

Les chiffres démontreront mieux que toute discussion, les résultats obtenus par la direction libérale du général Chanzy.

En 1869, la surface totale du sol ensemencé de céréales était de 1.684,000 hectares, fournissant 10.675,000 quintaux de blé. En 1874, cette surface est de 2.730,000 hectares rendant 16 millions de quintaux.

En 1866, le nombre d'hectares planté en vignes était de 8,817, donnant 99,000 hectolitres de vin ; en 1874, il est de 11.300, rendant 230,000 hectolitres.

Ces chiffres se passent de commentaires; ils proclament éloquemment que la voie dans laquelle entrait le général Chanzy était la bonne.

En terminant cet aperçu, qu'il nous soit permis de donner quelques détails sur les travaux d'art exécutés en Algérie, d'après les ordres de l'illustre commandant de la deuxième armée de la Loire. C'est lui qui fait commencer la construction du grand pont de l'Oued-Sebaou (route de Delhys), dont la longueur est de deux cents mètres et livré à la circulation dès le mois de décembre 1876; l'achèvement du pont du Chelif (route de Laghouat) entre Boghar et Boghari ; le pont de l'Oued-el-Kebir, et celui de l'Oued-Isser, sur la route de Tlemcen.

Les travaux suivants lui sont dus également : le barrage réservoir du Haniz ; les canaux d'irrigation de la partie orientale de la plaine de la Métidja ; les barrages du Chelif et de la Chiffa ; le dessèchement partiel du lac Fetzara.

La question des chemins de fer a fait un grand pas. En 1876, il inaugure trois voies nouvelles : la ligne d'Arzew, à Oran, celle de Bône à Guelma et celle du Tlelat à Sidi-bel-Abbès. Pour les lignes en prévision, celle de Mostaganem à Thiaret est demandée au gouvernement, en échange d'une concession d'Halfa, sur les hauts plateaux; il soumet à l'enquête des ingénieurs, la ligne d'Affreville à Amourah, avec prolongements d'Amourah à Boghari et de Boghari à Aïn-Oussera.

Sondages. Les travaux de sondage sont poussés avec activité dans la province de Constantine. Ceux exécutés dans les oasis de l'Oued-Rhir, augmentent de dix millimètres à la minute, la quantité d'eau employée dans les irrigations. Dans le Hodna, des gites d'étape sont établis, et des travaux de sondage assurent l'alimentation des trois grandes tribus des Ouled-Deradj, Samarah et Ouled-Madhi. Dans le département d'Oran, le service des mines a entrepris certaines opérations artésiennes, qui fournissent des eaux potables jaillissantes.

* * *

Si nous élargissons un peu le cadre de cette analyse forcément trop restreinte eu égard aux difficultés rencontrées par le gouverneur général dans l'application de la loi d'assimilation des Arabes (26 juillet 1873), nous dirons que nul mieux que Chanzy ne pouvait en assurer l'exécution. Son caractère bienvaillant lui conciliait toutes les sympathies et ce n'était pas une mince besogne que de poser parmi les indigènes, les règles de la propriété individuelle, — eux qui ne l'admettent que collective, — puis d'appliquer la législation française à tous les modes d'acquisition, de façon à continuer l'hérédité patronymique, et les droits de succession de chacun.

Chanzy aimait les Arabes; il les attirait volontiers à lui, et on peut dire qu'il eût souhaité à nos colons, plus d'une des qualités dont ils étaient doués, et entre autres, le respect des croyances religieuses qui sont, en définitive, une des bases les plus solides de l'ordre social, et il rappelait sans cesse aux députés qui contrecarraient ses projets, l'engagement qu'avait pris la France, à l'époque de la conquête et dont elle ne s'était pas crue déliée par les insurrections. A cet effet, il fit affecter en 1877, une somme de plus de cent mille francs aux réparations d'environ cent-vingt-trois mosquées; parmi lesquelles celle de Tlemcen et du minaret des Mansourah, « qui intéresse à un si haut point l'histoire de l'architecture en Algérie. »

La création de nouveaux centres de population européenne et l'agrandissement de ceux existant déjà fut aussi l'œuvre de prédilection de Chanzy. Quand il pouvait se déplacer, sans nuire à ses affaires de bureau, il allait lui-même voir les emplacements choisis par les agents de l'administration. — « On ne règle bien ces questions-là que sur les lieux, disait-il; — un centre bien situé, à proximité de l'eau et du bois, encourage la colonisation; un village qui souffre; végète, se dépeuple et compromet l'avenir. » Il fit bâtir ou agrandir cent soixante-seize villages qui reçurent des noms empruntés aux personnages les plus en vue dans le moment, ou qui se sont illustrés dans une branche quelconque de l'administration civile ou militaire : Thiersville, Mercier, Lacombe, Franchetti (nom du commandant des Francs-tireurs de la Seine, ancien capitaine de chasseurs d'Afrique, tué à Villiers-sur-Marne, sous Paris, le 30 novembre 1870), Menesville, (nom du premier président de la cour d'appel d'Alger).

Chacun de ces villages bâtis sur des routes fréquentées, praticables en toute saison, avait de soixante à cent feux, pour que les habitants pussent s'entr'aider, et compter sur un nombre suffisant de voisins, en cas d'insurrection arabe. L'éparpillement des centres occupés, est en effet, un péril pour la sécurité, comme pour la prospérité.

Une richesse végétale dont l'exploitation attira l'attention de l'administration de Chanzy; ce fût l'Halfa (*Stipa-tenacissima*), graminée inépuisable qui remplace aujourd'hui le chiffon, dans la fabrication du papier, et croît de préférence sur les terrains silicieux et tuffeux de la province d'Oran. Cette plante qui grandit et se développe sans culture et sans soins, donne lieu à un commerce important dont le produit se chiffre par millions. Son arrachement du sol, occupe non seulement les indigènes, qui trouvent dans ce travail, une occupation conforme à leur existence et à leurs habitudes ; mais aussi une population européenne flottante, composée en majeure partie d'Espagnols.

L'halfa de qualité ordinaire est dirigée par balles sur l'Angleterre : celle de la qualité supérieure (*sparterie*), est envoyée en Espagne. Une société, *la Franco-algérienne*, exploite cette plante depuis 1873, et c'est en vue de sa prospérité que Chanzy, de concert avec le gouvernement, autorisait cette société à construire le chemin de fer d'Arsew à Geryville, en passant par Saïda, en échange d'une concession de trois cent mille hectares d'Halfa. C'est la voie qui mène aujourd'hui à Mecherra. De 1866, à 1878, l'exploitation de ce textile a produit soixante-six millions de francs. Ce produit, comme on le voit, n'est pas une quantité négligeable dans le budjet de l'Algérie.

Dans ce même ordre d'idées, Chanzy patronna l'exécution d'un chemin de fer de Mokta-el-Haddid, à Bône; mais aux frais d'une compagnie minière qui exploite dans la région un immense gisement de fer.

Au gouvernement de Chanzy remonte encore l'établissement du service météorologique sur divers points, notamment à Tuggurth, Laghouat et Geryville; l'amélioration du port d'Alger et de Mostaganem, dont les jetées furent prolongées, ceux de Tenez et d'Oran, que l'on répara; puis l'exécution du port de la Boulifa, à Lacalle.

Mais en Algérie, il faut compter sur les tracasseries des députés et sénateurs algériens qui, tous radicaux, comme leurs électeurs, s'immiscient dans l'administration, se mêlent de ce qui ne les regarde point, paralysent, troublent l'économie des projets des modestes, des laborieux, comme Chanzy.

Un seul exemple, entre beaucoup d'autre.

En 1878, le général Wolf commandant la division militaire d'Alger, avait cru devoir interdire la publication de la *Solidarité*, journal radical, qui « oubliant ce que tous les partis respectent, n'avait pas craint par une série d'articles injurieux, de porter atteinte aux droits sacrés de la famille, dans ses attaques contre la municipalité d'Alger. » Le gouverneur général approuva cet acte d'autorité. Là-dessus grand émoi dans le camp des radicaux, et la commune d'Alger fut déclarée en état de siège, le 29 mars 1878. La chambre de commerce protesta; la question fut portée devant l'Assemblée nationale où nous retrouvons les représentants Algériens Lucet, Warnier, ainsi que les inévitables Jules Favre et Crémieux, se prononcer contre le gouverneur général avec une violence extrême.

Le duc de Broglie, président du conseil des ministres, n'eut pas de peine à démontrer que l'autorité militaire avait eu raison dans l'espèce, de recourir aux mesures de rigueur, et l'état de siège fut maintenu.

Mais à partir de ce moment, Chanzy eut contre lui tous

les républicains. La presse algérienne et les journaux officieux de la métropole s'unirent alors pour réclamer à grands cris, un gouverneur civil, et le 3 février 1879, la Chambre des députés et le Sénat, ayant rejeté les crédits qu'il demandait pour des travaux dont l'utilité était urgente, le gouvernement l'appela à d'autres fonctions et lui donna pour successeur l'avocat Albert Grévy, le propre frère du Président de la République qui n'y a laissé, comme on le sait, — que le souvenir d'une rare incapacité.

L'ancien président du centre gauche, se retirait après six ans d'un gouvernement très riche en progrès.

VUES ET DOCUMENTS (*d'après les photographies de l'auteur*).

1. Le Nègre acteur-musicien au théâtre du camp de Daya (page 108).
2. Sidi Bou-Medyn, lieu de pèlerinage de Mohamed-ben-Abdallah (page 36).
3. Ruines du minaret de Mansourah (Tlemcen) (pages 109 et 287).
4. Gourbi du lieutenant-colonel de Kerléadec campé sous Daya (page 92).
5 et 6. Orphelins arabes engagés au 48ᵉ, comme enfants de troupe (page 122).

CHAPITRE VIII

Chanzy, ambassadeur de France en Russie et commandant du 6e corps d'armée

I

SAINT-PÉTERSBOURG

IL faut remonter un peu haut, dans notre histoire contemporaine, pour comprendre l'influence que pouvait avoir sur la cour de Russie, un ambassadeur conciliant, tenace, mais discret; prudent et agissant avec une grande circonspection.

Le traité de Paris, en 1856, avait isolé la Russie, emprisonné sa flotte dans les ports de la mer Noire, et profondément modifié la base de ce qu'on est convenu d'appeler l'équilibre européen, surtout depuis que la Prusse menaçait de remplacer en Europe, l'Espagne de Charles-Quint et la France de Louis XIV et de Napoléon 1er. Son grand boulevard du Sud, Sébastopol, lui avait été enlevé; une rectification de frontières en Bessarabie, au profit de la Roumanie, l'éloignait d'un kilomètre au nord du Danube; elle avait dû subir alors les conditions dures et blessantes du traité de Paris, se promettant d'en faire annuler les clauses trop humiliantes pour elle à la première occasion. Aussi, dès les premiers revers de la France en 1870, la Russie dénonçait à l'Europe, son intention de faire annuler les articles et la convention annexe du traité du 30 mars 1856, qui limitait son action dans la mer Noire.

L'Europe laissa faire. Et, en effet, à quoi lui aurait servi la résistance? Le nouvel empire d'Allemagne n'a aucun intérêt majeur dans la question d'Orient; il lui suffit que la navigation du Danube soit assurée et que les intérêts de l'Allemagne dans le sud, ne soient pas compromis.

Les états Sardes, devenus l'Italie, n'ont également ni obligation morale, ni intérêt immédiat à intervenir dans des démêlés Turco-Russes, tant qu'ils ne menacent pas directement l'Italie.

L'Autriche, sous le poids de grands désastres qui eurent quelque analogie avec ceux de la France, en 1870, n'avait plus, depuis 1866, une liberté d'action assez grande, ni des perspectives d'alliances assez sûres pour se lancer dans une aventure, dont elle pouvait ne pas sortir indemne. L'abstention était aussi son meilleur lot.

Enfin, l'Angleterre, la seule puissance intéressée dans la question d'Orient, en raison des progrès incessants de la Russie du côté de l'Asie, n'avait pas un système militaire en rapport avec les exigences de la situation. Ce n'était ni avec son armée permanente restreinte, ni avec ses nombreuses milices, peu propres à l'offensive en dehors du territoire de la Grande-Bretagne, qu'elle pouvait entreprendre une guerre lointaine contre une puissance européenne qui visait à la conquête de Constantinople, pour en faire le piédestal de son vaste empire.

A cheval sur deux mers, entre l'Europe et l'Asie, aucune ville ne pouvait être mieux appropriée que Constantinople, au but que rêvait la monarchie moscovite. Adossée aux collines verdoyantes de l'Europe; planant sur l'horizon de l'Asie mineure; ayant pour avenues les mers étincelantes de la Propontide, du Bosphore, de Thrace et du Pont-Euxin, elle pourrait être la capitale, non pas d'un empire, mais d'un hémisphère, et la Russie a pu prendre les armes en 1877 seule contre la Turquie complètement livrée à elle-même (1).

A cette époque, l'Europe à peine remise des grandes crises, d'où étaient sorties l'Allemagne et l'Italie, crises qui ont coûté tant de sang et changé l'équilibre européen, avait tout intérêt à rester neutre, pour que le conflit oriental ne dépassât pas les limites d'une guerre localisée, et ne s'étendît pas à l'Occident, enveloppant tout l'ancien continent, dans un conflit général. D'ailleurs, la France se recueillait; elle avait assez à faire que de s'occuper à préserver la société française des envahissements toujours à craindre de la démagogie.

La Russie est une nation jeune, pleine d'avenir, ayant conservé intactes les mœurs patriarcales de ses ancêtres : la foi religieuse, le culte de l'autorité. Mais le tzar Alexandre II, a un culte filial, pour son vieil oncle, l'empereur d'Allemagne Guillaume Ier, l'influence allemande est toute puissante à la cour de Saint-Pétersbourg, et si la langue française demeure encore la langue étrangère préférée, dans la haute société moscovite, il n'en est pas moins vrai que les hauts emplois, dans l'armée et dans l'administration sont donnés aux slaves d'origine allemande, ou aux Russes qui montrent une préférence marquée pour l'Allemagne.

Il fallait réagir contre cette tendance de l'empire des

(1) Voir notre ouvrage : *Alexandre III, empereur de Russie*. Tolra, éditeur.

Tzars, contre ces préjugés allemands, en mettant à la tête de notre ambassade à Saint-Pétersbourg, ou un diplomate très grand seigneur, comme M. de Morny, ou un militaire d'une renommée assez puissante pour tenir en échec le prince de Bismarck, dont les imprudentes provocations avaient arraché à la Russie, victorieuse de la Turquie, en 1878, le plus clair des bénéfices de ses victoires, et donné à l'Autriche des territoires sur lesquels, elle n'avait eu jusqu'alors, qu'une autorité nominale.

* * *

Chanzy, élevé à la dignité de grand-croix de la Légion d'honneur, le 22 août 1878, est nommé, le 18 février 1879, au poste d'ambassadeur de la République française, près l'empereur de Russie, en remplacement du général Le Flô, qui, depuis longtemps, demandait à se retirer.

En se rendant à son poste, il s'arrêta à Berlin, chez son ami et collègue au Sénat, le comte de Saint-Vallier, ambassadeur de France en Allemagne, et comme lui, membre du Centre-gauche. Deux heures après son arrivée, il recevait la visite du prince de Bismarck, grand chancelier de l'empire allemand. Le surlendemain, il dînait chez l'empereur Guillaume, et le prince Frédéric-Charles demandait la faveur de lui être présenté, comme un hommage rendu aux hautes capacités dont il avait donné des preuves en luttant contre lui, à la tête de la deuxième armée de la Loire.

Ces réceptions, prouvaient la haute estime que Chanzy avait su acquérir, même parmi ses adversaires, et quelle que soit la répugnance que pouvait avoir le vaillant soldat, à serrer la main de ses ennemis, la politique et la courtoisie exigeaient ce dernier effort. Il fut correct avant tout, et la France n'eut qu'à se louer d'une attitude conciliante qui, en somme, était peut-être le commencement de l'apaisement entre les deux nations.

* * *

En arrivant à Saint-Pétersbourg, le nouvel ambassadeur, sait se concilier de suite la sympathie de la famille impériale et de la société russe.

Et un jour, le tzarévitch Alexandrovitch faisait expliquer au général Chanzy, sa campagne de l'armée de la Loire, sur une carte à échelle réduite, déployée sur une table de jardin, à l'ombre d'un cyprès empêchant de distinguer les noms de villes et de bourgs susceptibles de rappeler nos rares victoires de l'année cruelle. C'étaient comme de légers rayons lumineux filtrant au travers des branches de cet ombre de cyprès. Le tzarevitch s'intéressait surtout aux mouvements stratégiques des deux armées pour en déduire les fautes commises et les endroits où nous avions été battus. Mais, la tzarewna, mettant son doigt effilé de femme, sur tous les trous lumineux projetés sur la carte, y cherchait Coulmiers.

« — Mais, général, — dit-elle, — racontez-nous donc ce combat, où la France a été victorieuse. N'est-ce pas là où il a eu lieu.

« Laisse-nous donc, — reprit le tzarévitch, et comme la future impératrice insistait, donnant en vain des chiquenaudes sur le doigt gêneur, la princesse Dogmar mit le doigt sur le mot COULMIERS.

Chanzy s'exécuta, raconta cette bataille, et lorsque le tzaréwitch donna congé au général, la princesse de Dogmar lui tendit la main. Et plus tard, il disait, en se rappelant cet incident de son séjour à l'ambassade de Russie : « Devant cette main si amicalement tendue, j'ai reculé effrayé, attendri... Le baiser eût été mon devoir; mais si je l'eûs fait... j'éclatais en sanglots,... je ne l'ai pas osé. »

Plus jeune et par conséquent plus actif, plus alerte que le vieux général auquel il succédait, Chanzy est assez heureux pour se faire bien voir de la colonie française et du monde pétersbourgeois.

Alexandre II, avait bien des motifs pour haïr les sociétés secrètes et les farouches républicains qui veulent bouleverser le monde. Au lieu d'un militaire à peine dégrossi, et d'allures intransigeantes, on lui envoyait un soldat qui n'avait du républicanisme que l'étiquette, et dont la parfaite aisance de manières et la courtoisie étaient de nature à faire aimer la France, par l'élévation de son esprit, et le tact qu'il déploya dans les circonstances les plus difficiles de sa mission.

Chanzy n'obtint peut-être pas de la Russie, tout ce que la politique française souhaitait, il n'a pas moins mené à bonne fin, plus d'une négociation délicate où aurait certainement échoué un diplomate moins habile que lui.

Hartmann, nihiliste russe, très versé dans la science de la pyrotechnie, refugié à Paris depuis l'attentat du 1er décembre 1879 contre la vie du tzar, était soupçonné d'être sinon l'auteur du complot, du moins, l'un des complices les plus dangereux. L'ambassade russe l'y fit chercher ; le préfet de police de cette époque, M. Andrieux, eut la maladresse de l'arrêter, et le lendemain, le prince Orloff, demandait qu'il lui fût livré. Hartmann était-il un refugié politique, et dans ce cas, un hôte respecté de toutes les nations, ou un criminel ordinaire susceptible d'extradition? La question très controversée fut pendant plusieurs jours, le sujet des criailleries, des imprécations des journaux radicaux, et finalement le doux M. de Freycinet, qui était alors le président du conseil, fit faire une enquête, engagea des pourparlers avec le prince Orloff, auquel on démontra que l'identité de l'accusé, pas plus que sa participation à l'attentat commis, n'étaient pas suffisamment démontrées, pour le livrer à la justice de son pays. Bref, le gouvernement français fit relâcher Hartmann, qui fut dirigé sur Dieppe et laissé libre de passer en Angleterre. Le criminel présumé n'était pas extradé. On accusa le prince Orloff, d'avoir manqué de sagacité dans cette affaire il reçut l'ordre de Saint-Pétersbourg, de quitter Paris et de remettre la direction de l'ambassade, à son chargé d'affaires, le 20 mars 1880.

Le général Chanzy, laissa passer l'indignation publique, et

Un jour, le tzarévitch Alexandrovitch faisait expliquer au général Chanzy sa campagne... (page 295).

les colères de la première heure. Il s'éclaira sur les antécédents d'Hartmann, se fit remettre une partie de l'enquête faite à Paris, par les soins du gouvernement français, fit appel au sang-froid, et à la magnanimité d'Alexandre II, en lui présentant l'affaire d'Hartmann, sous un jour qui n'était pas du tout celui sous lequel il l'avait étudié. Deux mois après, le 23 mai, le prince Orloff reprenait la direction de son poste diplomatique à Paris. Ce prompt retour généralement attribué aux bons rapports de Chanzy avec la cour impériale de Russie, fit le meilleur effet, en France.

Ses voyages à l'intérieur de l'empire de Russie, ses efforts pour étudier et comprendre le grand pays auprès duquel il était accrédité : tout contribuait à le rendre populaire. Il parcourut la Russie dans tous les sens de Saint-Pétersbourg à Moscou, de Varsovie à Tiflis, visitant les provinces du Nord, comme celles du Caucase, s'intéressant à la défense et à l'organisation des forces nationales de ce vaste empire. Il constata dans les rapports qu'il adressait au gouvernement dont il était le représentant, que le pouvoir suprême dévolu à Alexandre II, avait accompli une tâche considérable, en adoucissant le sort du soldat par la suppression des verges, en améliorant l'ordinaire, en développant le bien-être des troupes, en relevant la moralité de l'administration militaire. L'œuvre militaire du tzar avait donc été considérable. En donnant plus de cohésion et d'unité à l'armée, en créant des circonscriptions militaires de recrutement, comme en France; Alexandre II avait assuré une rapide mobilisation par la division des forces nationales en troupes mobiles et sédentaires, modifié dans une tenue pratique, l'organisation du corps d'état-major; il avait su, par des efforts persévérants, élever le niveau intellectuel des officiers de toutes armes; assuré, par de sages mesures, le bon recrutement des officiers supérieurs et des sous-officiers. Alexandre II avait fait plus encore : il avait proclamé l'égalité de l'impôt du sang, puis, par une meilleure répartition des forces nationales, réduit la durée du service militaire, et donné à la Russie, une armée en rapport avec son rang, sa population et son passé historique.

« Avec les forces mises à sa disposition écrira, plus tard Chanzy, — le cabinet de Saint-Pétersbourg est en mesure de jouer un rôle important dans les conflits internationaux et de peser d'un grand poids sur les destinées de l'Europe et de l'Asie. »

Il est incontestable qu'une Russie forte est indispensable à l'équilibre général et au repos de l'Europe. Indépendamment des sympathies qui unissent la France à la Russie, notre pays a le plus réel intérêt à ce que l'empire du Nord soit en état, le cas échéant, de faire entendre sa voix dans les conseils de l'Europe, et d'opposer son *veto*, à certaines convoitises. En 1873, quand le grand chancelier de l'Allemagne voulait nous déclarer la guerre et nous surprendre en pleine réorganisation de notre armée, la France n'a pas oublié que c'est à Alexandre II que l'on doit la paix, qui eût été troublée dès cette époque.

C'est pour se rendre compte de la puissance des forces militaires que la Russie pourrait mettre en jeu, que Chanzy, assiste en 1882, aux manœuvres du camp de Krasnoë-Selo, visite l'usine impériale d'Oboukchoff, la plus importante fonderie de canons, en Europe, après celle de Krupp et que n'avait encore visité aucun homme de guerre étranger, si ce n'est le chef d'état-major de Moltke de l'armée allemande ; la fonderie de Perm, les manufactures d'armes de Statoust, de Sestrovetz et de Toula, qui toutes trois, peuvent rivaliser avec les fabriques les plus anciennes et les plus célèbres de l'Europe.

En récompense des services rendus à la cause de deux peuples qui sont faits pour s'entendre, Alexandre II, nomme Chanzy, grand-croix de l'ordre de Saint-Alexandre Newsky. Quelques mois après, le 19 février 1881, l'empereur de Russie, était assassiné par les nihilistes, et tombait sous les éclats d'une bombe criminelle, le nouveau tzar, voulant honorer notre ambassadeur, lui attache lui-même, sur la poitrine, la croix que portait son père le jour de sa mort.

Mgr. Langénieux, a rappelé ce fait aux funérailles du général : « Vous pouvez voir, — s'écria-t-il, du haut de la chaire, — au milieu des insignes déposés au pied de ce cercueil; — vous pouvez voir une décoration ornée de riches diamants, et qu'il était heureux de faire briller sur son cœur, ici, il y a quelques mois à peine, le jour de la confirmation de ses enfants. C'est la décoration que portait à sa mort, l'empereur Alexandre II, et que son fils Alexandre III a placée de sa propre main sur la poitrine du général Chanzy, en lui disant : Vous étiez le meilleur ami de mon père; personne n'est plus digne que vous de la porter. »

Sur ces entrefaites, le gouvernement de la France subissait une modification radicale, par l'arrivée aux affaires de ce qu'on appelait alors le grand ministère, dont Gambetta devenait le chef et le président du conseil. Ne voulant pas s'associer à des mesures coërcitives qui pouvaient devenir désastreuses pour son pays; ne voulant pas non plus servir la politique de celui qui avait dit, en pleine tribune : *Le cléricalisme, voilà l'ennemi!* Chanzy donna sa démission et remit sa lettre de rappel, à Alexandre III, en audience solennelle le 23 décembre 1881.

Son ambassade avait duré trois ans. En raffermissant l'amitié des deux nations française et russe, il avait préparé une alliance dont nous ressentons aujourd'hui les heureux effets.

II

CHALONS-SUR-MARNE

De retour en France, Chanzy qui avait été mis hors cadre, par le fait de sa mission en Russie, est nommé membre du conseil supérieur de la guerre et du comité de défense, puis par décret du 27 janvier 1882, réintégré numériquement dans la section d'activité de l'état-major général et appelé au commandement du 6e corps d'armée, à Châlons-sur-Marne, le 19 février suivant.

Par sa position géographique, le corps d'armée à la tête duquel est placé Chanzy, forme avec le 7e (général Wolf) l'avant-garde de l'armée française, à la frontière de l'est; il doit être le premier, exposé aux coups de l'Allemagne, en cas de conflit armé avec cette puissance.

L'ancien commandant de la deuxième armée de la Loire, rentre ainsi dans son élément; il dit adieu à la politique, et redevient un militaire, soucieux de ses devoirs professionnels, et très décidé à appliquer dans son corps d'armée, toutes les réformes utiles ou reconnues nécessaires.

Mais lorsqu'un cabinet relève d'une opinion publique aussi excitable et aussi nerveuse que celle qui relève de la France, c'est s'exposer à lui faire croire qu'on la brave que de choisir les hauts personnages de l'Etat, parmi les hommes dont le passé est entaché de réaction, et c'est en même temps le meilleur moyen de la jeter sûrement dans la voie des protestations. L'opinion publique s'étant crue menacée par la nomination du regretté général de Miribel, au poste de chef d'état-major général de l'armée, répondit par l'élection au Sénat, du major Labordère, fils d'un magistrat d'un rang élevé, membre de l'assemblée nationale de 1848, ayant grandi au milieu des Souvenirs politiques de 1851.

Le *grand ministère* et son chef, appelés au pouvoir, par le vœu unanime du parti républicain, devaient avoir de longs jours. Ces longs jours durèrent un peu plus de deux mois. Et à peine l'armée a-t-elle le temps de se réjouir de l'arrivée aux affaires du général Campenon, qu'il est remplacé au ministère de la guerre par le général Billot, dont les idées en matière d'organisation tiennent plutôt au parti conservateur, qu'au parti novateur. Le chef d'état-major de Miribel est relevé de ses fonctions : le ministre de la guerre défait ainsi ce qu'a créé son prédécesseur.

On ne saurait exposer une à une toutes les mesures que prend Chanzy, pour sauvegarder les intérêts de l'armée, dans l'étendue de son commandement. « Un ministre de la guerre, disait-il un jour à un de ses familiers, — qui aurait, devant lui, un avenir de quelques années, pourrait procéder aux réformes reconnues nécessaires dans les forces armées de la nation, soit par expérimentation, soit par tâtonnement, avec cette certitude que donnent les essais et les longues discussions préalables; la transition d'une constitution militaire s'opérerait sans secousses, sans danger. Mais est-ce bien la situation faite à tous nos ministres de la guerre ? le général Farre inaugure le système de quarante mois; un mois après, le général Campenon, qui le remplace, le supprime, pour le rétablir ensuite. Si donc le général Billot qui connait combien les cabinets sont éphémères, veut activer notre réorganisation militaire, il doit agir promptement, pour la soustraire aux fluctuations et aux réactions de la politique. » La plus importante des réformes obtenues par Chanzy, est l'installation de deux divisions de cavalerie en première ligne, le long de la Meuse. Le commandant en chef du 6e corps parcourt la frontière de la Lorraine, étudie les meilleures positions, et dispose ses troupes dans les meilleures conditions de défense.

Depuis longtemps, Chanzy désirait l'inamovibilité des Ministres de la guerre, de la marine et des affaires étrangères. Ce n'est que sous le ministère Waldington qu'on lui donna un semblant de satisfaction, en décrétant l'inamovibilité relative du ministre de la guerre.

Un jour, un général complaisant décide la suppression du soulier national, pour faire place au brodequin; un autre jour, enhardi par le silence de la multitude, il fait décréter la suppression des tambours, un autre les rétablira, et c'est à ces futilités que s'attache l'activité des généraux les plus en vue.

Il y a longtemps que l'on s'accordait à dire, en France, que le chef de notre armée, devrait avoir dans le ministère, une situation à part, en dehors de la politique. Il a fallu plus de dix ans, pour reconnaître cette vérité réclamée par l'opinion publique, dans l'intérêt de l'armée. Un bon ministre de la guerre ne pouvait pas plus se maintenir au pouvoir qu'un ministre médiocre, ou mauvais.

Chanzy était un réformateur, mais un réformateur dans le sens logique, découlant d'une expérience acquise dans ses opérations de l'armée de la Loire. En ce qui concerne l'infanterie, il n'admettait pas des tirailleurs isolés, groupés en bataillons spéciaux, il les désirait repartis dans chaque bataillon d'infanterie de façon « à distribuer dans la masse entière, les éléments de force dont s'énorgueillisent certains corps d'élite. »

Parlons des manœuvres de 1882, *la Gazette de Cologne,* ayant affirmé sur la foi de correspondants peu scrupuleux, que « la cavalerie française était notablement inférieure à la cavalerie allemande, et que l'on ne saurait obtenir aucun progrès avec cette arme, telle qu'elle est organisée ». Chanzy, prouve que ce n'est pas sous le rapport des cavaliers que « l'état de notre cavalerie peut paraître inférieure et nous inspirer des inquiétudes pour l'avenir; mais bien sous celui des chevaux dont le recrutement devient de plus en plus difficile, que les exercices annuels des réservistes et des territoriaux créent la nécessité d'imposer aux chevaux une fatigue considérable provenant surtout de ce que nos chevaux sont moins vigoureux que ceux de l'Allemagne relever la production chevaline dans le pays; améliorer l'alimentation des chevaux dans les corps de troupes; consacrer plus d'argent à l'achat des chevaux de l'armée : telles sont les moyens de remédier à ces causes d'infériorité. »

Les idées de Chanzy à ce sujet sont très nettes, très précises. « C'est aux généraux qui commandent la cavalerie, — écrit-il dans son instruction datée de Josnes, le 8 décembre 1870, — à apprécier le moment de lancer leurs cavaliers pour dégager l'infanterie, s'il y a lieu. Ils se rappelleront qu'une action rapide de cette arme, peut assurer le succès, lorsque la ligne ennemie est ébranlée par le feu de l'artillerie et de l'infanterie (1). »

Puis, plus tard, dans un mémoire adressé de Châlons, à l'assemblée nationale, il ajoutait : « La cavalerie ne doit être composée que d'hommes possédant déjà l'habitude et si possible, l'aptitude du cheval, avant leur entrée au service. Il n'y a pas lieu de trop se préoccuper de la taille des hommes et de leur conformation. Il n'y a que deux cavaleries

(1) Chanzy. — *La deuxième armée de la Loire*. p. 134.

pour lesquelles on est conduit à admettre des hommes d'une taille en rapport avec celle des chevaux : la cavalerie légère et la cavalerie lourde; mais toutes deux doivent avoir la même instruction, le même armement, le même emploi ; pouvoir fournir de longues courses aux allures rapides et avoir de ces mouvements impétueux qui sont de la hardiesse. »

Ce fut également Chanzy, qui le premier insista au parlement, pour la séparation des pontonniers de l'artillerie, et leur réunion à l'arme qui est chargée du service des ponts à la guerre, c'est-à-dire, au génie. Ce n'est qu'en 1894, sous le ministère du général Mercier, que cette réforme à eu lieu. Il a fallu douze ans au conseil supérieur de la guerre, pour s'apercevoir de cette nécessité..!

*
* *

Le colonel Girard, du génie (1), avait fait une étude spéciale de cette réforme.

Ce sont les idées du général Chanzy émises par un ingénieur. Nous ne saurions mieux dire. Nos lecteurs nous sauront gré de lui laisser la parole à ce sujet, et de le citer tout entier.

« Indépendamment des dépôts et des anciens soldats attachés à la défense du territoire, la France, dans la prochaine guerre européenne, mettra un million d'hommes en campagne, et c'est assez, si la guerre est bien conduite :

« Ce million de combattants formera vingt corps d'armée de cinquante mille hommes chacun répartis au dehors, à l'intérieur, en Algérie.

« Pour éviter la multiplication des cadres d'officiers et de sous-officiers, on grossira sans doute les unités élémentaires des différentes armes. La compagnie d'infanterie, l'escadron

(1) Mort en 1893, étant en retraite, à Dijon.

de cavalerie, seront de deux cents hommes au moins. La batterie d'artillerie sera probablement portée à huit pièces, au lieu de six ; de manière à pouvoir se fractionner en deux demi-batteries de quatre pièces, ou quatre sections de deux pièces.

« Un corps d'armée complet aura trois divisions de première ligne et une réserve. Les divisions seront de douze à quatorze mille hommes et les brigades, à raison de deux par division, seront de six à sept mille.

« La forte composition des corps d'armée, des divisions et des brigades; l'accroissement de l'artillerie et des réserves de munitions de toute nature, augmenteront considérablement le matériel roulant et en rendront les mouvements plus lents, plus difficiles et plus gênants, surtout, quand on se déplacera en présence de l'ennemi et qu'il faudra opérer en terrain accidenté. Pour le génie, comme pour les autres services, ce matériel doit donc viser à une grande légèreté, sans nuire à la solidité. Deux voitures qui passent partout, sont moins encombrantes qu'une seule qui serait lourde et volumineuse. Une seule voiture arrêtée sur le parcours d'une colonne est un fait grave, dont on doit se préoccuper.

« Pour des raisons analogues, il serait bon désormais de subdiviser, le plus possible, le matériel roulant, après l'avoir réduit au strict nécessaire; de diminuer ces grandes réserves, ces grands parcs de corps d'armée qui sont rarement à même d'approvisionner les combattants, en temps opportun, et répartir presque totalement les approvisionnements sur le matériel des divisions. Autant que possible, chaque brigade devrait marcher avec ses voitures de toutes espèces, car il devient essentiel de nos jours que chaque élément de l'armée porte avec lui, et conserve sous la main du chef, tout le matériel qui lui est propre. C'est un point capital.

« Les trois divisions formant un ensemble de six brigades, ce sont six compagnies de sapeurs du génie qui doivent leur être assignées à chacune; plus une septième à la réserve où se tiendra la compagnie de mineurs de corps d'armée, d'un effectif égal à celui des compagnies de sapeurs (250 hommes).

« Le matériel roulant des mineurs plus considérable que celui des sapeurs, doit comprendre, outre l'outillage des mineurs, celui qui concerne les chemins de fer, la télégraphie électrique et la navigation aérienne.

« Le mineur doit redevenir l'homme habile et redoutable d'autrefois, en s'accommodant du progrès de son temps. Il faut qu'il sache manier la poudre, l'électricité, la dynamite et au besoin le pétrole. La guerre est un ouragan; sa mission est d'aller vite et fort, vrai moyen de produire le plus d'effet, avec le moins de mal possible. Ceci, n'empêche pas de respecter dans la tourmente, les femmes, les enfants, les vieillards, les prêtres, — suivant la belle recommandation de Duguesclin mourant; — la France qui a produit Bayard, Turenne, Desaix et tant d'autres, sait bien que le soldat le plus terrible, peut à un moment donné, devenir le meilleur des hommes.

« A l'avenir, l'arme du génie, doit donc être représentée, dans chaque corps d'armée, par huit compagnies, dont une de mineurs. Cet ensemble constitue un bataillon. En supposant vingt et un corps d'armée, le service du génie serait assuré par sept régiments à trois bataillons, au lieu de cinq, comme le comporte l'organisation actuelle;

« Pour un million de combattants, la totalité des troupes du génie s'élèverait à 40,000 hommes environ, non compris les sapeurs, conducteurs, les pontonniers et les dépôts: c'est le cinquième de la masse totale, au lieu du trentième, proportion admise jusqu'à présent.

« Il faut opter entre cette organisation solide et indépendante et celle qui consiste à donner des outils d'une manière permanente à des soldats choisis dans les autres armes. Donner des outils à porter à un million de combattants est une utopie. Ce système est impraticable en France. On cite les Romains; on cite cette boutade de Napoléon Ier « Le soldat en campagne ne doit jamais se séparer de son outil de pionnier. »

« Les Romains! Ils n'avaient pas quinze cent mille

hommes sous les armes, comme aujourd'hui. D'ailleurs, n'est pas Romain qui veut. Le soldat romain, ce gladiateur, cet athlète faisant de la guerre et même du pillage le but de son existence, est un type perdu pour les nations modernes. Trouvons seulement cinquante mille Romains sur un million de Français ; n'en demandons pas davantage. Ce sera déjà bien beau !

« Quant à Napoléon Ier, la phrase qu'on lui attribue est un paradoxe. Il a voulu dire que le soldat auquel a été confié un outil de pionnier, ne doit pas s'en séparer, qu'une armée ne marche pas sans remuer de la terre, en étendue et en rapidité. Mais s'il a prétendu que chaque soldat doit être un pionnier, pourquoi n'a-t-il pas mis ce principe, à exécution, lui, qui a manié pendant vingt ans les premières armées du monde, et dont la volonté ne rencontrait aucune résistance? Ce qu'il n'a pas fait, renonçons à le faire. Que nos jeunes fantassins apprennent à marcher, bivouaquer, manier le fusil, mais avec calme et précision, se déployer, se rallier à la voix de leurs chefs : c'est déjà beaucoup. Ne poussons pas plus loin les exigences; allégeons le bagage portatif de nos soldats, au lieu de l'augmenter.

« On vante beaucoup les fameux coups de pioche de l'armée du Potomac, pendant la guerre de la sécession d'Amérique. Un général américain, put ainsi changer deux fois de position, en moins d'une heure ; faisant derrière lui, deux lignes de retranchements volants, presque achevées. C'est une preuve de l'aptitude des Américains, au rude métier des pionniers. Mais est-ce pour la France, un modèle à suivre? Deux lignes de retranchements en moins d'une heure, et cela pour ne servir absolument à rien ! Voilà, certes, bien de la force perdue.

« Ne donnons donc pas inutilement des pelles et des pioches à nos fantassins; prodiguons plutôt les souliers et les vivres; n'envoyons pas à des armées mal vêtues et mal nourries, des outils qu'elles éparpilleront sur les routes. Ne donnons ces outils qu'à des hommes capables de les porter et de s'en servir; aux Romains de l'armée, si l'on veut ; à ceux également faits pour se battre et pour travailler. Que les autres soient surtout bien vêtus, bien nourris, bons tireurs, bons marcheurs et tout ira bien.

« Aujourd'hui, un officier du génie, doit être tout à la fois, apte à remplir les fonctions *d'officier de troupes, officier d'état-major particulier du génie, ingénieur militaire.* C'est là une triple fonction impossible à bien remplir, par un seul homme. Tout le monde, sait en effet, et l'expérience le prouve, que l'homme qui remplirait convenablement une quelconque de ces trois fonctions, pourrait se flatter d'avoir payé sa dette à la patrie.

« Pour nous, l'arme du génie doit avoir, dans chacune de ces trois branches, un corps spécial d'officiers, absolument comme les autres armes.

« *Officiers de troupes.* — Ils devraient se recruter : partie, au moyen des élèves de l'école de Saint-Cyr; partie, au moyen des sous-officiers du génie. Ces officiers ne quittant jamais les troupes, n'auraient pas à approfondir la science technique de l'ingénieur, deviendraient très forts dans leur spécialité. Ils parviendraient à tous les grades dans les corps de troupes, et commanderaient le génie aux armées.

« Ainsi, un général de division sorti de leurs rangs, pourra commander le génie, dans une armée composée de plusieurs corps d'armée ; un général de brigade ou un colonel, dans un corps d'armée ; un chef de bataillon, dans une division.

« Les généraux et leurs états-majors pourront compter sur ses officiers; avec eux, ils se feront vite à l'emploi du génie, comme à celui des autres armes. De là un avantage inappréciable pour la rapidité des marches, et les dispositions de combat, sur tous les terrains.

« Sans doute, comme tous les services qui doivent produire, à commandement, des opérations difficiles et travailler pour autrui, le génie sera toujours l'objet de récriminations. On trouvera encore des gens qui lui reprocheront d'avoir détruit, ou d'avoir laissé intact, tel ou tel pont ; d'avoir franchi cette rivière à tel endroit, plutôt qu'à tel autre; de n'avoir pas fait sauter ceci, ou celà. Qu'est-ce que celà prouve ? Le génie n'est qu'un instrument, dans toutes ces opérations. La responsabilité en incombe au commandement seul.

« Si le génie, c'est-à-dire le travail armé, veut se soutenir à sa hauteur traditionnelle, il faut qu'il se plie aux changements que la guerre moderne impose au travail du sapeur ou du mineur; sinon, le soldat du génie, n'a plus sa raison d'être, comme homme d'élite employé dans une arme spéciale.

« Cette extension des troupes du génie, interdit à tout jamais de fusionner ou plutôt d'accoupler cette arme avec l'artillerie. Le canon est despotique, par nature, par devoir; il domine, absorbe tout ce qui l'approche. Si les travailleurs de l'armée, mettaient le pied dans son empire, le canon leur ferait négliger tout ce qui ne serait pas le canon. Or, le travail de l'armée est fait pour toutes les armes et c'est au commandement seul, aidé de son état-major, à en régler l'emploi d'une manière efficace.

« Le commandant d'artillerie d'une division n'a-t-il pas déjà trop à faire de mettre ses batteries en position et d'en surveiller les effets, sans s'occuper encore des travaux multiples de campagne ?...

« Il faudrait lui adjoindre un autre officier pour commander les sapeurs de l'artillerie. Quel singulier mélange ! Quelle nouvelle complication que cette prétendue simplification !... Mais, en revanche, les pontonniers dont la mission est de jeter des ponts et non de lancer des projectiles, devraient être une des branches essentielles de l'arme du génie, et cesser de compter dans l'artillerie.

« En France, cet important service du passage des cours d'eau, est dédoublé, dépareillé, si nous pouvons nous exprimer ainsi. L'artillerie a les équipages des ponts de bateaux; le génie fait les ponts improvisés. Souvent un pont doit être mixte, avec bateaux au centre, avec pilotis ou radeaux, aux abords des rives. Il en résulte que l'officier de pontonniers est chargé du centre et l'officier de sapeurs du génie, n'a droit qu'aux rives. Les deux corps s'entendront, sans doute; mais, quand ils se mêlent ainsi pour un même travail, c'est surtout aux dépens de la rapidité, de la bonne exécution et surtout au détriment de l'armée. C'est au génie, et au génie seulement, que doit revenir l'exécution des travaux relatifs aux passages des cours d'eau, comme de tous ceux relatifs à la marche d'une armée.

« En résumé, accroissement général de l'effectif des troupes du génie; impulsion nouvelle à donner aux travaux de campagne; spécialités des chemins de fer, des télégraphes et de la navigation aérienne, ajoutées à celles des mines; confection des ponts de toute nature : telles sont les modifications à apporter dans l'avenir à la composition et à l'emploi des troupes du génie qu'ils faut dorénavant diviser en quatre groupes : *sapeurs, mineurs, pontonniers, sapeurs-conducteurs*.

« On ne verra plus alors le génie d'une division composée de braves gens déguisés en sapeurs, parmi lesquels on chercherait vainement un charpentier. Il faut que, quand la division dont il fait partie, hésite à franchir une rivière, à occuper une position, à faire avancer ses convois, qu'un commandant du génie puisse dire hardiment à l'état-major :

« Dans deux heures, vous aurez un pont capable de porter vos voitures.

« — Dans la nuit, votre artillerie pourra monter sur ces hauteurs.

« — Le viaduc du chemin de fer est coupé; j'y laisse un détachement sous la direction d'un ingénieur.

« — Dans trois jours vos transports arriveront par voie ferrée, jusqu'au quartier général. »

« Voilà comment il faut entendre le service du génie en campagne.

« Les officiers recrutés, comme nous l'avons dit, partie parmi les élèves de l'école de Saint-Cyr, partie parmi les sous-officiers de l'arme, n'auront plus aucune prétention au titre d'ingénieur, connaîtront à fond les travaux de la guerre, sans être obligés d'étudier le calcul différentiel et la polarisation de la lumière.

« Disons, en passant que, les officiers d'artillerie, devraient, eux aussi, se recruter de la même façon.

« La séparation des quatre armes : infanterie, cavalerie, artillerie et génie, se faisant à la fin de la première année de Saint-Cyr, la deuxième année d'études donnerait aux élèves les connaissances spéciales à leur future carrière, consolidées plus tard par la pratique du service, dans leurs corps respectifs.

« Cette innovation est simple et avantageuse à l'armée. Chaque élève trouvera nécessairement dans l'une des quatre armes, quelque chose de conforme à ses goûts, à ses aptitudes, et si le génie ne les attire point par le brillant; les esprits plus sérieux préféreront l'étude, au polygone, à l'ennui des corps de garde, rechercheront les études militaires propres à les préparer à la carrière de l'état-major, se tourneront volontiers vers une arme dont l'organisation rajeunie et les services toujours croissants feront de cette arme, la digne rivale de ses trois sœurs.

« Quant à l'Ecole polytechnique, elle formera ce qu'elle doit former, la portion transcendante de l'armée, au point de vue de l'instruction scientifique : c'est-à-dire *les officiers d'état-major* et *les ingénieurs de la guerre*, deux catégories essentiellement distinctes, vouées l'une à l'ensemble des opérations, l'autre au progrès des moyens matériels; deux spécialités dont la réforme est absolument nécessaire.

« *Officiers d'état-major du génie.* — Ces officiers doivent connaître les sciences exactes, la mécanique, l'art militaire dans toute son étendue, l'attaque et la défense des places et des frontières, la topographie dans toutes ses applications, la théorie et la pratique des constructions de toute nature et principalement des fortifications et des bâtiments militaires; le dessin des projets les plus compliqués; la conduite et la comptabilité des travaux; le service du casernement, le contentieux et la con-

La topographie, la stratégie, la tactique défensive, c'est le fait des officiers de l'État-major du génie (page 318).

servation des domaines militaires et des zones de servitude des places fortes.

« Aujourd'hui, ce même officier passe alternativement, à toute époque de sa carrière, et à la volonté du ministre de la guerre, de l'état-major particulier au service des troupes du génie et réciproquement.

« L'armée n'offre qu'une autre carrière, où les fonctions soient peut-être encore, plus multiples et plus disparates : la carrière de l'intendance qui a pour mission de faire enlever les morts et les blessés sur le champ de bataille. Est-ce cela un acte administratif? Si l'on veut qu'un arbre produise de bons fruits il ne faut pas lui laisser trop de branches. Tout ce qui concerne le service hospitalier et médical, en paix comme en guerre, devrait relever d'une organisation forte et spéciale, ayant son administration propre, sous le contrôle direct du commandement, comme tous les autres grands services de l'armée. L'intendance aurait ainsi un souci de moins : les blessés s'en trouveraient mieux et nos morts n'attendraient pas la sépulture de l'ennemi.

« Laissons à l'ingénieur la conduite des travaux, au médecin le soin des blessés, à l'artilleur le tir des gros projectiles, à l'intendant la solde, l'alimentation, le chauffage, le couchage et l'habillement du soldat.

« Croit-on donner plus d'importance, plus de consistance à un corps, en lui prodiguant les attributions les plus diverses? Ils sont de plus en plus rares les hommes capables d'exceller dans plusieurs spécialités, par suite des progrès théoriques et pratiques de toutes les branches de l'activité humaine. Actuellement, l'officier de génie plie sous le fardeau. Que sera-ce donc dans cinquante ans? Quand il commence à connaître le service des troupes, il passe à l'état-major particulier de l'arme; à peine est-il initié aux travaux de l'ingénieur qu'il repasse dans les troupes et se retrouve sur le polygone dont il a oublié le service dans les bureaux du génie.

« Non ; un homme de bon sens n'admettra jamais qu'on envoie à l'armée, pour commander le génie d'une division, un homme qui vient de passer quinze ans dans les bureaux à faire des rapports, de la comptabilité, des états manuels, trimestriels et annuels parfaitement insignifiants, au point de vue de la guerre.

« Quelques officiers hors ligne franchissent heureusement ces écueils; mais le service aux armées n'est pas destiné à faire briller des étoiles. Il faut le régler sur les capacités, il ne faut pas compter sur un tel ou un tel, mais sur tout le monde. Les officiers du génie qui se sentent de l'ambition, de l'étoffe et de l'activité, vont aux colonies, se promènent à travers les missions spéciales, emportent leur avancement d'office, deviennent propres à tout; même au service des états-majors des généraux; à tout, — excepté, cependant, à ce qui regarde spécialement le génie.

« Cette arme porte en elle, un vice organique dont les effets s'accentuent de plus en plus, si bien qu'un jour, l'armée se demandera ce que fait le génie en campagne; quel projet elle en tire, et si, après tout, elle ne pourrait pas s'en passer. Non assurément, elle ne le pourra jamais, et si on supprime le nom, il faudra conserver la chose, car plus que jamais, il faut consacrer au travail du champ de bataille, une partie spéciale des combattants; plus que jamais, il faut des ingénieurs exclusivement occupés à l'application des arts, des constructions, de la mécanique et de l'industrie; au matériel immense de la force militaire. Et ce corps d'ingénieurs doit avoir son organisation distincte et non moins solide que celle des troupes du génie.

« *Ingénieurs de la guerre.* — De tous temps, certains hommes, artistes et militaires, à la fois, ont consacré aux armées, tout ou partie de leur talent en dessin, en mécanique, en constructions. Tels furent Léonard de Vinci, Albert Dürer, de Ville et Vauban. Celui-ci a créé les troupes du génie, pour la guerre de siège, alors si fréquente, et pour venir en aide aux ingénieurs. Mais si Vauban eût vécu en 1870, il aurait reconnu que la guerre avait changé d'aspect depuis deux siècles, que les travaux de campagne ou de fortifications passagères ont pris un immense développement au détriment des travaux de siège; qu'enfin, les ingénieurs de la guerre qui, de son temps, ne pouvaient être officiers de troupe, le peuvent aujourd'hui, moins que jamais, eu égard aux progrès extraordinaires de la mécanique, de l'art de bâtir et de l'industrie; en un mot, de tout ce qui constitue leur spécialité d'ingénieurs.

« En 1870, Vauban aurait demandé la séparation des trois personnalités de l'officier de génie, comme *troupe*, comme *état-major*, comme *ingénieur;* mais en revanche la création d'un corps *d'ingénieurs de la guerre*. Et voici, comment ce grand esprit large et pratique aurait formulé les principes de cette organisation.

« Les généraux et les officiers de leurs états-majors ne peuvent s'attribuer la spécialité du grand art de l'ingénieur, devenu si difficile et si étendu; de là, la nécessité de constituer un corps particulier composé exclusivement de tous les ingénieurs de la guerre.

« Ceux-ci se tiendront dans les arsenaux, les fonderies, manufactures d'armes, places fortes, aux armées, dans les polygones et les écoles régimentaires. Dans les arsenaux, fonderies de canons, manufactures d'armes, poudreries, ils dirigeront la création et la conservation des armes et engins de guerre de toute nature; tiendront cette industrie à hauteur des progrès de leur temps et des autres nations, débarrassant ainsi l'artillerie de son antique écouvillon, comme l'infanterie s'est débarassée de la baguette du fusil.

« Dans les places fortes, les ingénieurs de la guerre construiront les fortifications et les bâtiments militaires, armeront et désarmeront les ouvrages, tenant compte de la marche du temps et des peuples.

« Aux armées, ils concourreront aux attaques et à la défense des grands ouvrages de fortification et en général aux travaux difficiles, tels que la restauration d'un tunnel ou d'un viaduc; ils amélioreront, s'il se peut, les engins de guerre et pourront créer des machines de circonstances. Enfin, ils seront rigoureusement obligés de tenir ce qu'on appelle *le journal scientifique de la campagne*, où sera relaté ce qui intéresse le progrès des armes, leur emploi, leur portée, leur effet. Leur part de gloire et de dangers et de prendre des notes, jusque sous le feu de l'ennemi.

« Dans les polygones et les écoles régimentaires, ils dirigeront, au point de vue de l'instruction, les travaux de l'artillerie et du génie, s'occupant surtout des jeunes officiers de ces deux armes, ainsi que des aspirants à l'état-major, faisant des cours et étudiant les améliorations constantes à introduire dans le travail.

« Telle sera la mission des ingénieurs de la guerre. Leur part est assez belle, et si peu arbitraire que si on ne les crée pas, on sera forcé d'y suppléer en temps de guerre, au moyen d'ingénieurs civils, très érudits, très savants, sans doute; mais peu préparés aux choses techniques de la guerre. Ils seront secondés par un personnel de gardes provenant de la fusion des gardes d'artillerie et du génie; fusion toute aussi essentielle chez l'ingénieur, qu'elle serait nuisible dans la troupe. Pour l'armement des places, pour mille problèmes de constructions militaires; celui des batteries casematées entr'autres, l'artillerie et le génie ne peuvent se séparer. L'ingénieur de la guerre est d'ailleurs au service de toutes les armes. Il n'a que sa spécialité d'ingénieur; mais il l'applique à toute l'armée.

« On le voit, ce corps d'ingénieurs et de gardes se substituerait aux états-majors particuliers du génie, et aux gardes d'artillerie et du génie, et parmi les prérogatives laborieuses qu'on rendrait ainsi à ce corps savant, la première serait l'étude et le travail d'ensemble de la défense du territoire français et des frontières de terre et de mer ; élément capital de la sécurité du pays et l'un des plus beaux fleurons de la couronne du génie militaire. Les routes, les chemins de fer, les déboisements de forêts se multiplient, si bien qu'une armée française peut opérer aujourd'hui, sur son propre territoire, sans trouver sur place, un seul officier parfaitement au courant de la topographie du pays.

« Il s'agit ici de topographie, de stratégie, de tactique défensive, de fortification de campagne autant que de fortification permanente, c'est donc le fait des officiers de l'état-major du génie et non des ingénieurs.

« En fait de connaissances théoriques, la capacité de l'homme est presque indéfinie. La pratique est dans l'exécution et l'officier ne fait bien que ce qu'il fait habituellement. Or l'état-major est la tête de l'armée ; les quatre armes, et les différents services, ingénieurs, intendants, médecins, en sont les membres. La tête doit tout connaître, tout ordonner, tout diriger, sans rien produire par elle-même. Les membres au contraire, doivent exécuter vite et bien ; et pour cela, il faut limiter le devoir de chacun dans une spécialité, le même homme ne pouvant être à la fois, bon constructeur et bon officier de troupes.

« Une dernière observation pour finir cette étude déjà longue. Le passage de l'école polytechnique aux diverses écoles d'application, tant civiles que militaires, présente des inconvénients qu'il est bon de faire connaître. Après douze ans de lycée et d'école ; encore une école. C'est ne pas connaître la nature humaine ; c'est l'énerver, la saturer d'amphithéâtres et d'études spéculatives. Si, au contraire, les élèves sortis de l'école polytechnique passent par le polygone, le chantier, la troupe, l'usine ; leur esprit se repose, mûrit et se consolide, en unissant la théorie à la pratique ; quelques mois après, ils entreront à leur école d'application, bien mieux disposés, et bien plus sûrs d'eux.

« Ce système est le seul admissible pour l'état-major qui apprend la théorie de la guerre, et met en jeu, la force matérielle. Le jeune officier qui ne s'est pas trouvé dans de grands rassemblements de troupes, n'a pas observé les effets des armes sur les différents terrains, ne peut étudier avec fruit, les opérations de la guerre.

« Telles sont les modifications que réclame l'état actuel de l'armée francaise, en ce qui touche de près ou de loin, le corps du génie. Elles peuvent se résumer ainsi :

« 1° Suppression des états-majors particuliers du génie et de l'artillerie, dont les officiers seraient répartis dans les troupes de leur arme, dans l'état-major proprement dit, et dans le corps des ingénieurs de la guerre de nouvelle création.

« 2° L'école de St-Cyr préparant des officiers pour les

quatre armes, l'école polytechnique ne donnant à l'armée que des officiers d'état-major et des ingénieurs. Création d'une école des ingénieurs de la guerre.

« 3° Accroissement du personnel et du matériel des troupes du génie ; réorganisation des mineurs, auxquels on assignerait les travaux de télégraphie et de chemin de fer, les pontonniers faisant partie du génie.

« 4° Les gardes du génie et de l'artillerie ne formant plus qu'un seul corps, sous le nom de gardes de la guerre, sous les ordres des ingénieurs de la guerre.

« Quand on voit, en présence dans une même place de guerre,

« Le commandement ;

« La garnison ;

« L'état-major proprement dit ;

« L'état-major particulier du génie ;

« L'état-major particulier de l'artillerie ;

« L'intendance, véritable état-major administratif ;

« Le service du recrutement, des hôpitaux, des subsistances, de l'habillement.

« Quand on songe que toutes ces autorités, tous ces services, sont naturellement portés à se rendre indépendants les uns des autres, que leur prétention favorite est de ne relever pour ainsi dire, que d'eux-mêmes, et d'exiger des ordres spéciaux pour couvrir leur responsabilité ; que pour mobiliser un bataillon ; pour armer une demi-lune, pour approvisionner un fort, pour miner un pont ou un viaduc, ce personnel doit s'ébranler en tout ou en partie, on se demande vraiment s'il n'y a pas confusion au détriment de la défense d'un pays sur lequel l'ennemi peut tomber avec une rapidité foudroyante.

« Et quand même on ne simplifierait pas les rouages de cette vieille machine ; ne faudrait-il pas au moins les restaurer, les remonter de manière à ce que chacun de ces organes, fît, à point nommé, sa part de travail, rien que sa part, sans se mêler de celle des autres et sans leur demander ce qu'ils ne doivent pas ?

Le général Chanzy, comme le colonel Girard qui avait été sous ses ordres à l'armée de la Loire, voulait utiliser toutes les forces vives de la nation; simplifier les rouages de l'administration et faire de chaque corps d'armée une machine de guerre, pouvant se suffire à elle-même. Car disait-il souvent : « Il ne nous suffit pas d'être aussi fort que les Allemands, comme nombre de combattants et matériel ; il faut leur être supérieurs, les imiter en ce qu'ils ont de bon; les surpasser en ce qu'ils ont de défectueux et d'incomplet. »

CHAPITRE IX

Mort du général Chanzy

N raconte que dans une société dans laquelle se trouvait la famille Chanzy, un poète avait été invité à lire une pièce de vers relatant certains faits de la campagne de 1870. La pièce lue, le général s'approcha de l'auteur qui lui était inconnu, et lui serrant affectueusement la main, lui dit d'une voix où perçait l'émotion : « Ne nous souvenons d'hier que pour penser à demain. »

« — Demain comme hier,— répondit le poète,— vous êtes, mon général, l'homme sur lequel la patrie compte le plus. »

Chanzy hocha la tête, et prononça cette simple phrase.

« — Hélas ! je me sens vieillir, et si ce demain, se faisait trop attendre... ? »

Etait-ce un pressentiment ?...

Le 1er janvier 1883, Chanzy recevait à son quartier général de Châlons-sur-Marne, la visite de corps de tous les officiers de la garnison. La journée se passa en famille, gaie, et toute à la joie de se voir réunie, à l'occasion du renouvellement de l'année.

Le 4, il montait à cheval comme d'habitude, accompagné du colonel de Boisdeffre ; rien dans ses allures, dans son attitude, ne dévoilait une fatigue quelconque. Le soir, il se rendait à la préfecture, pour répondre à une invitation du préfet et rentrait vers minuit à son hôtel. Le lendemain, sa vieille domestique, vint dans sa chambre, lui apporter son café, comme elle en avait l'habitude. Le général ne répondit pas à son appel ; elle le crut endormi, n'insista pas d'avantage et se retira. Quelques instants après son valet de chambre, se rendit à son tour, dans son appartement, pour réveiller son maître, il l'appela à haute voix. — Aucune réponse.

Le général Chanzy était mort; le médecin appelé en toute hâte, constata que la mort remontait déjà à plusieurs heures et que le général avait dû succomber entre deux et trois heures du matin.

Chanzy n'avait pas soixante ans ; il mourait dans la plénitude de ses facultés physiques et intellectuelles, terrassé par un épanchement au cerveau, à un âge où il pouvait rendre encore de très grands services au pays.

Le lendemain de cette mort, tout Paris assistait aux funérailles de Gambetta. La tête et le bras de la défense nationale, descendant prématurément au tombeau à quelques jours d'intervalle, réunis dans la mort pour entrer ensemble dans l'histoire; n'est-ce point là une disparition bien faite pour troubler les contemporains ?

Chanzy n'avait pas le monopole de la résignation stoïque, mais ayant été dans l'armée, l'incarnation de la résistance de la patrie vaincue, il était en quelque sorte le chef de cette résistance et le généralissime tout désigné pour le jour de la revanche ; sa disparition menaca d'en amoindrir la force d'impulsion. Il semble vraiment que la destinée se montre prodigue envers les Allemands de victoires faciles, sans larmes, sans effusion de sang : de ces victoires faites de la mort prématurée d'un seul homme.

Hier, c'était Skobelew l'ami de la France, aujourd'hui, c'est Chanzy à qui était dévolu l'honneur mérité, en cas de guerre d'aller planter notre drapeau sur la terre Alsacienne-Lorraine reconquise.

L'histoire de France doit à Chanzy une de ses pages les plus belles. Les armées de province, quoi qu'on en ait dit, ont été la pépinière d'où sont sortis en grande partie, les généraux qui inspirent aujourd'hui, le plus de confiance au pays ; la campagne de 1870-71 a été l'école où ils se sont formés.

Honneur donc à ceux dont la ténacité et le courage ont su pousser le pays à cet inutile, mais généreux effort de la défense nationale ! Honneur au commandant en chef de la deuxième armée de la Loire, à l'adversaire infatigable du prince Frédéric-Charles, au général français qui, vaincu, était encore assez ferme et assez redoutable pour menacer son arrogant ennemi, et le mettre hors du droit des gens; au chef militaire qui croyait au succès final, quand tout le monde en désespérait : au Français qui a si puissamment contribué à faire rentrer la France d'aujourd'hui, dans l'amitié de la Russie ! Honneur, enfin, au commandant de notre grand corps d'armée d'avant-garde !

Puissent les souvenirs et les exemples qu'il laisse, faire naître après lui des disciples et des continuateurs !

* * *

Les 6 et 7 janvier, la population et la garnison de Châlons furent admises à contempler une dernière fois l'illustre Chanzy, dont le corps en grand uniforme et ceint du grand cordon de la légion d'honneur, reposait sur un catafalque orné de draperies noires à larmes d'argent, et disparaissant sous les fleurs.

Le 8, l'évêque de Châlons, Mgr Sourrieu disait la messe dans la chambre mortuaire, donnait la communion à toute la famille, dans un recueillement que n'oublieront jamais ceux qui en ont été les témoins.

La triste cérémonie de l'enterrement eut lieu, le 9, dans l'église métropole de Châlons, avec un cachet de grandeur, de simplicité et de piété, en parfaite harmonie avec le caractère de celui que l'église voulait honorer.

Le cercueil était porté par quatre sous-officiers de différentes armes (cavalerie, infanterie, artillerie, génie); les cordons tenus par le général Péan, parent du défunt, le dernier des colonels du 1er régiment de grenadiers de la garde; M. de Crépy, gendre du défunt, receveur particulier des finances, à Fontainebleau (Seine-et-Marne); les généraux Lallemand, commandant en chef du 1er corps, et Willemot, chef d'état-major du ministre de la guerre; MM. Pelletan, vice-président du Sénat, et Philippoteaux député des Ardennes.

Puis venaient derrière le cercueil :

Le cheval de bataille du général tout caparaçonné de noir;

La famille.

Le général Pitié, représentant le Président de la République; le maréchal de Mac-Mahon; le général Billot, ministre de la guerre; M. de Fallières, ministre de l'intérieur; les représentants du corps diplomatique (Souverain pontife, Russie, Autriche-Hongrie, Angleterre, Italie, Prusse et Chine); Seize commandants de corps d'armée (les généraux Deroja, Cornat, de Berckheim, Gresley, Wolf, Schnéegans, Schmitz, D'Avoust d'Auerstedt, Zentz, de Gallifet, Février, Osmont, Carteret, Saint-Hilaire, Dumont et Saussier); le duc d'Aumale, une foule d'officiers généraux et supérieurs de toutes armes; les délégations du Sénat, de la Chambre des députés, du Conseil d'état, de la Cour des Comptes, les préfets des départements limitrophes, tous les fonctionnaires de Châlons, et enfin, toutes les notoriétés de la ville et des environs.

Dans l'église, à peine suffisante pour contenir le nombre des invités, Mgr Sourrieu donna l'absoute, monta en chaire et prononça une courte allocution qui commençait par ces mots : « S'il est vrai que la patrie ne meurt jamais, il y a pourtant des heures où une partie d'elle-même semble descendre dans la tombe, avec un homme qui représentait son honneur d'hier, sa sagesse d'aujourd'hui, ses espérances de demain. »

Après l'office divin, le cercueil est transporté sur la place de la Cathédrale où les troupes défilent, et où six discours sont prononcés : nous donnons ci-dessous celui du ministre de la guerre, qui les résume tous :

« Messieurs, je viens au nom du gouvernement et au nom de l'armée dire un dernier adieu au général Chanzy, dont la mort foudroyante a frappé de stupeur le pays tout entier. L'armée française est en deuil. Le pays perd un grand citoyen et un homme de bien, l'armée un de ses plus illustres généraux. Il a été au milieu de nos désastres, le héros de la défense nationale, et le nom de Chanzy a consolé la France dans ses jours de malheurs. Il était pour l'armée, notre plus chère espérance.

Adieu Chanzy !

« Du sein de Dieu où elle repose, ta grande âme rayonnera sur la France, et nous, tes amis et tes compagnons guidés par tes exemples et fortifiés par le souvenir de tes vertus, nous continuerons sans défaillances, à travailler pour le devoir et pour la patrie.

« Adieu, Chanzy; mon vieil ami de trente ans, adieu ! »

L'inhumation eut lieu le 10 janvier, au cimetière de Buzancy, éloigné de 23 kilomètres de la station de Vouziers, la famille ayant refusé la sépulture des Invalides que lui offrait l'Etat, par décret signé le 5 janvier 1883.

« Nos Ardennes, — dit un témoin oculaire, se souviendront longtemps de ce cortège funèbre, s'avançant avec lenteur, sous un ciel sombre, à travers les forêts dépouillées où soufflait un vent glacial. Le fils aîné du général, Georges Chanzy (1), avec les aides de camp de son père suivaient, tête nue, le fourgon que traînait un attelage d'artillerie. A

(1) Aujourd'hui capitaine breveté d'état-major, aide-de-camp du général, gouverneur de Lyon, attaché au corps expéditionnaire de Madagascar (3e groupe : service des étapes).

chaque village traversé, les municipalités, les pompiers, les enfants des écoles venaient se joindre quelques instants au cortège; de toutes parts, des paysans accouraient déposer sur le cercueil, une modeste couronne. Touchantes marques de respect et d'affection qu'offraient spontanément les bûcherons des Ardennes, à leur grand compatriote! Naïve et pieuse manifestation qui fut une consolation pour le fils du général et lui donna la force de faire jusqu'au bout, cette longue et douloureuse étape de Vouziers à Buzancy (1). »

Le service d'inhumation eut lieu le 11, présidé par Monseigneur Langénieux, archevêque de Reims qui prononça l'oraison funèbre du défunt, en louant dans Chanzy, l'homme privé, aimable et chrétien; l'homme public, éminent, intègre; l'homme de guerre, le soldat sans peur et sans reproche.

*
* *

Dans la chapelle funéraire, un sculpteur ardennais, M. Croissy, a ciselé en marbre, le général Chanzy, étendu sur son lit de mort, et serrant dans ses bras, le drapeau de la France.

De plus, deux statues lui ont été élevées : l'une dans son village natal (Nouart), le 28 septembre 1884; l'autre, dans la ville du Mans, le 16 août 1885, mais celle-là nationale, provenant d'une souscription publique, provoquée par un Comité dont l'amiral Jaurréguiberry était le président.

Dans la première, le général est représenté debout, dans une attitude mâle et énergique, tenant, dans la main gauche, la garde de son épée, et la main droite étendue vers la frontière. Sur le socle est gravé cette phrase prononcée par Chanzy au sujet du maréchalat : « Que les généraux français qui veulent le bâton de maréchal, aillent le chercher au delà du Rhin. »

(1) Arthur Chuquet, *Chanzy*, page 377.

Le cercueil était porté par quatre sous-officiers de différentes armes... (page 328).

Sur la seconde, due au ciseau du sculpteur Crauck. Chanzy est représenté debout, en tenue de campagne : képi, dolman à brandebourgs, les trois étoiles sur la manche, et chaussé de grandes bottes montant jusqu'au-dessus du genou, avec cette inscription sur le socle :

A CHANZY

A LA DEUXIÈME ARMÉE DE LA LOIRE

1870-1871. »

Les soubassements sont ornés de quatre groupes dont la conception fait le plus grand honneur au jeune sculpteur Aristide Croissy. Le groupe de face symbolise *la résistance :* un artilleur frappé à mort tombe sur sa pièce ; un fusilier marin cherche sa dernière cartouche dans sa giberne. Le groupe opposé, rappelle *la défaite* : un jeune fantassin,sans arme, rend le dernier soupir, après avoir brûlé sa dernière cartouche. A droite, l'artiste a représenté *l'attaque* : un officier debout, une jumelle à la main, indique à ses soldats, le point à viser. A ses pieds, un jeune soldat est étendu, comprimant une blessure de sa main crispée ; devant l'officier deux soldats tirent ; l'un debout, l'autre à genou. Le groupe de gauche représente *la défense* : au centre, un porte-drapeau ; à sa droite, un chasseur à pied met l'ennemi en joue ; derrière lui, se tient un zouave de Charette, superbe de défi et de menace. Au pied du porte-drapeau, un chasseur d'Afrique, sous sa monture mortellement blessée, braque son revolver sur l'ennemi.

L'amiral Jaurréguiberry a prononcé à la cérémonie de l'inauguration, un discours éloquent, rempli de réflexions patriotiques, et dont nous retiendrons les passages principaux qui, désormais appartiennent à l'histoire.

« Un homme dont la France s'honore avec juste raison, disait, il y a quelques mois, devant l'Académie : « Le grand général est celui qui réussit. » Si l'illustre savant eût connu le général Chanzy, s'il l'eût suivi pas à pas, comme plusieurs d'entre nous, dans cette deuxième armée de la Loire, il n'aurait pas, — j'en suis convaincu, — déclaré d'une manière aussi absolue que le mérite dépend du succès.

« Comment réussir, en effet, lorsque la volonté la plus tenace, l'énergie la plus intelligente, la bravoure la plus indomptable, — et toutes ces qualités se trouvaient réunies au suprême degré dans la personne de Chanzy, — viennent à chaque instant, se briser contre les obstacles que jamais les grands hommes de guerre dont l'histoire nous a transmis les hauts faits, n'ont pu surmonter? Ces obstacles vous les connaissez. Il y avait d'abord le nombre, un flot d'ennemis attaquant de front, débordant de tous les côtés à la fois, unissant à l'ardeur que donne une série de victoires remportées sur des troupes considérées jusqu'alors comme invincibles: toutes les ressources de la science moderne, une haine invétérée contre la France et la soif de venger d'anciennes défaites.

« Que pouvait opposer Chanzy à ces masses considérables? Vous me répondrez peut-être, en vous basant sur des faits historiques, que les hommes de génie savent vaincre avec des forces bien inférieures à celles de leurs adversaires; vous me citerez Alexandre, César, Napoléon, bien d'autres encore. C'est vrai. Mais ces généraux conduisaient au combat des troupes d'élite, façonnées depuis longtemps au rude métier de la guerre, tandis que celui dont nous honorons la mémoire, ne disposait que de quelques milliers de soldats improvisés, recrutés à la hâte, sachant à peine se servir de leurs armes. Ces soldats possédaient, sans doute, les qualités guerrières données par la nation aux fils de la France : l'élan, la vaillance, l'amour de la gloire. Mais ils se trouvaient presque tous complètement dépourvus de celles qui s'acquièrent par l'habitude, par l'éducation militaire, par la confiance dans les ordres des chefs dont on a pu expérimenter la valeur.

« Puis, il faut l'avouer, la guerre que nous soutenions n'était pas populaire. La nation se résignait aux sacrifices réclamés par le gouvernement, mais elle ne brûlait pas de ce feu sacré qui, à d'autres époques, nous avait permis de résister victorieusement à l'Europe entière coalisée contre nous. Subissant enfin la fâcheuse influence de ceux qui ne craignaient pas de blâmer, beaucoup trop haut, la continuation des hostilités, elle montrait peu de confiance dans le résultat d'une lutte attribuée, bien à tort, à l'aveugle entêtement d'un seul homme.

« Ce déplorable état des esprits réagissait sur des jeunes troupes arrachées précipitamment à leurs foyers, n'ayant entre elles aucune cohésion. En présence de l'ennemi, elles se conduisaient vaillamment. Après avoir repoussé des attaques répétées, obtenu un succès, elles se montraient pleines d'entrain; puis lorsqu'elles voyaient, au lendemain d'une affaire où elles n'avaient perdu aucune position, qu'il fallait cependant opérer un mouvement en arrière, parce que l'ennemi, utilisant son immense supériorité numérique, tournait au loin, une de nos ailes, l'inquiétude les gagnait, et elles se considéraient presque, tout en se battant sans cesse, comme des victimes sacrifiées.

« Telles étaient, Messieurs, les obstacles contre lesquels Chanzy avait à lutter, obstacles bien faits, vous en conviendrez, pour apporter un certain trouble dans l'âme la mieux trempée, et cependant, jamais un sentiment de défaillance n'a pénétré dans le cœur du commandant en chef de la deuxième armée de la Loire. Il a constamment su tirer le meilleur parti possible des moyens d'action fort imparfaits confiés à son patriotisme; et quoique les espérances de victoire ne se soient pas réalisées, il eut du moins l'honneur d'inquiéter sérieusement nos implacables ennemis, de les tenir plus d'une fois en échec, de prouver que, si le drapeau de la France pouvait être déchiré, ses lambeaux, tenus d'une main ferme, flottaient toujours au vent.

« Aussi la mort prématurée de l'illustre général a-t-elle été pour ses anciens compagnons d'armes, pour le pays tout entier, un deuil cruel et profond. On a compris que notre chère patrie perdait un de ses plus loyaux défenseurs, un homme de guerre universellement respecté et sur lequel, en toutes circonstances, nous avions le droit de compter.

« Aujourd'hui, nous ne pouvons que rendre,à sa mémoire, le tribut de nos vifs regrets et de notre reconnaissance. Mais pour le faire d'une manière digne de lui et surtout utile au relèvement de la France, relèvement qui doit être l'objet ne nos constantes préoccupations, il ne suffit pas d'ériger un monument; il faut imiter les exemples de ténacité patriotique, d'indomptable et virile énergie que Chanzy nous a donnés; il faut que ses nobles vertus soient aussi les nôtres.

« Que le découragement ne pénètre jamais dans nos cœurs, et, en contemplant notre armée réorganisée, pourvue des armes les plus puissantes qui aient existé, commandée par des chefs, — dignes émules de celui dont ce bronze nous rappelle les traits, — composée de soldats sachant non seulement mourir, mais encore ramener la victoire sous nos drapeaux; en voyant l'ardeur avec laquelle les jeunes gens se livrent aux mâles exercices qui, en augmentant la vigueur et la souplesse du corps,apprennent à combattre avec succès; reconnaissons que l'épée de la chère mutilée, n'est pas brisée.

« Ne perdons jamais de vue les causes pour lesquelles ni les efforts, ni le talent de Chanzy n'ont pu triompher des obstacles semés sous ses pas; ne permettons pas à des innovateurs imprudents, trop oublieux des sévères leçons du passé, de détruire en France cet amour du métier des armes, cet esprit chevaleresque, ce noble sentiment d'abnégation et de dévouement à la patrie qui nous ont rendus autrefois, les arbitres de l'Europe.

« Nos armées se sont toujours rappelé, — même aux époques les plus troublées de notre vie politique, — que sous les plis du drapeau de la France, il n'y a plus d'opinions, plus de partis; que tous les bras, que tous les cœurs doivent s'unir pour la défense et l'honneur de la sécurité nationale.

« La deuxième armée de la Loire et son valeureux chef, n'ont pas failli à ce devoir. Cette armée, — personne ne l'ignore, — était composée de soldats, d'officiers ayant des vues politiques très opposées. Mais en présence des dangers qui menaçaient notre indépendance et des maux qui accablaient la France, ces divergences ont été oubliées. Tous, sans exception, n'ont obéi qu'à une pensée unique : celle de résister sans trêve, ni repos, pour délivrer le sol envahi de la patrie.

« Si Chanzy pouvait aujourd'hui, se faire entendre au milieu de nous, il ne nous contredirait certainement pas, car j'ai eu l'honneur de lui entendre bien souvent exprimer les sentiments dont je ne suis que le trop faible interprète. Il nous dirait : aimons passionnément la France, notre mère à tous. Sachons vivre pour elle; apprenons à mourir pour elle, et quoique les nombreuses plaies de la pauvre blessée ne soient pas toutes cicatrisées, ne désespérons jamais de son avenir, puisque son honneur est intact et que Dieu la protège. »

Une seule pensée se dégage de ce remarquable discours et c'est ici qu'intervient le rôle de l'écrivain. Il faut dorénavant élever nos enfants, dans l'amour de la patrie, de façon à en faire des hommes à la Plutarque, — si c'est possible. — Le mot *patrie*, inséparable de l'idée de Dieu, doit être le premier prononcé par la mère, au berceau de l'enfant; il doit être le dernier sorti des lèvres du vieillard sur son lit de mort. Enseignons donc au foyer domestique, sur les bancs de l'école, sous la coupole de l'église, ce qu'est la patrie : le champ arrosé de sueur sur lequel le cultivateur trace son sillon du matin au soir, la tombe des aïeux, le clocher du village, la rivière qui traverse la vallée, la montagne qui ferme au loin l'horizon. A ce prix-là, mais à ce prix-là seul, nous aurons des soldats, comme le voulait Chanzy.

Non, la patrie n'est pas morte; non, notre cher pays n'est pas fini.

Haut les cœurs!

Et tous, disons tout bas avec le vaillant amiral Jauréguiberry, jusqu'au jour de la résurrection :

L'honneur de la France est intact, que Dieu la protège!

Travail et Espoir!!!

*
* *

Les fêtes d'inauguration de la statue de Chanzy, durèrent quatre jours : du 14 au 17 août, et en nous reportant, par la pensée, vers ces souvenirs de joyeuse allégresse, qu'il nous soit permis de rappeler encore les vivats, les acclamations qui accompagnèrent l'amiral Jaurréguiberry, lorsqu'il descendit de la tribune, ayant à son bras, la veuve de son illustre chef, escorté de l'amiral Jaurès, du commandant Gougeard, et du général Freederickz, qui représentait la Russie.

Chanzy était mort pauvre, ne laissant à sa veuve qu'une modeste pension de 3,500 francs. Dans ce milieu parlementaire où il avait vécu treize ans avec des députés et des sénateurs qui trafiquaient de leur nom et de leurs titres ; lui, il était resté inébranlable, n'écoutant que la voix de l'honneur et du devoir. Le gouvernement devait lui en tenir compte : c'est ce qu'il fit, en déposant sur le bureau de la Chambre des députés, un projet de loi qui assurait à madame Chanzy, une pension viagère de douze mille francs, réversible, en cas de mort, sur la tête de ses enfants, jusqu'à ce que le plus jeune eût atteint sa majorité.

CHAPITRE X

Portrait de Chanzy au moral et au physique

OINCIDENCE étrange! Deux hommes personnifiaient en eux, la défense nationale pendant l'année terrible : Gambetta dans les conseils; Chanzy sur les champs de bataille; tous les deux étaient enlevés à quatre jours d'intervalle. Ce fut en se rendant aux obsèques de Gambetta, dans la matinée du 5 janvier 1883, que Paris apprenait la nouvelle de la mort de Chanzy. Le sentiment national, surchauffé par la fièvre des passions politiques, émoussé par les manifestations délirantes de l'apothéose, de celui qu'on appelait le « fou furieux » resta, pour ainsi dire paralysé, et comme impuissant en présence de cette grande catastrophe que, les ambitieux et les brouillons se plaisaient à amoindrir, en exploitant la crédulité des foules, par des phrases creuses et sonores qui n'ont rien de commun, avec le patriotisme de cœur et d'action. A cette époque, l'armée seule et ceux qui, en France, s'inspirent de son esprit et de ses traditions, eurent le sentiment exact de la perte immense que venait de faire le pays.

Bien des écrivains ont cherché à écrire la biographie du général Chanzy; ils n'y ont réussi qu'à moitié; les anciens compagnons d'armes du général, pouvaient seuls entreprendre cette étude, qui demande, avant tout, une connaissance parfaite du caractère de l'homme. Il faut avoir connu ce patriote ardent, pour se faire une idée de ce qu'il a dû souffrir, en se voyant à l'armée de la Loire, aux ordres d'un triumvirat d'avocats, pleins de bonne volonté, nous en convenons, inspirés des plus purs sentiments de patriotisme, nous le voulons bien encore; mais absolument dépourvus des plus simples notions de l'art militaire, ignorant comment on peut faire vivre, marcher et amener au combat, une simple escouade de fantassins. Ces personnages chargés subitement, de la France, par suite d'une secousse révolutionnaire dont ils avaient profité, s'inspiraient de la légende de Carnot qui suivant l'expression de Bourdon de l'Oise, aurait *organisé la victoire*. Ils oubliaieut ces stratégistes en chambre, que Carnot, capitaine du génie en 1783, avait vingt ans d'études approfondies dans toutes les branches de la science militaire, avant son entrée à la convention; ils oubliaient qu'il expérimentait lui-même ses plans, organisait ses armées en personne et qu'il était secondé dans ses travaux par d'anciens officiers rompus au métier des armes, tels que Lacuée, Narbonne-Lara, etc.

Ces fameux plans dans la défense nationale, se résument, en somme, à trois combinaisons, depuis Coulmiers jusqu'au Mans.

La première combinaison : *marcher sur Paris, par la forêt de Fontainebleau*, trouve son application dans une depêche de Jules Favre, annonçant qu'à partir du 6 novembre, l'armée de Paris sera en mesure de *passer sur le corps de l'ennemi*, pour aller donner la main aux armées de province.

Ce n'était là qu'une dangereuse gasconnade du plus pur de nos républicains.

La seconde combinaison consista à disposer les corps d'armée, hors de portée les uns des autres, de façon à les isoler et à les livrer aux Prussiens, combinaison d'autant plus inexplicable que les historiens reprochaient à Napoléon Ier et à Napoléon III, de l'avoir employée à Waterloo, à Wœrth et à Spickeren, précisément pour nous perdre.

La troisième combinaison non moins étrange que les deux premières, eut pour but un mouvement tournant de soixante-deux kilomètres qui entraîna la perte des armées de la Loire et de l'Est. Un mouvement tournant ! On peut se le permettre avec des troupes aguerries, disciplinées et bien encadrées ; c'était une folie que de le risquer dans les conditions de l'armée de Chanzy, dont on rendait les efforts et le dévouement absolument stériles.

Ainsi, au moment où la nation s'imposait les plus durs sacrifices, où les pères amenaient leurs enfants sous les drapeaux, pour tenter de sauver la France, dans un dernier effort, un ingénieur, sans talent militaire, était le grand ressort qui dirigeait nos armées, et faisait mouvoir les pièces sur l'échiquier stratégique de l'invasion.

Chanzy possédait, au plus haut dégré, les qualités qui caractérisent l'esprit français : la conception rapide, l'élan, le patriotisme, l'impassibilité dans les revers, la tenacité des hommes du nord. Au parlement, il s'était fait le champion de l'armée, défendait pied à pied, les institutions et les traditions qui font la force de la société, contre les projets des politiciens, généralement intolérants, intéressés et antipatiques à l'épaulette.

Quand il défend le régime de cinq ans de service, contre ses adversaires, c'est qu'il se souvient des hésitations et des paniques des jeunes soldats de la Loire : les pièces d'artillerie abandonnées à l'ennemi, le 2 décembre, par la troupe chargée de les protéger ; la panique de la colonne Camô, entraînant la perte de la bataille de Josnes ; la panique des Bretons du général Lalande à la Tuilerie qui amena la retraite du Mans sur Laval, etc. Ce sont là certes des arguments bien puissants, en faveur d'une institution qui visait surtout à faire des soldats solides et à l'épreuve de ces fatales paniques qui dépassent les calculs des meilleurs généraux. Là, comme ailleurs, Chanzy fut vaincu par les politiciens. C'était dans sa destinée.

Nommé gouverneur général de l'Algérie, il y arrive au dernier moment de la lutte, juste à temps, pour livrer le dernier combat, contre le régime civil et la *députomanie* qui avait jadis paralysé les efforts de l'armée de la Loire, et consommé nos désastres.

Nous laisserons à l'histoire le soin de juger celui qui fut le dernier champion de l'armée en Algérie, comme il l'avait été à l'armée de la Loire; celui qui savait concilier les intérêts des Arabes, avec ceux de la métropole; celui qui avait rêvé de constituer, avec eux, une armée solide, capable de prévenir ou réprimer les révoltes et fournir, en cas de besoin, à l'armée nationale, un contingent guerrier, qui serait très utile à la mère-patrie, en cas de conflit armé avec une puissance quelconque de l'Europe. Le gouvernement militaire dans notre belle colonie a sombré entraînant Chanzy dans sa chute, et aujourd'hui, l'Algérie est aux mains de tous les utopistes à courte vue qui, d'un cœur léger, et sans s'en douter jouent peut-être l'honneur et la fortune de la France. Nous n'avons pas encore une armée d'Afrique telle que le voulait Chanzy; mais en revanche, nous sommes à Tunis, au Tonkin, et aujourd'hui à Madagascar, sans armée coloniale. A l'heure actuelle, les ambassades et le gouvernement de nos colonies, ne sont plus l'apanage des Bugeaud, des Pélissier, des Mac-Mahon, des Gueydon, des Faidherbe et des Chanzy; mais bien le refuge des médecins, des avocats du monde politique. Suivant l'expression des Turcos, la défaite de Chanzy, dans le parti auquel il s'était rallié, par devoir plutôt que par conviction, a inauguré en Algérie, le gouvernement des *Mercantis*, qui nous a déjà procuré la révolte du Sud-Oranais, en 1881, et la destruction malencontreuse de la Kouba de Sidi-el-Abiod.

Chanzy ne flattait pas la foule en vue de sa popularité : il ne poussait pas à la dépense et à la ruine de nos finances; il méprisait les gens qui recherchaient les complications extérieures pour pêcher en eau trouble; il respectait la discipline, la famille et la religion qu'il savait être indispensables à notre prestige aux yeux des Arabes, et le fondement le plus solide du respect de l'autorité, dans la famille, dans l'armée et dans la société; il aimait d'un amour profond, cette armée, dans laquelle il avait vécu et qui était pour lui, — comme pour nous, — l'*incarnation du patriotisme;* il n'avait souci, que de l'honneur du pays et de l'intégrité du territoire.

C'était l'homme du devoir, des pensées viriles; l'homme de tous les dévouements. Optimiste sans fanfaronade, sans éclat, il soutenait jusqu'à sa mort, même après la chute de Paris, que la France avait encore la possibilité de chasser les Allemands de son territoire, estimant qu'on peut toujours vaincre les difficultés, si on leur oppose un caractère et des sacrifices en rapport avec les circonstances qui les ont fait naître; si on force la main à la fortune, en lassant l'ennemi, par son opiniâtreté, et en profitant de sa moindre faute, pour ressaisir la victoire. Oui, Chanzy pouvait sauver la France en 1871, par sa puissance de travail, et sa haute capacité, mais il fallait pour celà, le nommer général en chef de toutes les armées de province, lui laisser le choix de ses lieutenants et éloigner de son entourage, les stratégistes de fantaisie.

Un de ses historiens, Arthur Chuquet, raconte, comme il préparait chaque soir, ses instructions pour les opérations du lendemain. Après le dîner, il passait dans son cabinet de travail, avec son chef d'état-major et ses aides de camp; les cartes étaient déployées sur la table. On lisait et on discutait les dépêches et les renseignements reçus des avant-postes et des patrouilles de découverte. Sa résolution prise et bien arrêtée, le général passait dans la chambre qui servait de bureau aux officiers de son état-major général et ses secrétaires, et là, il dictait avec une clarté et une précision admirables, ses instructions où tout était prévu, qui, en peu de mots, disaient à chacun ce qu'il avait à exécuter, et qui réunies, seraient aujourd'hui, un recueil de pensées et de maximes applicables à bien des circonstances de guerre. Ses ordres donnés, et sa pipe fumée, — car il fumait beaucoup, — Chanzy rentrait dans le modeste local qui lui servait de chambre à coucher, pour y « faire sa nuit », suivant l'expression familière au soldat. « Il n'y a d'homme de guerre, — dit Chuquet, que celui qui loge une âme forte dans un corps vigoureux. User et réparer ses forces, se battre et dormir, constituent l'équilibre indispensable de cette balance; c'est là tout le savoir d'un homme de guerre, s'il veut être frais et dispos, au jour du combat. »

Sa faculté d'assimilation des hommes et des choses était remarquable; aussi racontait-il les faits les plus dramatiques, avec un charme infini, sans se douter de l'intérêt éveillé par ces récits, chez ceux qui les entendaient. N'est-ce pas Vauvernagues qui a dit : « Les grands hommes parlent, comme la nature... simplement. » Doué d'un esprit très fin, il saisissait promptement les travers, les ridicules, les prétentions de ceux qui cherchaient à l'exploiter, au bénéfice de la galerie. Modeste, il ne parlait jamais de lui; mais il louait volontiers ses collaborateurs, et n'avait pour ses détracteurs que des mots sans portée, sans amertume, mais qui devenaient des jugements, pour ceux qui savaient lire entre les lignes. Pour tous, il possédait *l'autorité morale,* cette éminente qualité qui s'empare du respect, et se répand un peu partout : dans la conversation, dans les discours, dans le regard, dans la voix. C'est une grande conquête que celle des cœurs; elle ne se fait, ni par la bravoure, ni par le ton impérieux, ni par l'orgueil; mais par l'ascendant de l'esprit et du cœur.

Cette autorité morale est indispensable aux chefs militaires; elle tient lieu d'éloquence, et domine plus sûrement les soldats que les plus beaux discours de nos hommes politiques. C'est l'*imperatoria brevitate* de Tacite. « Quand Dieu créa le cœur et les entrailles de l'homme, il y mit la bonté » dit Bossuet. Cette pensée s'appliquait à Chanzy plus qu'à tout autre. Il vaut mieux être aimé qu'admiré, et pour cela, il faut aimer, se montrer obligeant, courtois à l'occasion. Une parole agréable d'un supérieur égale, en valeur, le service rendu par un égal. Ce n'est pas l'écrivain qui distribue l'immortalité d'un nom; mais sans lui, les plus belles actions et les plus belles paroles se perdraient dans l'oubli.

Mathias Corvin, ce grand roi de Hongrie, guerrier, législateur et le plus grand homme du xve siècle, le fait savoir par ces mots : « La grandeur d'un héros et sa réputation consistent en deux choses : faire des exploits ou de belles actions, et chercher de bons écrivains pour le dire. »

Michelet a dû jeter son regard sur l'armée, quand il s'écrie, en parlant des militaires : « les plus forts sont les plus tendres. » Et l'évêque de Châlons, dans une magnifique improvisation, lors des funérailles du général, prononçait ces paroles du haut de la chaire : « Le voile qui couvrait les mystères de sa vie intime, a été soulevé devant mes yeux, et j'y ai entrevu des tableaux de famille, dignes des temps les plus antiques et les plus beaux de l'Église, sans qu'on puisse dire auquel des deux, de sa noble compagne ou de lui, en revenait le mérite principal. »

Et l'archevêque de Reims, ajoute dans un panégyrique, à l'occasion d'un service funèbre anniversaire, célébré le 10 janvier 1884 : « Et quel père! Un souvenir vous le dira. C'était il y a dix-huit mois, le jour de la confirmation de la seconde de ses filles; à cette place qu'il occupait tous les dimanches et où je le vois encore! Tout à coup, il pâlit ; des larmes coulent sur son mâle visage, pendant que les enfants interrogés sur le catéchisme, répondaient à nos questions. Après la cérémonie, il nous disait : j'ai vu souvent la mort de près, sans trembler, j'ai tremblé tout à l'heure, quand vous avez interrogé ma fille. »

Mgr Lavigerie, dans une lettre rendue publique (1), s'exprime ainsi : « Les temps avaient marché depuis le don de sa plume fait par le Saint-Père à sa fille Gabrielle, et avec lui aussi, beaucoup d'opinions malsaines. On sait ce qu'il en coûte à quelques-uns de les avoir bravés. La veille du mariage de sa fille, il me porta cette plume, m'en raconta l'histoire. Je la répétais, devant lui, le lendemain, du haut de la chaire, en présence de l'assemblée la plus brillante et

(1) *Œuvres choisies*, tome Ier, page 418.

la plus nombreuse, à coup sûr, qu'ait jamais vue notre église métropolitaine. L'acte du mariage fut signé par tous avec la plume de Pie IX.

« Mais quels contrastes! C'est dans cette même église où nous le vîmes alors rayonnant du bonheur de son enfant et des honneurs qui l'entouraient, que nous avions vu couler ses larmes les plus amères sur la tombe d'un fils, de ce Lucien, dont la vive intelligence présageait déjà l'avenir, et qui mourut d'un accident terrible, à peine âgé de huit ans.

« Vous vous souvenez, Monseigneur, de ces sanglots qui révélaient la tendresse du père, de la sympathie de tous pour une douleur si sainte et si vraie. J'hésitais à prendre la parole, pour ne pas prolonger tant d'émotions. Mais sachant que je devais parler du bonheur assuré aux enfants qui quittent la vie avant d'avoir connu ses souillures, il voulut que je montasse dans la chaire pour faire entendre cette vérité. Quel spectacle et quel discours! Ce général, qui n'avait pas désespéré de la France, se désespérait auprès de son fils qui n'était plus, se relevant un moment aux pensées de la foi, et se prenant à sangloter encore jusqu'à ce qu'enfin je descendisse pour le conduire à l'entrée du caveau où nous déposions le cercueil. Cher général! je n'oublierai jamais son serrement de main et son regard à ce moment, où certes l'homme ne cherchait pas à cacher son âme. Je la vis tout entière, et rien ne m'enlèvera l'espérance que Dieu l'a reçue dans sa miséricorde auprès de l'enfant qu'il pleurait alors.

« Combien de traits de la bonté de son cœur je pourrais citer encore! Je me contenterai d'un seul : il y a quelques années, se trouvait à Alger une noble femme que des souvenirs, illustres entre tous, rattachaient étroitement à l'armée. Des revers inouïs l'avaient, presqu'aux portes de la vieillesse, jetée dans la misère. Etablie dans un logement modeste, elle fut réduite un moment à ne pouvoir en payer le prix, et menacée de se trouver sans asile. J'en fus averti, comme l'évêque l'est souvent des douleurs qui se cachent à tous les regards. Mais ici, il ne s'agissait plus d'une aumône ordinaire. J'étais moi-même à bout. Je pensai au général.

LA STATUE DU GÉNÉRAL CHANZY
(*Inaugurée à Nouart, le 18 juillet 1886.*)
(Œuvre de M. Croisy.)

Il était dans son palais de Mustapha. J'y courus, je lui racontai tout, il m'écouta avec son attention bienveillante, évidemment embarrassé du gros chiffre d'une telle aumône. En me levant pour sortir, je lui pris les mains en lui disant : « Général, j'espère bien que cela ne sera pas; mais si l'on « venait à dire un jour à un de vos compagnons d'armes « que votre enfant est dans une situation semblable, com« ment voudriez-vous qu'il répondît? — C'est bien, me « dit-il, je vais voir ce que je puis. » Le lendemain, le général faisait déposer discrètement trois mille francs dans les mains de ma pauvre recommandée. »

Chanzy était donc profondément religieux, il le déclarait hautement, dans un discours prononcé par lui, à Vouziers, le 12 décembre 1881, sur la tombe d'un ami, qu'il considérait « la religion comme la source du vrai patriotisme, parce qu'elle met aux foyers et dans les esprits l'ordre et le bonheur. » Plus tard, il disait encore à Châlons, le 1er janvier 1883, que « les plus nobles croyances ont fait de la France le glorieux pays de la foi, des idées généreuses et de l'honneur »; et à la veuve du capitaine Franchetti, des francs-tireurs de la Seine, tué, comme on sait, le 30 novembre 1870, le jour de la bataille de Villiers-sur-Marne, il écrivait ces belles paroles qui sont comme le reflet de son caractère : « Le souvenir des dévouements héroïques qui se sont produits pendant la dernière guerre doit être religieusement conservé dans la nation, parce qu'il honore le pays; lui rappeler ce qu'est le véritable patriotisme et lui donner espoir pour l'avenir. »

Aux États-Unis, cet homme de bien eût été le second Washington de la République américaine.

En Algérie, il ne manquait jamais d'aller assister, en grande pompe, à la messe du dimanche, célébrée ordinairement à neuf heures du matin, dans toutes les résidences où il se trouvait. A l'heure prescrite, par un ordre de la place, tous les fonctionnaires militaires sous ses ordres se trouvaient à la porte de son logis; les sapeurs, les tambours, les clairons, la musique de son régiment s'y réunissaient également, avec une compagnie commandée à cet effet, et c'est escorté par des soldats formant la haie, à droite et à gauche, l'arme au bras ou sur l'épaule droite, que le cortège se rendait à la petite église du lieu, trop petite alors pour contenir le nombre des fidèles, accourus, au son des cloches, sur les traces de nos soldats.

Chanzy donnait ainsi aux indigènes le spectacle d'un hommage rendu au culte catholique, eux qui sont si attachés aux principes de leur religion et qui ne comprennent pas qu'un grand peuple, comme le nôtre, n'ait aucune croyance.

Faut-il rappeler ici qu'Abd-el-Kader rompit, en 1842, le traité de la Tafna, sous le prétexte qu'il n'y avait pas à compter sur la bonne foi des Français qui méprisaient leur religion?...

En honorant le culte catholique, Chanzy était donc dans la tradition arabe et agissait en profond politique. Ouvrons le Coran, voici ce qu'on y lit : « Les chrétiens sont les hommes qui sont les mieux disposés à aimer leur prochain, parce que leurs prêtres et leurs moines sont sans orgueil. Respectez donc ces prêtres, ces moines qui jeûnent, prient, s'adonnent aux bonnes œuvres et sont les représentants de Dieu sur cette terre. »

Nous sommes bien loin aujourd'hui des admirables principes que nos premiers conquérants en Algérie ont cherché à faire prévaloir de tous temps. La religion s'est effondrée peu à peu; sur ses débris, les questions sociales se sont dressées terribles et menaçantes. L'obéissance a disparu avec la hiérarchie, et avec elle le respect des supériorités sociales, des traditions, du gouvernement, de la loi. Nous *jouissons* d'une liberté menteuse et d'une égalité qui procède de l'envie et qui, incapable d'inspirer un noble effort, ne tend qu'à satisfaire les rancunes et à ramener tout le monde au même niveau, non pas afin d'élever les classes inférieures au niveau des classes supérieures par le développement du travail, de l'instruction, de la moralité; mais bien le niveau résultant de ce souffle impur qui détruit la subordination, l'abnégation, le dévouement, la foi, la croyance de nos pères, l'enthousiasme, l'amour de la gloire, l'élan patriotique et les grands sentiments qui peuvent seuls, en élevant l'homme au-dessus de grandes choses, lui faire gagner l'immortalité.

Quoi qu'on fasse et quoi qu'on dise, les grandes actions découlent des grandes pensées, et un peuple qui tend à tout niveler fera peut-être encore des chefs-d'œuvre de mécanique pour augmenter son bien-être et assurer ses jouissances; mais il ne recommencera ni les croisades, ni les guerres qui ont amené lentement l'agrandissement de la France, ni celles qui ont sauvé sa liberté menacée. Que l'on compare l'élan de 1792 à celui de 1870!

L'année fatale! C'est le règne du rhéteur et de l'avocat sur l'homme d'action, de l'intrigue sur l'honnêteté, du manque de savoir-faire sur le talent, de l'audace sur la vertu. Qu'importe alors le talent, le courage, la vertu, le patriotisme, chez un peuple usé par la civilisation, gâté par le succès, blasé par les chefs-d'œuvre, énervé par les jouissances, dégoûté du travail, fatigué de bien-être?...

Mais ne poussons pas plus loin cette digression; le développement de ces considérations nous entraînerait trop loin et nous ferait sortir du cadre de cette étude, qui a pour but surtout la glorification d'un soldat que la politique voulait entraîner, auquel on a reproché, sur la fin de sa vie, son esprit *autoritaire*, c'est-à-dire militaire et ses convictions religieuses.

*
* *

Chanzy était un grand fumeur. Il avait emporté de Syrie une de ces longues pipes turques qui font les délices des Osmanlis et dont il aimait à se servir dans les heures de liberté que lui laissait son travail; les visiteurs appelés auprès de lui pour une cause quelconque, pouvaient voir chaque jour cette pipe étendue sur son bureau, au milieu de ses papiers et de ses plumes, mais toute bourrée et prête à être utilisée. Dans ses longues excursions à cheval, en Afrique, il la glissait dans sa botte gauche, le bout d'ambre seul faisant saillie à l'extérieur, et lorsqu'il avait besoin de feu pour l'allumer, c'était toujours à un spahis ou à un goumier de son entourage auquel il s'adressait. Cela n'a l'air de rien, cette préférence; cependant c'était toute une révélation. Chanzy flattait ainsi la manie des Arabes qui, comme on sait, sont très friands des flagorneries des grands, des puissants de la terre.

« — Que fais-tu là? demandai-je un jour au spahis Ben-Khassen qui s'enfumait au bivouac du Ghor, en remuant sous la cendre d'un feu mal éteint quelque branchage de bois vert.

« — C'est moi aujourd'hui qui éclaire le *Kebir* (1), — me répondit-il, — je cherche un tison pour le présenter au *Sultan-Juste*, dès qu'il sortira de sa *quét'nâ* (2). »

Et comme un jour, le docteur Balansa faisait observer à Chanzy, que la fumée du tabac, obscurcissait la vue, enlevait la mémoire et rendait l'esprit lourd.

« — Vous croyez, docteur, » — répliqua le général; et il reprit son travail un instant interrompu.

Celui qui écrit ces lignes n'a connu qu'un homme qui fumât autant que Chanzy; c'était le colonel Jobey (3). Tous les matins, ce dernier, en entrant dans son cabinet de travail, trouvait une vingtaine de pipes, toutes chargées de tabac et alignées dans son ratelier porte-pipes. Il les fumait toutes dans sa journée et le soir venu; c'était sa femme qui les bourrait, les remettait en place, et garnissait son pot à tabac. Voilà certes une occupation qui ne serait pas du goût de toutes les femmes...

Chanzy, causeur aimable, caustique parfois, se renfermait volontiers dans son foyer, sans pour cela fuir le monde; systématiquement très discret, très modeste, rebelle au métier de solliciteurs, il s'entretenait volontiers de la guerre; mais surtout pour louer les autres, et comme il le dit dans son livre : *la deuxième armée de la Loire* : « Si tant de sang répandu, si tant de souffrances supportées, n'ont pu sauver le pays, ces cinq mois de luttes, n'en resteront pas moins, comme la plus éloquente des protestations d'un grand peu-

(1) Grand chef.
(2) Tente.
(3) Colonel au 102e après la guerre; en retraite comme général de brigade.

ple, défendant son honneur, et son indépendance ; comme le gage le plus assuré de ce qu'il saura faire pour relever sa fortune, reprendre sa place, et reconquérir son intégralité. »

Il était de ceux en qui l'on pouvait espérer, car il avait à cœur, la discipline, le sentiment calme et inflexible, qui sont les premières qualités d'un chef d'armée.

On connait l'anecdote suivante. Il n'en est pas moins bon de la rappeler.

C'était au village des Roches, dans le département du Loir-et-Cher, Chanzy avec tout son état-major logeait dans une espèce d'auberge, portant pour tout enseigne un morceau de bois peint en bleu, sur lequel était dessiné en blanc, le chapeau de Napoléon 1er, avec cette inscription :

Au chapeau du petit caporal, tenu par Lambert.

Le silence habituel de la maison, troublé d'ordinaire par les voix enrouées des paysans ou des rouliers, a fait place au va et vient des estafettes, portant des ordres du général en chef, ou arrivant avec des dépêches venant des avant-postes. Dans la cour de l'auberge, la neige piétinée par les chevaux, s'est transformée en un cloaque, dans lequel les piétons enfoncent jusqu'à la cheville.

Dans une pièce séparée de la salle commune, Chanzy penché sur une carte d'état-major étudie la marche de l'armée du prince Frédéric-Charles qui se rapproche de plus en plus de la sienne : Tout à coup, il relève la tête et s'adressant au capitaine Henry, qui attend ses ordres.

« — Il est nécessaire d'occuper solidement Savigny-sur-Braye. L'ennemi a paru à Rotailly et à Danzé; il n'y a qu'un parti a prendre, lui couper sa marche sur Saint-Calais. »

L'officier porta la main à son képy, s'inclina, et le général griffonna plus tôt qu'il n'écrivit, quelques lignes, ainsi conçues : « Le colonel Jobey se portera en toute hâte sur Savigny avec son régiment et deux batteries » puis se tournant vers son officier d'ordonnance. « Remettez cet ordre au Colonel Jobey. Allez, et faites vite; pas une minute à perdre. »

Quelques minutes après, le capitaine Henry s'éloignait. On entendait distinctement le galop de son cheval sur le pavé de la grande rue des Roches, pour aller en s'éteignant, au fur et à mesure que l'officier disparaissait.

Les premières lueurs de l'aube, commencaient à blanchir l'horizon, lorsque l'officier arrivait à Mezangé. Malgré la couche épaisse des nuages qui couraient rapidement, en répandant sur la campagne, une teinte grise d'une morne tristesse, les objets sortaient peu à peu de la pénombre. On voyait les branches dénudées des arbres projeter leur silhouette sur le fond gris du ciel, et le chemin tracer son sillon blanchâtre au milieu des bruyères. Au loin, les collines aux sommets neigeux, profilaient leurs cimes inégales sur les nuages sombres. Sur un plan plus rapproché, on apercevait confusément quelques maisons, bizarrement groupées dans la campagne. La fumée sortant des habitations, s'élevait en hautes spirales dispersées par le vent et allait se mêler à la brume de cette triste matinée d'hiver.

Soudain, débouche d'un bois de sapin, un groupe confus de soldats français, se dirigeant du côté du capitaine Henry. Ces formes indécises que la demi-lumière grandissait, se dessinèrent bientôt, en sortant de l'obscurité de la sapinière.

Ces soldats appartenaient à un régiment qui avait beaucoup souffert du feu de l'ennemi, dans une précédente rencontre; ils venaient d'abandonner leur poste, pour fuir dans la direction du Mans. L'officier arrêta son cheval et ramena à Mézangé, ces hommes qu'un moment d'égarement, avait fait abandonner leur drapeau. Mais, l'un d'eux refusa obstinément, insulta même le capitaine qui en rentrant aux Roches, le lendemain soir, fit son rapport au général Chanzy: le soldat indiscipliné fut traduit devant une cour martiale, et fusillé à Saint-Calais, quelques jours après.

Ces événements étaient déjà loin, lorsque Chanzy député à l'assemblée nationale, fut informé, par un huissier de la chambre, qu'on le demandait dans la salle des pas perdus. Affaire urgente, lui dit-on, — c'est un père qui désire demander des nouvelles de son fils, dont il n'a pas de nouvelles, depuis la bataille du Mans.

C'est escorté par des soldats formant la haie, à droite et à gauche, que le cortège se rendait... (page 348).

Le général quitte son banc, sort de l'assemblée, et se rend auprès de la personne qui le fait demander, et qu'il salue avec sa courtoisie habituelle : un sexagénaire à favoris blancs, ganté de noir, et en redingote boutonné droit sur la poitrine

« — Général, lui dit l'inconnu. Vous excuserez ma visite inopportune. Je suis le premier président de la cour de.... J'ai perdu mon fils dans un des engagements qui ont précédé l'entrée de votre armée, au Mans. Toutes mes recherches pour découvrir son cadavre, sont restées vaines. Je porte un nom assez connu, pour que celui de mon fils vous ait frappé sur les listes des hommes tués, blessés ou disparus, que les corps vous font parvenir après chaque affaire. Pouvez-vous me dire où mon enfant a été tué, ou s'il est prisonnier ? »

Et le vieillard en deuil s'était nommé.

Le nom était beau, presqu'illustre dans les annales de la magistrature.

Le général Chanzy regarde de ses yeux bleus, clairvoyants, presque brouillés de larme, ce père anxieux, affligé; qui lui demandait des nouvelles de son fils. Il n'a même pas la pensée d'un mensonge qui pouvait jusqu'à un certain point débarrasser le justicier d'un visiteur important. Il dit la vérité et raconte ce qui avait été fait.

« — C'était la nécessité; mieux que personne, vous me comprendrez, Monsieur le président, vous qui avez si souvent appliqué la loi. »

Et blême, saluant bien bas ce chef qui avait donné l'ordre d'exécuter son fils, le père dit en se retirant.

« — Général, puisque mon fils avait fait le premier pas dans la fuite ; mieux valait qu'il n'en fît pas un second. Vous avez donc bien agi. Le père pleurera son fils ; le Français vous remercie. »

Le général Chanzy a bien souvent songé à cette émotion violente, à ce malheureux père rendant ainsi lui-même un jugement, frappant son fils d'une sentence posthume, comme une sorte de Brutus (1).

Il y avait deux hommes dans cet intrépide français : le

(1) Jules Claretie. — Chronique hebdomadaire du *Temps*.

père de famille tendre et affectueux; le soldat énergique. Son mâle et doux visage réflétait à merveille ces deux hommes sur ses traits. Revêtu de la tunique du général, coiffé crânement sur le côté, du képi à double broderie d'or; c'est le chef d'armée qui en impose par son air martial. Dépouillé de son uniforme et chassant dans les terres de Buzancy; c'est le vigoureux ardennais, bon pour les siens, familier avec tout le monde, aimant à rendre service.

Physiquement, son portrait est facile à tracer à la plume. Grand, élancé, taille au-dessus de la moyenne, calvitie précoce; Chanzy a le front large et découvert, indice d'un cerveau solide, fait pour les grandes conceptions. Ses yeux brillent d'un éclat particulier; le regard est doux, caressant, le visage plein, la moustache grisonnante, effilée; la bouche souriante; l'ensemble de la physionomie, affable et attrayante.

Encore une anecdote :

C'était auprès de Saint-Calais. Un bataillon de mobiles cantonnait au moulin de Botfer. La vaste pièce du rez-de-chaussée était occupée en partie par les officiers et quelques soldats blessés; un lumignon fumeux, placé dans un angle, éclairait seul ce rassemblement militaire qui, parfois, prenait un aspect étrange, quand un courant d'air venant du dehors mettait en mouvement l'atmosphère imprégnée de fumée de tabac et de farine. Dans le bas de la salle, deux épaisses meules de pierre, couchées horizontalement l'une sur l'autre étaient destinées à broyer le grain.

La nuit, on avait fait prisonnier un officier de hussards rouges et il dormait paisiblement sur un sac de blé, lorsque survint Chanzy qui visitait ses avant-postes. Amené devant lui, l'Allemand se montra hautain, dédaigneux et presque insolent.

« — On m'a pris au hasard, — dit-il, avant même qu'on l'interroge; — mais vous pouvez m'échanger contre qui vous voudrez, un colonel ou un général français; nous en avons des tas. Vous n'aurez que l'embarras du choix. »

Le commandant de la deuxième armée de la Loire toisa le lieutenant prussien et se borna à répondre :

« Votre allure, et le ton que vous prenez vis-à-vis de nous, Monsieur, serait très digne et très brave, si vous étiez des vaincus, mais vous êtes les vainqueurs, et je ne suis plus en présence que d'un homme mal élevé. Qu'on emmène cet officier; il ne sera pas échangé. »

Et le lieutenant prussien qui n'était autre que l'ancien gérant d'une brasserie marseillaise bien connue, fut envoyé à Paris pour y être interné.

*
* *

Pour le Conseil général de son département, comme pour la députation et le Sénat, Chanzy laissait porter son nom sur les listes de ses amis. Mais il ne fut jamais candidat dans le sens propre du mot, et ne faisait rien pour être élu. Aussi ne l'a-t-il été souvent qu'à une faible majorité. Au Conseil général des Ardennes, il représentait le canton de Vouziers, où le parti radical dominait. Le 8 octobre 1871, il ne fut élu, pour la première fois, qu'avec une majorité de trois cents voix, contre son concurrent, un de ces utopistes qui promettent aux populations plus de beurre que de pain. En 1877, sa réelection ne se fit pas sans tiraillement; mais en 1880, le conseiller sortant de Buzancy, M. Grobon, ayant obtenu 1.179 voix contre lui qui n'en eut que 786, Chanzy donna sa démission de conseiller général pour le canton de Vouziers, et ne se représenta plus à l'assemblée départementale des Ardennes qu'il avait présidée avec talent, pendant neuf ans, et à la satisfaction de tous ses collègues.

Quant à sa présidence du Centre-gauche; il ne la dut qu'à une très faible majorité. Le déplacement d'une seule voix à son préjudice, eût mis un autre député à sa place.

*
* *

Chanzy et Skobelew! voilà deux noms que la patrie française ne saurait oublier. N'est-ce pas ce dernier qui a jeté à travers l'Europe, ces paroles qui ont retenti comme les notes d'un clairon sonnant *le garde à vous*, à l'approche du danger?

« L'indépendance des Slaves, voilà le vœu de la Russie ; l'obstacle à cette indépendance, *c'est l'Allemagne*, et c'est pourquoi la lutte, — lutte qui sera longue et terrible, — entre la Russie et l'Allemagne est proche. Que la pensée de ce duel prochain soit l'unique pensée de tous ceux qui aiment la patrie russe ! »

A Saint-Pétersbourg, la croyance aux destinées de la race slave, à la mission panslavisme du Tzar est une religion populaire, ardente. Et c'est pour cela que la Russie a des Skobelew, c'est pour cela qu'elle a toute une pépinière de généraux distingués, une pléïade d'officiers sans rivaux et une armée dont le courage et la constance sont au-dessus de toutes les épreuves. Pendant l'année terrible, Chanzy a été le Skobelew de la race française. Souhaitons que dans la prochaine guerre, il trouve des émules et des imitateurs ; souhaitons que dans la jeune armée, il s'en révèle de tout aussi dévoués, aimant la patrie au delà de toute expression, et s'inspirant de sa devise qui se résumait en quelques mots : faire son devoir toujours... partout... quoi qu'il arrive.

TABLE DES MATIÈRES

CHAPITRE II

De Paris à Jérusalem et à Rome, en passant par la Lombardie et la Syrie.

1859 — 6 mai 1864.

CHAPITRE III

Départ du 48e pour l'Afrique

CHAPITRE IV

La guerre franco-allemande : octobre 1870 — février 1871

CHAPITRE V

Chanzy pendant l'armnistice.

CHAPITRE VI

L'homme politique.

CHAPITRE VII

Chanzy, gouverneur de l'Algérie.

CHAPITRE VIII

Chanzy ambassadeur de France en Russie et commandant du 6e corps d'armée.

CHAPITRE IX

Mort du général Chanzy.

CHAPITRE X

Portrait de Chanzy au moral et au physique.

A LA MÊME LIBRAIRIE

BIOGRAPHIES & RÉCITS MILITAIRES

A L'USAGE DE LA JEUNESSE

Chaque volume grand in-8° raisin (25 × 16) est orné de nombreuses compositions hors texte entièrement inédites, culs-de-lampe, vignettes, lettres ornées, etc.

Un glorieux soldat. — Mac-Mahon, maréchal de France, duc de Magenta, par Xavier de Préville (6e édition). Illustrations de Clerget, Aimé Morot, Maîtrejean, etc.

Le dernier maréchal de France. — Canrobert, par le Commandant Grandin, d'après les documents fournis par la famille de l'illustre maréchal. Illustrations de Maîtrejean (Illustrations exposées à l'Exposition du Livre).

Nos grandes Écoles militaires. Récits et Souvenirs, par Fr. Bournand, professeur à l'École professionnelle catholique. Illustrations de Bouard.

La Russie militaire. Anecdotes historiques, par Fr. Bournand, professeur à l'Ecole professionnelle catholique. Illustrations de Bouard.

Mémoire d'un chef de partisans au Mexique. De Vera-Cruz à Mazatlan, par le Commandant Grandin. Illustrations de Maîtrejean.

Histoire d'un marin. Le vice-amiral Jurien de La Gravière, par le Commandant Grandin. Illustrations de Maîtrejean.

Au pays du soleil. Épisodes de la guerre d'Afrique, par le Commandant Grandin. Illustrations de Maîtrejean.

Dans le passé. — Chanzy, par le Commandant Grandin. Illustration de Bouard.

Autour du drapeau Russe. — Alexandre III, empereur de Russie par le Commandant Grandin. Illustrations de Maitrejean.

Jeanne d'Arc, vierge et martyre, par l'abbé Fesch. Illustrations de Méjanel.

Légendes de Notre-Dame de Paris, par Pauline de Grandpré. Illustrations de Maitrejean. (*Cet ouvrage a été offert à MM. les officiers de l'Escadre russe à leur passage à Paris le 20 octobre 1893*).

TYPOGRAPHIE

EDMOND MONNOYER

AU MANS (Sarthe)

www.ingramcontent.com/pod-product-compliance
Ingram Content Group UK Ltd.
Pitfield, Milton Keynes, MK11 3LW, UK
UKHW021102220726
13924UKWH00005B/2204